人文社科
高校学术研究论著丛刊

科学发展视域下的教育心理学研究

侯淑萍 焦丽英 著

中国书籍出版社
China Book Press

图书在版编目(CIP)数据

科学发展视域下的教育心理学研究 / 侯淑萍，焦丽英著. —北京：中国书籍出版社，2019.6
ISBN 978-7-5068-7306-2

Ⅰ.①科⋯　Ⅱ.①侯⋯　②焦⋯　Ⅲ.①教育心理学－研究　Ⅳ.①G44

中国版本图书馆 CIP 数据核字(2019)第 112671 号

科学发展视域下的教育心理学研究

侯淑萍　焦丽英　著

丛书策划	谭　鹏　武　斌
责任编辑	尹　浩
责任印制	孙马飞　马　芝
封面设计	东方美迪
出版发行	中国书籍出版社
地　　址	北京市丰台区三路居路 97 号(邮编：100073)
电　　话	(010)52257143(总编室)　(010)52257140(发行部)
电子邮箱	chinabp@vip.sina.com
经　　销	全国新华书店
印　　刷	三河市铭浩彩色印装有限公司
开　　本	710 毫米×1000 毫米　1/16
印　　张	20.25
字　　数	363 千字
版　　次	2020 年 1 月第 1 版　2020 年 1 月第 1 次印刷
书　　号	ISBN 978-7-5068-7306-2
定　　价	90.00 元

版权所有　翻印必究

目 录

第一章　心理发展与教育 ··· 1
第一节　个体心理发展的实质与规律 ································· 1
第二节　个体心理发展的影响因素分析 ······························ 7
第三节　教育与心理发展的关系 ······································· 13
第四节　心理差异与教育 ·· 16

第二章　教育心理学的基本认知 ····································· 36
第一节　教育心理学的创建与发展 ···································· 36
第二节　教育心理学的研究对象、方法和程序 ···················· 48
第三节　教育心理学的现实意义探讨 ································· 62

第三章　学习动机、学习策略与学习迁移 ······················· 65
第一节　学习的相关知识 ·· 65
第二节　适当水平的学习动机的培养 ································· 79
第三节　多样化的学习策略探索 ······································· 88
第四节　学习迁移的有效促进 ·· 99

第四章　智力、创造力的发展与培养 ······························ 110
第一节　个体智力的发展与培养 ······································· 110
第二节　个体创造力的发展与培养 ···································· 120

第五章　基于素质教育的品德培养 ·································· 127
第一节　品德及其心理结构 ··· 127
第二节　道德发展的理论阐释 ·· 132
第三节　品德的形成与科学培养 ······································· 141

第六章　基于学生良好发展的教学设计与教学评价 ·········· 155
第一节　科学灵活的教学设计 ·· 155
第二节　客观与人性化并行的教学评价 ····························· 167

第七章　课堂管理的原理与技术 ····································· 176
第一节　课堂管理概述 ··· 176
第二节　良好课堂秩序的建立 ·· 184
第三节　课堂心理气氛与学生问题行为处理 ······················· 189
第四节　促进教学效率提高的课堂管理策略 ······················· 202

第八章　教师心理与学生心理健康维护　214
第一节　教师的职业心理分析　214
第二节　教师的职业压力管理与心理健康维护　222
第三节　学生常见心理问题及成因分析　233
第四节　学生心理健康教育内容与途径　240
第五节　教师的专业素养　248
第六节　教师的成长与培养　255
第七节　学校心理咨询与辅导　265

第九章　增强教学效果的有效教学　278
第一节　教学模式的选择与应用　278
第二节　教学环境的创设　286
第三节　教师教学艺术的展现　299

参考文献　311

第一章　心理发展与教育

教育主要是为了促进人的发展而产生的一种活动。它从产生之日起，就与人的心理发展形成了相互依存的辩证关系，教育的发展是以人的心理发展为基础和前提的，人的心理发展又在很大程度上依赖于教育。教育心理学主要研究的就是教育与心理相关的内容，因此，作为本书的开篇，这里主要对个体心理发展的实质与规律、个体心理发展的影响因素、教育与心理发展的关系、心理差异与教育等内容进行阐释。

第一节　个体心理发展的实质与规律

一、个体心理发展的实质

（一）人的心理

辩证唯物主义认为，人的心理是人脑的机能，是人脑对客观现实的主观能动的反映。1861年，法国医生布洛卡解剖了一位得失语症患者的脑，发现大脑皮层的一个区域的神经细胞严重损坏，因而证明，脑的这个部位与人的语言活动有关，这个区域被称为布洛卡区。语言是人类在生产生活中由于相互交往产生的。语言的产生可以概括人类在劳动中积累的经验，也可以调节人的心理和行为。由此，人们知道了人的心理与脑的关系。

人在大脑的重量和机能方面是其他任何高级动物都无法比拟的。人的大脑皮层厚度有1～4毫米，平均为2.5毫米，共有6层，全部表面积有2 200平方厘米。人脑重1 400克左右，占体重的2%；狗脑重120克，占体重的0.3%；猩猩脑重400克，占体重的0.45%；鲸脑重7 000克，占体重的0.07%。很显然，人脑的脑指数最高，这也就决定了人比其他动物具有更高的智慧。人的心理正是以这种高度发展的人脑为物质基础的。所以，人的心理从根本上是不同于动物的心理的。人具有其他动物没有的抽象逻辑思维能力，人的心理即人特有的意识，它是人脑的机能，是物质（人脑）的最高产物。

从个体发育成长过程来看,心理的发展与脑的发育紧密相连。人出生时的脑重量约有360克,几乎占体重的10%。6个月时接近660克,3岁时已有1 000克左右,7岁时达1 280克左右,12岁时已接近成人。可见,人脑在身体各方面发育中是最迅速的。随着脑的发育完善,人的心理也迅速发展。

如果人脑枕叶受到破坏,人就会失明;如果大脑左侧半球中央前回底部受伤,人就会出现"运动性失语症",表现为能看懂文字,听懂别人的谈话,但自己说不出话来;如果大脑额中回底部手部代表区受伤,人就会出现"失写症",表现为能听懂别人的谈话,自己也会说话,但不会书写。所有这些表明,人的大脑是人们心理活动的器官,人的大脑一旦受到损伤,就会严重影响人的心理活动。

从心理的产生方式看,心理是人对客观现实的主观映像,这就存在能动性特征。人的心理对客观现实能动的反映,表现在以活动的结果来改正错误的反映,巩固人的正确反映,使人的认识不断精确化、完善化,由表及里,由现象到本质。此外,人的心理的能动性还表现在对实践活动具有重要的指导意义。

人脑是产生心理的器官,它自身并不能产生心理,只有人与周围环境相接触,才能产生人的心理。所以,人的心理与客观现实是紧密相关的。一个人完全脱离了客观现实,心理就成了无源之水,无本之木,就不可能产生各种心理现象。人的心理内容,无论是简单的还是复杂的都来源于客观现实。由此也可以得知,客观现实是第一性的,心理是第二性的。

由于人的知识经验、需要、愿望以及个性特征的不同,因而人脑对客观现实的反映也不同,心理也就不同。面对同样一件心烦的事,有的人觉得自己真倒霉,从而心情败坏;而有的人觉得糟糕的事情总会过去,心情很快就明朗了。这就是人的心理对同一客观事实表现出的不同的主观反映。

人的心理在实践活动中发生和发展,并从不成熟走向成熟,从低级走向高级。新生儿从遗传中获得的本能行为,逐渐在与成人的交往中学会了说话,在游戏活动中学会了交友,在学习活动中学会了书写、发展了抽象逻辑思维,在个体社会化的活动过程中形成了个性。

(二)个体心理发展的内在含义

理解了人的心理之后,再来看个体的心理发展。要想明确个体心理发展的实质,首先就得弄清心理发展的内在含义。关于心理发展的问题,古今中外有许多不同的见解,在19世纪70年代以前,有关这方面的论述大都是

第一章 心理发展与教育

由哲学家、教育家和社会历史学家提出来的。我国先秦时期,就有了"生而知之"还是"学而知之","性本善"还是"性本恶"等问题的争辩。然而,真正的心理发展是自1871年达尔文的《人的由来》一书出版后,逐渐成为研究人的科学的重要组成部分的。一些心理学家以不同的观点,采用不同的方法,对儿童心理发展进行研究,提出了各种不同的发展理论。

不同的心理学家对个体心理发展的认识和理解是存在一定差异的。霍尔认为,个体发展只不过是人类种族进化的复演过程,并将个体心理发展的研究范围扩大到青春期。精神分析学派代表荣格率先对个体一生全程进行研究。美国心理学家何林渥斯在《发展心理学概论》里阐述了研究个体心理发展要研究人的心理发展全貌。我国心理学家朱智贤认为"心理的个体发展,是指人的个体从出生到成熟到衰老的过程中心理发生发展的历史"[①]。林崇德教授认为,个体心理发展的过程是社会化的过程。

综合诸多心理学家对个体心理发展的认识和研究,我们在此认为个体心理发展就是指个体从出生一直到死亡的过程中所经历的有次序的心理变化过程。这种变化过程是循序渐进、持续和有规律的生理与心理的变化过程。这种变化既有心理过程,包括认知、情感和意志的发展变化,又包括个体社会性和人格的发展变化;既有数量变化,又有本质变化,如词汇、语言的积累和思维的发展等。但是,并非个体一切的变化过程都是心理发展。例如,疾病、疲劳或药物所导致的个体身心变化就不是心理发展。

个体的心理发展,同时包含着两种相反的心理变化过程,即前进上升的变化和衰退下降的变化。在不同的年龄阶段上,可能两种变化之间的某种变化占优势。例如,在成年以前,前进上升的变化占优势;而到老年,则衰退下降的变化占优势。我们这里所研究的心理发展,主要是指个体从出生到成年期间随年龄增长而发生的前进上升的心理变化,也有人称为积极的心理变化。

个体心理发展在遵循人类心理发展一般规律的同时,也体现出个体差异。也就是说,个体的心理发展没有千篇一律的模式。美国心理学家洛文格用图示来描述个体发展的可能模式(图1-1)。

在图1-1中有四个发展模式,以下分别对其进行简要阐释。

模式一是指不同个体的发展从同一个起点出发,但在其心理发展过程中的速度是不同的,最后在不同时期达到同一水平。例如,骨骼肌系统、动作的发展,有的人15岁身高就不再长了,有的人到20岁才停止。

---

① 朱智贤.儿童心理学[M].北京:人民教育出版社,1981:2.

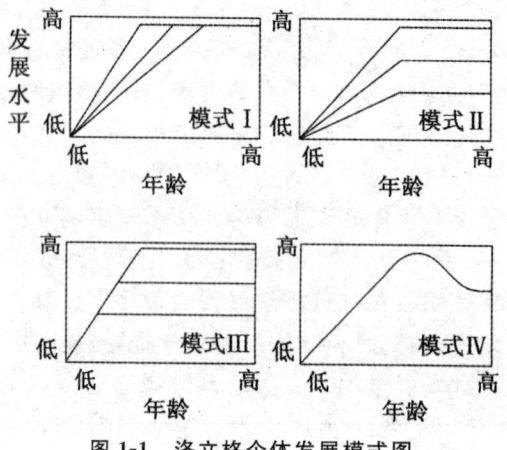

图 1-1 洛文格个体发展模式图

模式二是指个体发展的起点相同,发展速度不同,最后达到的水平也不同,但发展的整体趋势是一致的。智力发展就是这种模式。虽然不同个体智力水平有高有低,发展速度不同,但几乎都是在 16 岁达到高峰。

模式三是指个体心理发展的速度相同,但最后的发展水平不同。当个体经过最初的固定时期之后,一些个体停留在一定心理发展水平上,另外的人则向不同的、更高的水平发展。

模式四是指个体心理发展中的一些特殊情况,即随年龄增长表现出不同的速率,一般是先快后慢,到一定年龄阶段则停止发展,然后下降。例如,反应速度、灵活性等,往往是发展到一定水平后随年龄增长而逐渐衰退。

二、个体心理发展的规律

个体心理发展是一个较为复杂的过程,但这一过程并不是完全不可捉摸的,而是具有一定的规律性。这主要表现在以下几个方面。

(一)个体心理发展的过程是连续的

个体心理发展的过程是连续的、不间断的,不管是认知、情感,还是社会性发展,都遵循着由简单到复杂,由低级到高级,由不成熟到成熟的循序渐进过程。从个体出生开始,这种发展就已经相伴随。由于个体遗传素质和所处环境,尤其所受教育的不同,个体心理发展的速度往往呈现出一定的差异。但从总体上来说,个体的心理发展是持续变化的。每一心理现象发展的质的飞跃都是心理发展连续性的积累结果。

(二)个体心理发展呈阶段性

在个体心理发展的连续过程中,"阶段"常常被视为一个重要的概念,每个阶段都是心理发展这一连续体的一个组成部分。阶段概念预示着在各个相继发展阶段的连续性中有一个不连续的成分,每个阶段都以不同的速度从前一阶段中预示和产生出来,表现出相对平衡和稳定性。

个体心理发展的每一阶段都具有各自质的规定性和相对一致的年龄区间。一般个体心理发展的阶段可划分为以下几个:乳儿期0~1岁,婴儿期1~3岁,幼儿期3~6岁,儿童期6~12岁,少年期12~15岁,青年期15~25岁,成年期25~65岁,老年期65岁到死亡。

鉴于上述各阶段与个体的年龄相联系,因而被称为年龄阶段。在个体心理发展的各年龄阶段所表现出来的一般的、典型的、本质的特征,称为心理年龄特征。心理年龄特征是从许多个体心理发展的事实中概括出来的。例如,幼儿期,个体的思维是以具体形象思维为特征的,这就是该年龄阶段个体普遍具有的。它是作为有代表性的东西表明该年龄阶段多数个体特色的,所以说是典型的特点。

心理发展的年龄阶段及其特征具有一定的稳定性,表现为在一定社会教育条件下,一定年龄阶段的多数个体处于一定的发展水平上,表现基本相似的心理特点,而且发展阶段的进程顺序和发展速度是相对稳定的。但心理年龄特征不是绝对不变的。随着社会发展、科技进步和教育条件的优化,现代儿童在心理年龄特征中的一些方面变得"早熟"。而且,由于社会教育条件的差异,某些个体心理年龄特征上会有所变异、加速或延缓。

(三)个体心理发展具有一定的顺序性

个体从出生到成熟到死亡的心理发展过程表现出较为一致的顺序。一般来说,个体的感知觉是最早发展的,然后是运动机能、情绪、动机和社会交往能力等的发展,而思维能力发展较晚,尤其是抽象思维能力的发展更晚。就个体记忆的发展来说,先发展的是机械记忆,后发展的是意义记忆。

个体心理发展的顺序性启示教育工作者应按照受教育者身心发展的实际,有次序、有步骤地进行教学,做到循序渐进。"拔苗助长""陵节而施"都是有违身心发展顺序性规律的。

(四)个体心理发展具有一定的方向性

首先,个体心理现象是从低级到高级方向发展。以人的思维发展为例,3岁前孩子以直观动作思维为主,幼儿期以形象思维为主,小学阶段则逐渐由经验型抽象逻辑思维发展到理论型抽象逻辑思维为主。

其次,社会实践活动是制约人的心理发展的重要因素。社会对教育的期待,对人才的要求以及社会政治、经济和文化等都会影响个体的社会化,使个体朝着一定的社会化方向发展。

(五)个体心理发展具有不平衡性

个体心理发展的不平衡性表现在不同的心理机能在发展速度、发展起始时间与成熟时间等方面有所不同。例如,感知觉在儿童期就已得到了充分的发展,自我意识则在少年期以后才开始形成,抽象逻辑思维则要在青年期才能得到相当程度的发展。

个体心理发展的不平衡性还表现在同一机能特性在发展的不同时期发展速度也不一样。就整体发展情况来看,一般婴幼儿期和青春期发育较快,成人期的发展比较平稳缓慢。

个体心理发展的不平衡性要求我们在教育中要把握"关键期"这一概念。人的心理发展存在"关键期"。关键期是指在个体的发展过程中存在的最容易学习和获得某种心理与行为反应,并且一旦错过就难以弥补的特定阶段。关键期启示教育者应重视对个体的早期教育。幼儿期是个体发展的一个关键期,要注意在这个阶段实施早期教育,以便充分发挥幼儿的学习潜力,促进幼儿的心理发展。此外,教育者也要注意选择最佳时机对个体进行教育,以便使个体在最佳时机内更好地掌握知识技能,同时在智力、个性等方面得到较好的发展。

(六)个体心理发展具有个别差异性

由于遗传素质、教育条件等不同,个体的心理发展也呈现出了一定的个别差异性:各种心理机能开始出现和发展的具体年龄、发展的速度,各种心理机能发展所能达到的最终水平以及各种心理成分在某一个体身上的结合模式都会有所不同。在认识、情感、意志、能力、气质、性格等方面都可以表现出每个人独特的一面。例如,有的人情感丰富而细腻,有的人情感冷漠、麻木;有的人擅长言语表达,有的人擅长技能操作。

(七)个体心理发展具有系统性

个体的心理既有差异,又是一个完整的、有着内在联系的系统。虽然存在着千差万别的个性心理,但作为独立的人,其心理过程、心理状态和心理特征的发展逐渐趋于统一和协调,是在相互联系和相互制约中发展的。其中,认知是基础,决定个体情感和意志的发展,情感和意志又促进认知的发展,心理特征使个体形成独特的处世风格。认知过程、心理状态和个性心理统一于自我意识控制调节之下。

第二节 个体心理发展的影响因素分析

个体心理发展的影响因素问题一直以来就是教育心理学界争论很大的一个问题。争论的内容主要围绕着先天和后天、遗传与环境、教育等问题来进行。到现在,遗传因素和环境因素是最为学者所认同的两大影响因素,以下进行相应的分析。

一、遗传因素

遗传对个体心理发展的影响确实是存在的,但关于这一点,学术界曾有过极端的观点,即遗传决定论。遗传决定论强调遗传因素在个体发展过程中的决定作用,主张心理发展是由先天的、不变的遗传基因所决定的,心理发展的过程就是先前遗传素质自我发展和自我暴露的过程。持这种观点的人一致认为,个体的智力和个性品质在生殖细胞的基因中就已被决定了,心理发展过程只不过是内在遗传因素自我展开和自我显现的过程,环境只是引发、促进或延缓遗传素质的自我显现,并不能改变其本质。

遗传决定论可以追溯到哲学家柏拉图和笛卡尔。他们认为,人的先天理念的展开并逐步发展成有意识的过程就是心理发展的过程。人的心理发展是天性决定的。1869年,英国的高尔顿发表了著名的《遗传的天才》一书,明确地宣称:"一个人的能力是由遗传得来的,它受遗传决定的程度,如同一切有机体的形态及躯体组织受遗传决定一样。"同时,他还得出一条"遗传定律",即认为人的遗传特性1/2来自父母,1/4来自祖父母,1/16来自曾祖父母……这就真正创立了遗传决定论。

美国心理学的先驱之一、第一任美国心理学会主席霍尔也认为人的心理发展主要由遗传决定。在进化论思想的影响下,他提出了心理发展的复演论,认为个体发展只不过是人类种族进化的复演过程。他的典型论调是"一两的遗传胜过一吨的教育"[①]。格塞尔则通过自己的研究以及对儿童发

---

① [美]霍尔.青年期的心理和教育[M].李浩吾,译.上海:世界书局,1929:2.

展的观察,提出著名的"成熟论",主张心理的发展是生物成熟的结果,成熟是影响发展的第一要素。他认为,心理发展是由其内部所固有的不变的规律和顺序决定的,发展的个别差异正是反映了人的先天差异,强调先天优生的保健胜过后天环境的教养。20世纪四五十年代,他的这一观点在西方是非常流行的,对当时的儿童教育产生过很大的影响。遗传决定论者片面强调一个人的出身,过分夸大先天遗传的作用,而忽视了后天环境和教育在儿童心理发展中的影响,这也是该理论存在的致命缺点。

遗传是一种生物现象,指生物体通过生殖的方式将祖先在长期生物进化过程中形成和固定下来的生物特征传递给后代。遗传的生物特征也叫遗传素质,主要指有机体从上代继承下来的生理解剖的特点,如机体的结构、形态、感官和神经系统的特点等。它们对个体心理发展的影响主要表现在以下几个方面。

第一,遗传素质是个体心理发展的生物前提、自然条件。没有遗传就没有心理赖以存在的物质基础,也就不可能有心理的发生、发展。

第二,遗传素质对个体的身心发展过程有着较大的影响。个体之所以能在某种条件下发展一定行为的能力,在很大程度上就是因为存在遗传素质。即便是人的语言表达能力,没有遗传素质,就不能够造就人学习语言的倾向和驱力,也就难以产生这种能力。

第三,遗传素质的个别差异为个体心理发展的个别差异提供了最初的可能性。一般来说,从智力和气质上可以比较明显地看出遗传素质对个体心理发展差异的直接影响。

遗传素质是先通过制约个体的生理成熟,进而制约个体的心理发展的。所谓生理成熟就是指由基因引起和控制的器官的形成、机能的展开以及动作模式的有程序的扩展,是一种通过基因来指导发展过程的机制。由于生理因素是个体心理发展的物质基础,而这个物质基础具有它自身发展成熟的过程。因此,生理上发展成熟的规律必然会在一定程度上影响到以它为基础的心理的发生、发展顺序。此外,生理成熟是个体发展到一个新的阶段、新的心理活动出现的必要条件。性质上全新的心理活动,一定要靠机体上有新的成熟、机能上有新的觉醒才行。

遗传素质对个体发展影响的大小,与其本身是否符合常态有关。越不符合常态,影响就越大。特殊天赋条件或严重的先天不足,对人的发展会产生重大的、甚至是决定性的影响。在不同的发展阶段,遗传素质对个体发展的影响是不同的。其总的趋势是,两头大,中间小。在婴幼儿阶段,先天因素的影响相对较大,但随着年龄的增长,遗传素质在人的发展中由潜在的因素逐渐转化为现实的因素,机体的成熟度和身心发展水平不断提高,因而遗传素质的影响也就相对地减弱。进入老年期后,机体的成熟度和身心发展水平降低,现实因素对个体发展的影响变小,而遗传素质对个体的影响相对又比较大了。

二、环境因素

环境影响个体的心理发展也是学术界重点讨论的一个问题。环境决定论就是学术界出现的一个具有较大影响力的观点。环境决定论完全抛开了遗传因素的影响,其片面和机械地强调教育和环境对个体心理发展的决定作用,认为一个人心理的发展完全是由环境决定的,也否认人的主观能动性及个体年龄特征的作用。

关于环境决定论,最早可追溯到英国经验决定论者洛克的"白板说"。洛克认为,人的心灵就像一块白板,人的一切观念都从经验而来,所谓的天赋原则是不存在的。行为主义学派的创始人华生是真正意义上环境决定论最典型的代表人物。他在引用巴甫洛夫经典条件反射学说的基础上,强调学习和环境在儿童行为形成中的中心作用,提出只要有适当的环境条件,儿童的多数行为都可以通过学习获得或消除。在他看来,个体的心理发展便是在适当的环境中习得逐渐复杂化的刺激—反应链的过程。新行为主义心理学家斯金纳继承了华生的环境决定论观点,认为人的任何行为都可以通过外在的强化或惩罚手段来加以塑造、改变、控制或矫正。其实,关于环境决定个体心理发展的观点,我国古代哲学家也有相应的表述,如墨子的"染于苍则苍,染于黄则黄,所入者变,其色亦变";荀子的"蓬生麻中,不扶自直;白沙在涅,与之俱黑……故君子居必择乡,游必就士,所以防邪僻而近中正也"。

随着人类认识的不断加深,环境决定论的说法早已被否定。它否认心理反应的主观能动性,否认心理发展的内因作用,片面强调和夸大了环境和教育在个体心理发展中的作用,是一种机械主义的发展观。教育者如果秉持这一观点来教育学生,很容易出现拔苗助长的现象,非常不利于学生的身心发展。

环境包括影响生物有机体发展的所有外部因素,是有机体借以生存和发展的客观条件。环境虽然不决定个体的心理发展,但对个体心理的影响还是很大的。影响个体心理发展的环境既有宏观环境,也有微观环境。不同的环境级层具有各自的特点,在心理的发展中起着不同的作用,但彼此间又存在着非常密切的内在联系,是一个统一整体的不同层次。

(一)宏观环境

宏观环境主要指的是全体社会成员所处的共同环境,具体有社会制度、经济发展水平、文化传统、民族心理等。它为人的发展提供了总条件、总背景,对一代人的心理发展倾向与水平影响很大,并使个体的心理发展带有社会时代的特点。

宏观环境对个体心理发展的影响不是直接的,而是通过微观环境间接影响的。文化的影响是宏观环境对个体心理发展影响的主要表现。这种影响主要表现在:通过文化传承,使个体了解前人的生活经验;向个体传递某群体或民族的行为价值准则;使个体能顺利地与他人以及群体建立社会联系。

文化影响个体心理发展主要是通过以下两个途径实现的。第一是通过民族、地域、习俗、时尚等进行影响。比如,属于同一民族或阶级的个体属于同一文化共同体,从其语言文字到道德宗教、从思想艺术到饮食服饰都具有很大的相似性。第二是通过大众传播媒介来影响。大众传播媒介由一些机构和技术所构成,专业化群体凭借这些机构和技术,通过技术手段(如报刊、广播、电影、网络等)向为数众多、各不相同而又分布广泛的受众传播信息。它具有较大的影响面,较快的传播速度,且不受时空限制,对个体的社会性发展有着较深的影响。

(二)微观环境

个人所处的具体生活环境就是影响个体心理发展的微观环境。它包括个体所在的家庭、社区、学校或工作单位以及同辈群体。这些环境要素一方面受制于宏观环境,另一方面又有自己的独特性。它们可能并不反映整个社会的性质,但个体正是通过它们以独特的方式掌握宏观环境,获得一切社会心理特征。

微观环境对个体心理发展的影响相对宏观环境来说要直接很多,因为它是个体所处的具体生活环境。它首先能为人的发展提供各种活动的条件;其次能为人的活动提供各种直接对象,影响和决定着个体心理发展的具体内容。由于每个人从环境刺激中抽取的信息,以及各自心里所感受的环境往往不同,所以即便处于同样的微观环境中,个体的心理状态也是不一样的。以下主要分析家庭、学校教育和同伴群体对个体心理发展的影响。

1.家庭

家庭对个体心理发展的影响是第一位的。毕竟个体接触的第一环境就是家庭。至于具体的影响从胎儿时期就开始了。人出生之前,要经过10个月的胚胎发育。母亲的疾病、X射线、药物影响、饮食缺陷、营养不良等因素都会导致胎儿的发育障碍。所以,给胎儿创造一个适合发育的环境对其后天的成长非常重要。美国儿童心理学家托马斯认为,母亲的心理活动对胎儿的发育有很大的影响,母亲在这个世界中的体验将直接影响到胎儿性格的形成。个体出生之后,父母的教养方式和家庭环境对个体心理的影响最大。

第一,父母的教养方式的影响。父母的教养方式一般分为独断型、放纵型、民主权威型三种类型。很多研究表明,父母的教养方式对孩子的社会性发展有着较大的影响。对孩子要求严厉并且在情感上排斥的父母属于独断型,常常忽视孩子的需求,并且严厉、武断、粗暴。在这种环境下长大的孩子多属于冲突、急躁型人。对孩子高度接受并且要求很少的父母属于放纵型,他们对孩子过分溺爱,总是放纵他们的行为。这种教养方式下的孩子往往是冲动和攻击型的。对孩子严格要求又高度接受的父母属于民主权威型,他们在孩子心目中有威望、不独断,不过分放纵孩子,他们能照顾到孩子的需要,有什么事情也愿意互相商量。这种教养方式下的孩子往往是积极、友好型的。所以,最有利于孩子社会性发展的教养方式就是民主权威型的教养方式。美国心理学家皮克对青少年的性格特征与父母对子女的教养方式之间的相关情况进行了相应的研究,结果表明,孩子良好的性格特征与信任、民主、容忍的教养方式有较高的相关;孩子的敌对行为与严厉的教养方式有较高的相关;孩子的意志坚强与父母的高度信任呈正相关,而与父母的严厉呈负相关(表 1-1)。

表 1-1 父母的教养方式与孩子的性格特征的相关系数

父母的教养方式	性格特征				
	意志坚强	情绪稳定	自发努力	友好态度	敌对行为
信任	0.74	0.60	0.27	0.44	−0.40
民主	0.43	0.16	0.36	0.33	−0.40
容忍	0.56	0.53	0.05	0.19	−0.10
严厉	−0.16	−0.08	−0.38	−0.38	0.40

第二,家庭环境的影响。和谐的家庭环境有利于孩子人格的发展。相反,不和谐的家庭环境,会给孩子幼小的心灵留下阴影,尤其是父母之间的争吵,会给孩子带来极为消极的情绪体验,甚至引起孩子的攻击性行为乃至

犯罪行为。当前社会中的离婚率不断上升，父母离婚对孩子人格发展的影响是很大的。有研究发现，离异家庭的4~6岁儿童与完整家庭的同龄儿童在心理发展上存在较大差异。在社会性发展上，离异家庭儿童的同伴关系显著差于完整家庭的儿童。离异家庭儿童与父母的交往、对父母的信任感、对家庭和父母的满意程度等亲子关系方面的表现，也显著地不如完整家庭的儿童。他们往往自我控制能力较差，问题行为较多，并在同龄团体中处于从属地位。

2. 学校教育

学校教育是由专职人员和专门机构承担的按照一定的社会要求，对个体进行有计划、有目的、有组织的系统影响，这种影响不仅使个体在知识技能上有所提高，在智力上有所进步，而且更为重要的是使个体的心理得到健康发展。学校教育是个体面临的又一重要环境要素，在学校中，个体有机会与更多的人发生联系，对个体发展的影响更为全面，主要表现为以下两方面。

首先，学校的教育思想、教育理念影响着学生的心理发展。学校倡导的是应试教育还是素质教育，强调服从规范还是强调独立自主，是着眼于成绩与分数还是致力于学生的全面发展、终身发展，这些都会对学生的心理发展产生较大的影响。

其次，教师自身的状况也会对学生的心理发展产生影响。教师是学校中重要的角色，教师的人格、业务素质、对待学生的态度与方式都影响着学生的发展。由于教师在学生心目中往往具有崇高的地位，学生常常直接将其作为模仿的对象。在实际教育过程中，教师与学生之间的相互作用也会对学生的人格发展产生直接影响。研究表明，教师对学生的期望和行为反应往往受学生家庭背景、人格特点、性别以及外貌特征的影响。一般来说，教师喜欢与那些成功的、较少提要求的学生接触，但是常常会忽略安静、内向的学生。教师的这些行为倾向会对学生的人格发展产生重要作用。

3. 同伴群体

同伴群体可以满足个体归属的需要，为个体的自我认识、自我评价提供最适宜的参照对象和他人评价信息，对促进个体自我意识的发展具有非常重要的意义。尤其在进入青春期以后，同伴群体成为青少年发展的重要影响因素。

毋庸置疑，从当前的学术界来看，个体的心理发展是遗传和环境相互作用的产物，它们是相互制约、相互依存的，这一观点是被更多的心理学家所认同的。环境对某种特性或行为的发生、发展是否起作用以及起多大的作用,往往依赖于这种特性和行为的遗传基础。同时,遗传作用的大小也依赖于环境的变量。总的来说,遗传素质是心理发展的物质基础和前提条件,为心理发展提供可能;环境促使这种可能性变为现实。现代心理学家不仅用事实、材料、实验等验证了遗传、环境和教育在个体心理发展的作用,还阐述了遗传、环境和教育之间的辩证关系。

首先,遗传是个体心理发展的前提和基础,为个体发展提供了潜在的可能性。遗传主要影响人的外貌、体型和气质等特征,也会影响到人的心理发展与社会化过程。例如,无脑畸形儿只有一些低级的感觉,先天色盲儿童难以成为画家,聋哑儿童难以成为音乐家。

其次,社会环境和教育对人的心理发展起决定作用。社会的政治、经济、科学、文化规定了人的发展方向和目标,不同生产力水平、不同性质的社会环境条件决定了处在相应社会环境下人的心理发展水平和社会化程度。社会环境和教育是将个体遗传所获得的潜在可能性转化为现实可能性的决定因素。1920年在印度发现的狼孩卡玛拉,由于错过了教育关键期和社会环境的影响,虽然拥有人的遗传素质,却没有发展起人的心理,直到17岁死亡时只相当于4岁儿童的心理发展水平。

最后,心理发展的动力源于个体内部需求和心理水平之间的矛盾运动。心理发展以生理年龄为前提。个体的生长和成熟、积极主动的学习是促进心理发展的内在因素,社会环境、家庭、教育是个体发展的外部条件。辩证唯物主义认为,外因是变化的条件,内因是变化的依据,外因通过内因才起作用。时代的进步不断对人才提出新要求,教育发展对人的期望越来越高,人因此产生各种心理需求,这种不断发展变化的需求与原有的心理水平和心理状态的不平衡,形成心理矛盾,产生情绪上的不安焦虑,为消除这种情绪体验,个体又会产生新的需要以解决原来的矛盾,矛盾解决意味着心理的发展和成熟。因此,个体心理水平和新的需求之间的矛盾运动是个体心理发展的动力。

第三节 教育与心理发展的关系

教育与心理发展是相互依存的辩证关系。一方面,心理发展的水平和特点是教育的起点和依据;另一方面,教育在促进个体心理发展方面起主导作用,是影响心理发展的重要社会因素。

一、个体心理发展水平是教育实施的基础

教育是人类社会特有的活动,是有意识地塑造和提高人的素质的社会实践活动。人的素质是指那些与生俱来的以及通过环境影响和教育训练获得的比较稳定的基础性的身心结构及其品质,一般包括身体素质、心理素质、思想道德素质和科学文化素质。塑造和提高素质的目的在于充分实现人的社会价值,使其更好地适应社会生活,充分发挥为社会所需要的各种技能。教育是具有社会属性的,所以人类有教育这一说,而动物界没有。

教育对象必须具备一定的条件才能接受教育,其中包括身体条件和心理条件,不过心理条件尤其重要。人有语言、有意识,所以才能接受教育,才能掌握各种知识技能,才能创造文明成果。动物不能学会任何知识和较为复杂的动作,就是因为它没有语言、没有意识,缺乏接受教育的心理条件。

从教育内容来看,不管是优化心理素质,还是掌握知识技能、提高科学文化素质,形成良好规范、提高思想道德素质,还是提高身体素质的某些方面,都不能够撇开由社会决定的具体内容。实施这些教育内容时,无论采取哪种手段,都需要通过教育对象自己积极活动,即通过其自身的感知、思维、想象、记忆等心理活动,以及由意识支配的外部实际活动,才能被其接受,即经过内化作用,成为自己的思想意识和行为习惯。由此看来,以科学文化素质和思想道德素质为主体的人的社会素质是以心理素质为归宿的。社会素质是纯后天的、较不稳固的,而心理素质是先天与后天的"合金",是比较稳固。只有当社会素质最终转化为心理素质之后,它才是稳固的、持久的、牢靠的。所以,传授科学文化知识和培养思想道德品质要想取得成效,就不能忽视心理素质的培养。

作为实施教育的基础,受教育者所具备的心理条件制约着教育内容的深度和难度,制约着其接受教育的速度和巩固程度。如果不重视这个基础,就难以发掘教育的真谛。事实表明,教育对象的心理条件低下或者欠缺,就难以顺利接受教育。比如那些智力障碍儿童,他们或者根本不能接受学校教育,或者在普通的学校中接受教育很困难,最好让他在特殊的教育机构中接受教育。教育对象的心理条件优越,便可以顺利地接受教育,并取得良好的效果。

二、教育对个体心理发展具有主导作用

个体心理的发展既受到先天和后天的生理素质(特别是脑的机能)的影响,也受到外界事物(特别是社会生活环境)的影响,它们影响个体心理发展的方向、性质,影响个体心理发展的速度和所能达到的水平。教育作为影响个体心理发展的重要因素,包含在社会生活环境因素之内。不过,对于心理发展最为迅速的儿童阶段来说,由于它的作用显得十分突出,所以有不少学者将它单独列出来进行讨论。教育对个体的心理发展起主导作用。

教育与个体心理发展之所以有这么密切的关系,主要是因为实施教育的目的本来就是为了提高人的素质,其中包括心理素质。尤其是学校教育,有明确的目的和方针,有精心选择和组织的教育内容,有经过专门训练的教育工作者,有系统的、计划周密的实施过程等。教育工作者通过口头或书面的语言和操作行为,把积累起来的社会经验、文明成果传递给受教育者,使他们心理内容丰富起来,使他们原有的心理结构加强或改变,从而提高心理水平。由于儿童心理发展存在诸多敏感期或关键期,都处在接受基础教育之时,所以基础教育对儿童心理发展的主导作用最为显著。

三、教育必须顺应个体心理发展的规律和状况

教育与个体心理发展之间应当是和谐适应的关系,所以教育活动必须顺应教育对象心理发展的规律,必须顺应教育对象现实的心理发展状况。

教学是学校教育最重要的组织形式。在教学过程中,必须遵循感知规律、思维规律、记忆规律、形成技能和能力发展的规律以及这些心理过程和心理特征相互关联的规律。教育者要想学生在掌握有限的知识、技能的基础上,充分发展智力、能力,还必须遵循知识、技能向智力、能力转化的规律。只有在适当的心理条件之下,学生的诸多能力才能提高,良好习惯才能很好地养成。如果不顾心理发展的规律,而用机械的外力的方法(如粗暴的惩罚、简单的说教)促使他们接受教育,那么肯定难以收到理想的效果。

在教育过程中,确定教育内容、选择教育方法时,也必须研究和重视个体心理发展的年龄特征。比如处于学前阶段的儿童,教育内容要具备更多的趣味性、生动性,最好采用游戏的方式进行。受教育者的心理状况,除了具有所属年龄阶段的一般特征,还有他自己的特征。在教育中也不能忽视心理的个别差异。教育者应做到因材施教,教育内容和教育方法都要适合于个别差异。

第四节 心理差异与教育

心理差异是指心理的个别差异或个体心理的差别性,即一个人在其先天素质的基础上,通过后天的实践经验逐渐形成起来的不同于他人的、相对稳定的个体心理特点。任何事物都是个性和共性的统一体,人也不例外。一个人的独特个性主要就是通过心理差异来体现的。人与人之间是有一些共同的心理本质,但更多是存在着个别差异。对心理差异的分析可以从纵向和横向两个不同的角度展开。从纵向上看,个体的心理是发展的,个体从妊娠的某一阶段开始产生心理,一直到生命终结,其心理始终处于发展变化过程当中。个体在每一年龄阶段上都有着与另一年龄阶段不同的心理特点,无论是认知、情感、意志等心理过程,还是能力、气质、性格等心理特征,都随着时间的演进而不同程度地发生变化。因此,个体在不同的年龄阶段会表现出不同的心理特点,不同年龄层次的人群之间也必然存在着心理差异。对心理的年龄差异的研究主要是发展心理学的任务。从横向上看,不同个体由于具备不同的先天素质,生活于不同的环境,有着不同的生活经验,所以在智力、情感、性格等诸多方面获得了不同于他人的心理品质或特征。现代教育心理学主要关注个体已有知识水平差异、智力差异、能力倾向差异、认知风格差异、学习动机差异、人格差异、性别心理差异,以及特殊儿童的心理特征等方面。以下主要对智力差异与教育、认知风格差异与教育、人格差异与教育、性别心理差异与教育进行相应的探讨。

一、智力差异与教育

智力就是处理抽象观念、新颖情境和进行学习的认知能力。众所周知,它代表了一个人的聪明程度。智力差异可分为群体差异和个体差异。智力的群体差异是指不同群体之间的智力差异,它包括智力的性别差异、年龄差异、种族差异、阶层差异等。智力的个体差异是指不同个体之间所表现出的智力差异。这里主要说的是智力的个体差异。

(一)智力差异的形式

智力的个体差异有多种形式,表现在智力的水平、类型和成熟早晚等不同的方面。

1. 智力的水平差异

个体的智力发展水平存在着个别差异。在一个足够大的人群中,智力基本上呈正态分布,即普通智力或智力正常的人占的百分比很大,智力水平特别高或特别低的人所占百分比很小。心理学家根据智力发展水平把儿童分成三个等级,即超常儿童、常态儿童和低常儿童。超常儿童就是智力发展水平大大超过同龄群体的儿童;低常儿童就是智力发展水平明显落后于同龄群体的儿童。调查结果表明,如果用韦克斯勒智力量表进行测验,超常儿童和低常儿童各占儿童总人口的2‰~3‰,常态儿童占94‰~96‰。

2. 智力的类型差异

个体智力活动在知觉、记忆、言语和思维等方面会表现出不同的特点,存在类型上的差异。

(1)知觉方面。有些人的知觉属于分析型,这类人善于分析,对细节感知清晰,但缺乏整体性;有些人的知觉属于综合型,他们善于概括和把握整体,但分析性较差;更多人的知觉属于分析综合型,他们兼具上述两种类型的特点,既具有较强的分析性,又具有较强的综合性,这是一种较理想的知觉类型。

(2)记忆方面。以感觉器官的主导作用为根据,记忆类型可分为视觉型、听觉型、运动型和混合型四种。其中,视觉型的人视觉记忆效果最好,听觉型的人听觉记忆效果最佳,运动型的人有动觉参加时记忆效果最理想,混合型的人用多种感觉通道识记时效果最显著。以识记材料的性质为根据,又可分为直观形象记忆型和词的抽象记忆型,属于前一种类型的人善于识记图形、色彩、声音等形象性的内容,后一种类型的人善于识记语词材料、抽象概念、符号等内容。

(3)言语和思维方面。有些人的言语和思维中具有丰富的形象和情绪因素,属于生动言语类型或形象思维类型;有些人的言语和思维是概括的、逻辑的联系占优势,属于逻辑联系的言语类型或叫抽象思维型;大多数人则兼有上述两种类型的特点,属于中间型。

3. 智力的成熟早晚差异

人的智力发展具有早晚的差异。智力的年龄差异是指个体的智力发展有早有晚,这在音乐、绘画、体育、文学等领域中较为常见。例如,我国唐代的王勃10岁能赋,青年时期就写出了著名的《滕王阁序》;明代的夏完淳7岁善诗文。另外,古典音乐家莫扎特,3岁就发现了三度音程,经父亲指点,立刻就能谱写小步舞曲。有些人的智力到很晚才表现出来,属于大器晚成型。例如,齐白石40岁才表现出卓越的绘画才能,达尔文50多岁写成《物种起源》,摩尔根发表基因遗传理论已是60岁了。当然,多数情况下人到中年才会表现出最高的智力水平。中年人年富力强,基础知识扎实,实践经验丰富,创造想象能力强,善于独立思考,因而中年是科学发明的最佳年龄段。35岁左右一般是智力水平最高的年龄阶段。

(二)面向智力差异的教育

智力是影响学习的重要因素。研究表明,儿童的智力水平不仅影响学习的数量,而且也影响学习的质量。一般来说,智力水平高的学生形成学习定势的速度快,容易学会解决问题的策略,易于自行纠正错误和验证答案,较多地使用逻辑推理,他们的学习方法更有效,学习较能持久;智力水平低的学生则反之。因此,在学校教育中,教学组织和教学方式应面向学生的智力差异。一方面要适应他们智力的不同水平和类型特点进行教学;另一方面也要根据不同学生的潜力开发他们的智力,促进其智力的发展。

1.面向智力差异的教学组织形式

为了充分考虑智力差异进行教学,教学组织形式可以分为以下两种。

(1)同质分组

同质分组是指对年龄相同但智力水平和知识掌握程度不同的学生进行分组教学,以便于集中采用适应学生智力特点的教学方式。当前,重点学校和非重点学校、学校中重点班和非重点班的划分就属于这种形式。这些形式有利于缩小班内学生之间的差距,便于用统一的进度和方法进行教学,在一定程度上确实可以提高教学质量。然而,其也具有明显的局限性。一方面,按智力水平或知识掌握程度对学生进行分类,容易使智力水平高的学生骄傲自满,使智力水平低的学生自尊心受到伤害;另一方面,智力并不是影响学习成绩的唯一因素,动机、兴趣、努力程度、学习习惯和方法等因素都会影响学习成绩,单纯根据智力进行分类有时候并不利于教学。当然,不是说不能根据智力水平高低对学生进行分组,而是分组一定要慎重。国外出现过一种不分年级的学校,它依照学生某一学科的成绩进行编组。学生被按照各自的成绩水平编入八个或十个组内,每个学生根据自己的具体情况进入某一个组,如果不能适应就转入低一个水平的组,如果进步很大就转入高一个水平的组。由于不强调分级和升级,学生压力小,能自由地按适合自己的速度前进,每个学生都有了体验成功的机会,因此这种教学组织形式是比较有效的。

第一章　心理发展与教育

在常规教学班级内也可采用灵活分组的形式。例如,为了便于分组辅导,教师可按学生的学习水平将全班学生临时分为若干组,根据各组学生实际,采用不同的方法和进度进行辅导,根据学生不同的接受水平调整教材的数量、难度和任务要求。另外,有的教师为了促进学生之间的相互影响,将学习成绩不同的学生混合编组,让具有不同学习能力和水平的学生共同完成学习任务,掌握得当也能取得良好的效果。

(2)留级和跳级

为了缩小班内学生能力差距,也可采取留级和跳级的方式。留级的目的是让学习成绩差的学生通过第二次学习机会把学习赶上来。事实上,这种方式的效果往往并不理想。很多学生留级后成绩仍无多大进步,甚至比原来更差。这与留级打击学生的自尊心,削弱他们的学习积极性有关,也与留级学生不能适应教师的教学方法有关。因此,要使留级达到预期的成效,要避免留级对学生造成的负面影响,同时也要设法使留级的学生适应教学。跳级就是从学校的一个年级未经中间的年级就过渡到高两级以上的另一个年级,如由一年级升到三年级。一般来说,跳级大都能达到预期的教学目的。

2.个别化教学模式

在学校教育中,人们一般提倡课堂教学面向多数,也就是注意和适应中等程度的学生,但是考虑到学生的智力差异。教育者要因材施教,兼顾在智力发展上有特殊要求的学生,尽量避免造成智力水平高、成绩优秀的学生由于不能以更高的速度前进,使得求知欲得不到满足;对学习失去兴趣,智力水平低、成绩差的学生因跟不上进度,达不到教学要求,屡遭失败而失去学习的信心。为了兼顾不同智力水平的学生,教育实践中往往通过个别化教学来实现。以下就是几种比较有影响的个别化教学模式。

(1)掌握学习

这是美国心理学家布卢姆提出的一种教学模式。布卢姆认为,除了处于智力分布两个极端的少数学生,其余绝大多数学生的智力差异不过是学习速度的差异。如果按规律有条不紊地进行教学,几乎所有学生都能达到教学目标水平,达到完全掌握学习内容的程度。布卢姆设计了一种掌握学习的程序。这种程序将精选的、结构化的教学目标分解成许多小目标,根据这些小目标将学习材料设计成一系列相互联系的学习单元。学生在学完一个单元后,教师就进行诊断性测验,测验成绩符合要求者就可以进入下一个单元的学习,否则应当重新学习这一单元,并根据学生的具体情况提供"矫正学习"或"深入学习"的程序。经过矫正学习,学生达到要求后转入下一单元教学。如此循环往复,直至学完全部教材。由于学生在每一单元知识掌握程度上的差距缩小了,最终绝大多数学生可以获得较好的学习成绩。

(2)个别化诊断教学

个别化诊断教学是由美国匹兹堡大学学习研究开发中心在20世纪中叶发展起来的一种教学模式。该模式根据学习者的能力、需要和学习情况准备教材及教学媒体,经常性地详细诊断学生的学习情况,根据学生的学习结果设计个别指导的内容和进度,力求使每个学生获得最佳的学习效果。

(3)个人化教学系统

个人化教学系统是由美国心理学家凯勒于1968年设计的。其要求教师将课程分为许多独立的单元,然后为每一单元准备相应的书面材料和学习指导书。学生从第一单元开始学习,当他学完这一单元后,经过诊断性测验表明已达到教学目标,即可进入第二单元的学习,否则必须重新学习有关材料,直至通过测验。各个学生的学习速度可以不同,但要求对每个单元的学习程度相同或相近。显然,它比较适合高年级且独立性较强的学生。为了增强学生间的相互影响,个人化教学系统还设置学生辅导员。学生辅导员通常由学过这一课程且成绩优秀的学生担任,他们主要负责给学生提供个别辅导、帮助解决疑难问题、测验评分和向教师提供反馈信息等。个人化教学系统课程一般以学生一个学期或一个季度完成多少单元来决定学习等级,这一做法可以调动学生的学习积极性。

(4)计算机辅助教学

计算机辅助教学是随着信息技术的发展而出现的。它作为一种个别化教学模式在教育实践中发挥着非常重要的作用。因为它将计算机作为一个辅导者,为学生提供呈现信息和练习的机会,并对他们的学习情况及时做出评价。学生可以按自己的能力和需要自定进度,在计算机终端上进行学习,根据适合自己的学习速度一步一步完成学习目标。可以看出,这一教学方式能满足不同学生的特殊需要,尤其有利于学习成绩较差的学生提高学习效果。

当前,国内外采用的面向个别差异的教学模式还有很多。每种模式既有一定的优势,又有一定的缺陷。因此,在采用的时候要全面考虑其适用条件,并在实施过程中不断加以改进。

二、认知风格差异与教育

认知风格是指个人在感知、记忆、思维和问题解决等信息加工过程中所偏爱的、习惯化了的方式,它体现着个人内部认知活动的特色。在教育中,充分考虑认知风格差异也有着重要的意义。

(一)认知风格的类型

认知风格是学习风格的主要内容,也是学习风格各维度中研究成果最丰富的一个。就当前的研究来看,比较典型的认知风格有以下几种。

1. 场独立型与场依存型

美国心理学家威特金对人的知觉特点进行考察,由此开始了对场独立型和场依存型的研究。他在做知觉测验时发现,有的人倾向于把外在的参照物作为信息加工的依据,知觉受环境因素影响大,这一类人被称为场依存型的;有的人则倾向于依据内在的标准进行信息加工,他们的知觉不易受外在环境因素的干扰,这一类人被称为场独立型的。后来经过人们的深入研究发现,场独立型和场依存型不仅表现在知觉上,而且也表现在记忆、思维、问题解决等其他认知活动方面,甚至可以把它们看作一种稳定的人格特点。由此就出现了场依存型与场独立型的认知风格之分。

场依存型的人在认知方面倾向于依赖他们周围的背景,对事物的判断容易以外部参照为依据;他们的态度和自我知觉更易受周围的人们、特别是权威人士的影响和干扰,善于察言观色、注意并记忆言语信息中的社会内容,社会交往能力较强。场独立型的人在认知方面独立于他们周围的背景,对客观事物作判断时常常利用自己内部的参照,不易受外来因素的影响和干扰,倾向于在抽象和分析的水平上加工信息;不太善于社交,能独立自主。

认知风格与教学存在相倚关系。在教学内容方面,一般来说,场依存型的人对人文学科和社会学科更感兴趣,而场独立型的人更擅长数学与自然科学。相比之下场依存型的人在学习社会材料时效率较高,而场独立型的人在学习未经充分组织的材料时更见长。两种类型的学生对教学方式也有不同偏好。场独立型的学生能轻易地给无结构的材料提供结构,他们比较容易适应结构不严密的教学方法。与此相反,场依存型的学生喜欢有严密结构的教学,他们更需要教师明确的指导和讲授。

2. 沉思型与冲动型

凯根等人最早提出了沉思型和冲动型这两种认知风格。他们通过研究发现,沉思型的人在解决认知任务时,总是谨慎、全面地检查各种假设,在确认没有问题的情况下才会给出答案;而冲动型的人总是急于给出问题的答案,他们不习惯全面充分地考虑问题的各种可能性,甚至会在尚未搞清问题要求时就开始对问题进行解答,因此非常容易出错。在学习中,沉思型和冲动型这两种认知风格分别适应于不同性质的学习任务。

3. 言语型与形象型

双重编码说是关于长时记忆信息如何被加工存储的一种理论。该理论认为长时记忆中的信息是以视觉表象和言语表征两种形式存储的。大多数人能比较均衡地利用这两种形式来加工和存储信息,但是有些人更偏爱视觉表象,另一些人则更偏爱言语表征。在这种理论的基础上,人们提出了言语型与形象型这两种认知风格类型。形象型的人思维过程中有更多的表象内容,而言语型的人倾向于以语词符号的形式进行思维。通常来说,言语型的人在言语作业方面做得更好;形象型的人在具体的、描述性的作业上做得更好。学习材料的性质与这两类认知风格相一致对学习效果是有利的;而当两者不匹配时,学习效率就会降低。

4. 整体型与系列型

英国心理学家帕斯克在研究学生学习策略方面的差异时提出了整体型和系列型的认知风格。整体型的学生在从事学习任务时倾向于采取整体性策略,在解决问题时倾向于对整个问题可能涉及的各个子问题的层次结构及自己将采取的方式进行预测,提出比较复杂的假设,全盘考虑如何解决问题。系列型的学生则倾向于采用系列性策略,在解决问题时习惯于把重点放在解决一系列子问题上,很注意子问题间的逻辑顺序,运用逐步推进的方法按顺序来证实或否定他们的假设。一般来说,整体型认知风格的学生和系列型认知风格的学生都能完成同样难度的任务,也能达到同样的理解水平。但是,如果整体型认知风格的学生过度采用整体性策略,就容易在没有获得足够证据的情况下形成个人判断,并把这种判断用于其他方面,影响问题的顺利解决;而系列型认知风格的学生如果过度采用系列性策略,则对问题难以形成比较完整的概貌,不能全面了解问题各要素之间的关联,进而影响问题解决的效率。所以要注意一个度的问题。

5. 辐合思维型与发散思维型

辐合思维和发散思维是吉尔福德在研究智力时依据思维进程的方向特征对思维进行的分类。辐合思维也称为聚合思维、求同思维,是以已有的事实或命题为起点,遵循传统思维逻辑,沿着归一的或单一的方向进行推导,并找到一种较为合理的答案的思维模式。发散思维也叫求异思维、开放式思维,是思维在一段时期内不受拘束地朝着多种方向去探寻各种不同的方法、途径及答案的思维模式。所以,作为两种认知风格类型,辐合思维型的人在解决问题时倾向于从所提供的信息中找到一个明确的正确答案,而发散思维型的人则善于提出和分析多样性的答案,表现出明显的创造性。研究发现,辐合思维型的人智商分数一般较高,而相比之下发散思维型的人则往往具有更高的创造能力。

(二)面向认知风格差异的教育

1. 帮助学生识别自己的认知风格类型

不同认知风格的学生往往具有不同的学习特点,在教学的时候,教师应该充分认识到认知风格差异,从而对不同认知风格的学生采用不同的教学方法。面对学生不同的认知风格类型,教师不仅仅要注意调整教学方法,还应该帮助学生分析和认识自己的认知风格类型。英国伯明翰大学学者赖丁及其同事在1998年进行的一项研究中发现,当学生学习的某个学科的材料要求与其认知类型相匹配时,他们实际的学习结果没有他们自己所预期的那么好,而在学习材料的要求与其认知类型不匹配时,他们实际的学习结果却比预期的要好。赖丁等人推测,由于这些学生意识到了自己的认知类型与材料结构的匹配性,所以做出了相对较高的预期。这一结果在某种程度上也表明,当学习者能够意识到认知类型特征与学习任务要求的匹配关系时,便能够做出主动的努力。[①] 如果我们对此结论进一步推论,则可以看出,只有当学生充分了解和认识自己认知风格类型的优劣时,学生才会在学习中针对不同的学习任务,以主动、积极的方式采用不同的学习方法、学习策略来调整自己的学习。

要想加强学生对自己的认知风格类型的了解和识别,教师首先要在课堂教学中经常地给出与认知风格相关的知识,运用调查表、日记、周记、自我评价表等,使学生逐渐对认知类型产生兴趣,并有一定的了解;其次要帮助学生明确每种认知类型的优势和不足,并指出针对不同认知类型的优势和劣势应该采用的不同学习方式和学习策略;最后要针对学生的反馈帮助他们解决所遇到的困难。

2. 采取合适的教学策略

不同的认知风格类型有不同的优势和劣势,教育的目的就是要充分发

---

① 辛筠芳.浅谈认知风格在教学中的应用[J].宁波大学学报(教育科学版),2002(5):35—38.

挥学生在某种认知类型上的优势,弥补某种认知类型的不足。因此,适应认知风格类型的教学策略可以分成两类:匹配策略和失配策略。匹配策略非常有助于学生获得知识,它能使学生学得更快、更多,但无法弥补学习方式上的欠缺;失配策略在开始阶段会影响学生对知识的获得,但是,它能够弥补学生在学习方式和学习机能上的缺陷,使学生获得更全面的发展。

(1)匹配策略

这种策略主要是指采取与学生认知风格一致的教学策略。任何一个学生在信息加工(知觉、记忆、思维、认知反应等)的过程中都有其独特而稳定的认知风格,教师应当分析和研究每个学生在不同信息加工过程中的认知风格类型,并根据其类型选择相应的、与之相匹配的教学策略。事实证明,当学生的认知风格类型与教师的教学类型、教学任务相一致的时候,学生的学习效果很好。例如,场依存型学生对他人有较大的兴趣,在调节冲突、处理人际关系等方面比较内行,对他人的意见和情感比较敏感,喜欢在学习中进行讨论,也更善于完成社会性的任务。对于这样的学生,教师就可以采用小组讨论的教学方法,并给予他们及时的指导和肯定,安排学习任务时以强调社会性的任务为主。而场独立型学生不容易受环境影响,社会交往能力差,习惯于个人研究、独立思考,喜欢一个人学习,不善于接受他人的情感和意见,在学习任务上也更喜欢有难度的、新颖的任务。因此,教师可以给予这类学生独立的学习任务,充分发挥他们的独立性和主动性,安排学习任务时,可以布置抽象思维强的任务。

采取匹配策略确实有助于提高学生的学习效果,但其不利于学生学习其他智力技能,容易加大学生间的差异。此外,把他们的认知风格与学习任务相匹配,可能会限制他们在其他方面学业成功的机会,还容易使他们刻板化。

(2)失配策略

这种策略是指采取能够对学生缺乏的认知风格进行弥补的教学策略。学生在认知类型机能上往往会有一定的欠缺。在具体的教学情境中,教师提供的教学内容和教学方式往往只能顾及某一种认知类型的学生,而其他认知类型的学生就难以学会这些内容,造成了学习困难。例如,讲授法有利于听觉型和视觉型的学生,不利于动觉型的学生;而小组探究学习法有利于听觉型和动觉型的学生,不利于视觉型的学生。对此,在教学的时候,教师就要针对不同的认知风格类型采用不同的教学策略。例如,视觉型学生的优势是视觉和知觉,劣势是听觉和动觉,对此,教师可以有意识地使用探究学习、合作学习,要求学生在活动中认真倾听小组成员的发言,刺激听觉;要求学生积极参与动手操作活动,激发动觉。而对动觉型学生,教师可以先采用讲授法,刺激学生的听觉和视觉,再采用探究学习,动手实验,发挥他们的优势,让他们对教师讲授的内容有更深的认识与理解。

综上所述,教师的教学一方面要考虑到学生的认知类型的优势,提供适应学生认知风格类型的匹配策略,让学生尽多、尽快地掌握知识;另一方面也应该考虑不同学生欠缺的认知风格类型,提供失配策略,让学生得以弥补,从而促进学生的全面发展。这两种策略并不是矛盾的,而是一种互补,教师应当及时调整教学策略,以多样化的教学活动来满足和弥补不同学生不同层次的需要。

三、人格差异与教育

人格是个人与社会有关的完整而稳固的行为倾向的总和,是一个人在社会情境中所表现的独特动作、思维和情感方式,具有一定的稳定性。一个人往往有不同的人格类型,不同的人格特质,于是人们就从人格的类型和特质上对人格差异进行了分析。现在教育十分重视学生人格的发展,因为充分考虑人格类型差异和人格特质差异的教育是很有必要的。

(一)人格类型差异

在很早以前,一些医学家和哲学家就已经有把人的性格和气质分成各种不同类型的倾向,如我国古代的阴阳五行说、古代希腊和罗马的气质四体液说等。总之,由于研究者关注的焦点不同、分类标准不同,人们对人格有着不同的划分。以下是几种比较有代表性的人格类型论。

1. 荣格的倾向说

瑞士精神分析学家荣格根据力必多(Libido)作用的方向不同,把人的性格分为外倾和内倾两种类型。他认为,精神活动的根本力量是力必多,如果力必多倾向于外部环境,就形成外倾型人格,这种人格的人喜交际、厌独居、坦率、随和、适应环境的能力强,但比较轻率;如果力必多倾向于自己内心世界,就形成内倾型人格,这种人格的人安静、富于想象、易害羞、喜欢单独工作、适应环境较困难。当然,荣格也指出,完全属于某种类型的人是不存在的,多数人兼有外倾和内倾的特点,某种倾向在特定的人身上只具有相对的优势。

荣格还提出了人的四种心理功能,即思维、情感、感觉和直觉。他根据态度和功能的结合,推出了八种人格类型:外倾思维型、外倾情感型、外倾直觉型、外倾感觉型;内倾思维型、内倾感觉型;内倾直觉型、内倾感觉型。

(1)外倾思维型:依从固定规律行事,客观而冷静;积极思考问题;武断,感情压抑。

(2)外倾情感型:很容易动感情,尊重权威和传统;寻求与外界的和谐,喜欢交际,思维压抑。

(3)外倾直觉型:不根据事实做决定,而是凭预感;不能长时间地坚持某一观点,喜欢改变主意;富有创造性,对自己许多无意识的东西了解很多,感觉压抑。

(4)外倾感觉型:寻求享乐,无忧无虑,社会适应性强;不断追求新异感觉经验,喜欢艺术品;直觉压抑。

(5)内倾思维型:强烈渴望私人的小天地;实际判断力缺乏,社会适应性差;智力高,但忽视日常实际生活;情感压抑。

(6)内倾感觉型:被动、安静、艺术性强,不关心人类事业,只顾身旁发生的东西;直觉压抑。

(7)内倾直觉型:偏执而喜欢做白日梦;观点新颖但稀奇古怪;苦思冥想,很少为人理解,但不为此烦恼;以内部经验指导生活。

(8)内倾情感型:安静,有思想,感觉过敏,孩子般的令人难以理解;不关心别人的意见和情感,无情绪流露;思维压抑。

2. 斯普兰格的社会文化类型论

德国社会学家斯普兰格依据社会文化价值对人格类型进行了划分。他认为,每个人都有着不同于他人的价值观念,对价值的追求表现出一定的倾向性,因此他把人格分为六种类型:

(1)经济型:以经济价值衡量一切,以追求利润、获取财物为生活目标。

(2)理论型:以知识和理智价值衡量一切,力图认识事物的本质,以追求真理为生活目标。

(3)审美型:以美学价值判断事物,以获得和欣赏美为生活目标。

(4)权力型:十分崇尚权力,爱支配别人和发号施令,以获得权力为生活目标。

(5)社会型:乐善好施,以增进他人利益和社会福利为生活目标。

(6)宗教型:信仰宗教,以宗教价值衡量事物,以寻求心灵的安宁为生活目标。

斯普兰格也认为,纯粹属于某一种类型的人是没有的,多数人属于几种类型的混合。

3.贝茵等人的心理机能论

英国心理学家贝茵等根据智力、情感和意志三种心理机能在不同人身上分别占优势的特点,把人格区分为三种类型,即理智型、情绪型和意志型。

(1)理智型:勤于思考,通常以理智衡量周围发生的事物,并以理智支配自己的行为。

(2)情绪型:不善思考,行动易受情绪左右。

(3)意志型:具有明确的行动目的和较强的自制能力,行为受目标所支配。

(二)人格特质差异

关于"特质"这个概念,人格心理学家往往有着不同的解释,通常可以把它理解为人格的最小构成单位,代表着个人的潜在倾向或特征,这种倾向或特征可以用来说明个体行为的规律性或一致性。这种人格单位具有假想的性质,不同的研究者或通过不同的方法可能会抽取出不同数量、不同性质的人格特质。在特质论者看来,每个人的人格都是由多种特质构成的完整结构。通过对各种特质的测量,可以描述人格的个体差异。以下是两种具有代表性的人格特质论。

1.奥尔波特的特质论

美国人格心理学家奥尔波特是最早对人格特质进行科学研究的人。他通过心理测量获得在不同情境中人的行为发生的频率、广度和强度的大量资料,经周密的逻辑分析和语义分析求得人格的各种特质

奥尔波特认为,人格特质是个体对环境刺激做出反应的一种内在倾向,是一种内在的身心组织。特质具有概括性和持久性,它联结着多种刺激与反应,所以在行为上会产生广泛的一致性。特质也有焦点,即集中性。一种特质主要出现在某些场合和人群中,而在其他场合则表现出另一些特质。所以特质在表现方式上具有很大的灵活性。奥尔波特把人格特质分为一般特质和个别特质两种。

(1)一般特质

一般特质是指生活在同一文化形态、共同社会生活方式下的人都具有的特质,普遍地存在于每个人的身上。那些特质反映了社会的习俗和价值,是人格的共同部分。它是不分化的、不具体的,随着社会标准与习俗的改变而改变,所以它不反映个人最基本的特征,不能作为个体之间相互区别的标志。

奥尔波特提出了14种共同特质,并把这14种特质连同心理和生物基础的7个项目,制成包含21个项目的"心理图像",来评定一个人的人格,见表1-2。

表1-2 奥尔波特的"心理图像"

心理的生物学基础				共同的人格特质											
身体状况		智力		气质		表现的			态度的						
								对自己		对他人		对价值			
容貌端正	健康良好	活力大	智力抽象高的(言语的)	智力机械高的(空间的)	感情广	感情强	支配	自我扩张	坚持	外向	批评	自信	合群	利他	社会智力高	理论兴趣高	经济兴趣高	艺术兴趣高	政治兴趣高	宗教兴趣高
不正	不良	小	低	低	狭	弱	顺从	退缩	动摇	内向	无批评	自立	孤独	利己	社会智力低	理论兴趣低	经济兴趣低	艺术兴趣低	政治兴趣低	宗教兴趣低

注:中间共11行可填数值,第一行到第十一行,每行可填的数值分别为5,4,3,2,1,0,1,2,3,4,5。

(2)个别特质

个别特质表现个人倾向,是真实存在的特质,它是由个体生活的特定环境造成的,是一个人独有的东西,决定着个体独特的行为方式。一般特质只是为了测定复杂的人格特质而抽取出来的概念,个别特质才是真实的特质。所以人格心理学家更倾向于研究个别特质。个别特质又可分为三种,即首要特质、中心特质和次要特质。

首要特质是一个人最独特的特质,体现一个人的典型特征,它具有极大的渗透性和弥散性,在人格结构中处于支配地位,几乎影响着个人的全部行为。根据这种特质可以预测一个人在不同情境下可能的行为方式。

中心特质表现一个人基本的行为倾向,它的典型性比首要特质低,它不像首要特质那样对行为起着明显的支配作用,但它也是决定行为的重要因素。

次要特质指一个人独特的偏爱(如对某些食物、衣着的爱好等)以及其他由情境制约的特性,它对行为的渗透性极小,接近于习惯和态度,对行为影响相对不大,对人的整个人格面貌不起决定作用。

2. 卡特尔的特质论

美国人格心理学家卡特尔认为,人格特质是一种心理特性,是人格结构的基本元素,代表着相当持久和广泛的行为倾向。人格是影响人的行为的重要变量之一,它和外部环境一起决定人的行为,因此,可以根据人格特质差异来预测一个人在某种环境条件下会表现出什么样的行为。他用因素分析的方法对人格特质进行了研究和分析。

卡特尔把人格特质区分为表面特质和根源特质两大类:表面特质是指经常发生的、从外部可以直接观察到的行为反应;根源特质则是指决定外显行为的潜在变量,是内在的因素。在人格结构中,表面特质与根源特质的关系是现象与本质的关系。表面特质是根源特质的表现,而根源特质才是一个人行为的根源。例如,大胆、独立和坚韧都是表面特质,可以在个体身上直接表现出来,这些表面特质在统计学上彼此有高相关性,其共同的根源特质是独立性。卡特尔认为,每一种表面特质都来自一种或多种根源特质,而每一种根源特质又能够影响多种表面特质。他利用因素分析法对描述行为特征的词汇进行了长期的研究,分析出人格的 16 种根源特质。根据这 16 种根源特质,卡特尔制定了 16 种人格因素测验(16PF)量表(表 1-3),这一量表在许多国家得到广泛应用。卡特尔认为每个人身上都具有这 16 种根源特质,只是在不同的人身上存在着程度上的差异。例如,任何人都有"聪慧性"这一根源特质,但每个人聪慧的程度是不同的。

表 1-3 卡特尔的 16 种人格根源特质

人格因素	名称	低分者特征	高分者特征
A	乐群性	缄默、孤独	乐群、外向
B	聪慧性	迟钝、知识面窄	聪慧、富有才能

续表

人格因素	名称	低分者特征	高分者特征
C	稳定性	情绪激动	情绪稳定
E	恃强性	谦逊、顺从	支配、攻击
F	乐观性	严肃、审慎	轻松、兴奋
G	有恒性	权宜、敷衍	有恒、负责
H	敢为性	畏怯、退缩	冒险、敢为
I	敏感性	理智、注重实际	敏感、感情用事
L	怀疑性	信赖、随和	怀疑、刚愎
M	幻想性	现实、合乎成规	幻想、狂放不羁
N	世故性	坦白直率、天真	精明能干、世故
O	忧虑性	安详沉着、有自信心	忧虑抑郁、烦恼多端
Q1	实验性	保守、服膺传统	自由、批评、激进
Q2	独立性	依赖、随群附从	自立、当机立断
Q3	自律性	矛盾冲突、不拘小节	知己知彼、自律严谨
Q4	紧张性	心平气和	紧张困扰

与人格类型论相比,人格特质论忽视了人的整体性,所以,现在心理学界的人更倾向于把特质论和类型论结合起来发展人格理论,从数量和性质两方面展开研究,以获得对人格更完整的认识。

(三)面向人格差异的教育

研究人格差异问题,一方面是为了使教学工作能全面适应学生的人格差异,另一方面也是为了更加有效地开展人格教育,培养学生的健全人格。可见,人格差异与教育有着重要的关系。教育者在教育工作中就应当针对学生不同的人格类型、人格特质,采取不同的教育方式方法。具体来说,面向人格差异的教育应注意以下两大点。

1.全面适应学生的人格差异

不同的学生除了在智力上不同,在需要、动机、兴趣、气质、性格等这些非智力因素方面也存在较大的差异,这就关系到人格差异。教育要适应学生的人格差异。例如,对明显外倾的学生,应更多地为他们提供活动的机

第一章　心理发展与教育

会,让他们有事可做,同时在活动中给予他们一些需要耐力和持久性的任务;对于比较内倾的学生不宜向他们施加过多的压力,而要为他们创造更多参与集体活动的机会,同时多鼓励他们,增强他们的自信心。对于情绪易激动的学生,给他们讲解知识时应细致,并注意培养他们镇静、谨慎的品质。对于独立性强、善于独立思考的学生就不宜过多地让他们参加讨论,而应给他们更多独立学习的机会。

适应学生的人格差异,教育者在教育活动过程中可以采用分组活动的形式。比较普遍的做法是根据学生的能力、兴趣和性格进行分组,如学科学习小组、科技发明小组、艺术兴趣小组等,并可以根据实际情况随时调整小组成员,非常灵活。这样便于教师指导,也有利于学生共同学习、讨论,发挥各自的优势。

2. 引导学生提高自我塑造能力

随着社会发展和人的竞争意识不断增强,"终身教育"的理念已深入人心。其实不仅知识和能力需要终身教育,人格也需要终身教育。从某种意义上说,知识是可以灌输的,但人格不能,因为个体人格的形成和发展是一个主动建构的过程。建构即寻找意义,是经验与价值的整合。教育要促进人格发展,就要培养学生自我塑造的意识和能力。只有当人格完善成为学生的内在要求的时候,学生才愿意主动塑造自己的人格;只有当学生掌握了自我塑造的能力时,他们才能成功地塑造自己的人格。

要提高学生的自我塑造能力,教育者尤其要注意以下几点。

第一,提高他们的自我意识水平和行为自觉性,使他们对自身有正确全面的认识和评价,同时发展其控制和支配自己行为的能力和意志,帮助他们选择正确的认同对象,从而使他们能自觉塑造良好的人格品质,克服自身存在的消极人格特征。

第二,帮助学生学会自我分析。自我分析就是自己对自己人格的基本认识、分析,这种分析要客观和实际,要能发现自己人格好的特质和不好的特质。这样的分析过程也是一个自我认识的深化过程,是人格不断完善与发展的重要环节。

第三,帮助学生学会自省、自警和自炼。这主要是让学生经常反思自己的思想和行为,总结自己人格的优势和劣势,思考完善的方法;让学生经常对自己的缺点和不良行为进行自我提醒、自我警戒;有意识地给学生创造一些磨炼的机会,让他们的人格得以提升,尤其是让他们在艰苦的环境中培养乐观向上、勇于拼搏、不畏艰苦的良好性格。

四、性别心理差异与教育

关于男女性别差异,首先是生物学上的差异,其次是社会行为及成就方面的差异,最后是感知觉、能力、人格等心理方面的差异。在教育心理学领域,主要探讨的是性别心理差异。男性和女性在心理过程和个性心理特征方面是存在差异的,但是关于心理性别差异的一些传统观念并未得到科学研究的证实,而在言语能力、视觉能力、数学能力、攻击性等方面的男女差异得到了更多学者的支持。当然,也有学者证实了其他一些心理方面的性别差异。总的来说,性别心理差异是客观存在的,教育者应当承认和尊重性别差异,同时研究合适的教育教学途径与方法。

(一)性别心理差异的影响因素

性别心理差异是多种因素共同作用的结果,这些因素可概括为以下三个方面。

1.生物学因素

人的心理活动和行为都是基于一定的生理条件而产生的。所谓的生理条件主要指遗传因素。正是在遗传因素的作用下,男性和女性在生理上存在着某些差异,生理的差异又导致了心理的性别差异。

遗传基因决定了胚胎早期的性腺发育,也决定了个体的性激素分泌。研究发现,性激素分泌就直接影响着人的侵犯行为。在青春期,人的性激素分泌多,引起了两性在心理和行为方面的急剧分化,如男性在力量、运动速度和强度上优于女性,女性则在耐力、柔韧性等方面优于男性,这在一定程度上影响到两性对社会活动和职业的选择。性腺分泌的性别差异还引起了脑发育的差异。研究发现,人的大脑左右两个半球有着不同的功能分工,左半球居支配地位,因此被称作优势半球,右半球也就相应地被称作非优势半球。有学者通过研究认为,女孩的言语能力占优势,是因为女孩的脑发育较早,左右半球的功能分工程度较低;男孩的空间知觉能力较强,是因为男孩的脑发育较晚,左右半球分工较明显。此外,基因研究也发现,在人类的 X 染色体上存在着一个与空间知觉能力直接相关的隐性性状,50%的男性具有这一性状,而只有 25%的女性具有这一性状,这可能是男性空间知觉能力较占优势的生物学原因。

2. 社会环境因素

相比较而言,社会环境因素对男女两性的心理差异的影响比生物遗传因素要大。生物遗传因素只为个体心理的发展提供了先天基础,而实际上性别差异主要是在历史发展和社会文化的影响下形成的。有大量的研究证据表明,关于言语能力、空间视觉能力、数学能力以及攻击性等方面的性别差异在很大程度上是社会文化因素模塑的结果。一般来说,导致性别心理差异的社会环境因素主要有家庭、学校、大众传媒以及历史文化等。

家庭在个体发展的早期就影响着其性别角色的形成。父母对性别角色的信念和要求会影响到他们的孩子。例如,父母一般从婴儿时期就区别对待男孩和女孩,对女孩说话更轻柔,对男孩的好动和调皮更宽容;鼓励女孩温顺、听话,鼓励男孩竞争、冒险,甚至给男孩和女孩提供不一样的玩具。到了青少年期,父母对子女职业发展也有着不一样的期待和要求,虽然都是期待成功,但具体在哪方面成功却不一样。

学校教育也在一定程度上影响着性别心理差异的产生,特别是当教育者有着明显的性别定型的时候,就会表现出更为明显、深刻的影响。例如,教师在学科与专业选择、兴趣培养、运动形式等方面的要求,教科书中对男女性格、成就的描述等,都会对学生性别角色的形成具有重要影响。

大众传媒包括电影、电视、广播、书刊、计算机网络等,它们是人们关于社会适应信息的主要来源,它们所展示的不同领域性别不同的人物,以及对性别角色的行为倾向的强调会影响人们的性别角色学习。

历史文化因素同样是影响心理性别差异的重要因素。在态度、性格特征、行为模式等方面,社会大众对男性和女性有着不同的期待,这种期待从人类早期的社会分工开始就已经有了。在远古时代的人类社会中,狩猎、采集食物、养育子女等活动已经出现了分工,分工的差异导致男性和女性在社会生活中具有不同的地位和作用,也发展了他(她)们不同的性格。男子发展了攻击、冒险、独立等心理品质,而女子发展了安静、温柔、合作等心理品质。根据这些分工所延伸出来的种种要求逐渐成为一种社会秩序,并发展为约定俗成的规范。社会用这些规范来约束人,人们也按符合自己性别的规范来控制自己的行为。社会通过对这些行为的肯定和否定、奖励和惩罚,使男人更像男人,女人更像女人,男女心理的性别差异也由此形成。

3. 个体人格因素

生物学因素和社会环境因素如何影响个体的心理性别差异,还受制于个体的自身人格特点。例如,就事业成就的性别差异而言,成功者中男性多于女性,但女性成功者也大有人在,这些女性的成就动机并不比男性低。显然,对于成就动机特别强的女性来说,生物遗传因素和社会环境因素的作用并不是很大,而其自身拥有的独特人格因素占有重要地位。研究发现,成就归因模式是影响成就动机的关键因素之一。所谓归因就是对成功或失败原因的判断。社会可能对人的能力存在性别偏见,即认为在科学、管理等领域男性比女性能力更强。这种偏见对于具有不同归因模式的女性有着较大影响。有些女性在科学或管理工作中取得成功的时候会把成功归因于外部因素,或自己的运气;当她们失败的时候,则会认为这是因为自己能力低。而另一些女性则不然,当成功的时候她们可能把成功归因于自己的能力强;当她们失败的时候则认为是外部条件不成熟或环境中存在不利因素造成的,从而激励自己重整旗鼓从头再来。这类女性是对社会偏见产生怀疑心理的。当然,除了归因模式,一个人的认知方式、自我效能信念、自我调节能力等都可能影响性别心理差异。

(二)面向性别心理差异的教育

1. 引导学生正确认识和对待性别差异

男性和女性在心理方面确实存在一些差异,这已是一个客观事实。那么,教育者就要树立正确的观念,科学合理地对待性别差异这一问题,并适应存在的这一差异。

在正确认识性别心理差异时,我们应明确以下三点:一是性别心理差异主要是针对男性群体与女性群体而言的,并不表示哪一个男性个体或哪一个女性个体的具体心理特征;二是性别心理差异不完全取决于生物因素,社会文化因素对性别心理差异的影响更大;三是男性和女性的某些心理差异总体上是比较小的,并不是十分显著。引导学生正确对待性别心理差异,主要就是要帮助他们纠正传统消极的性别偏见和性别观念,让他们更好地发展个性、发展职业生涯。

教育也要适应学生在不同年龄阶段表现出来的认知、人格等方面的性别特点组织教学,特别是要针对学生刚刚步入青春期时在心理上出现的一些新情况,以及从初中进入高中的过渡阶段男女学生在学习上表现出的一些特点进行及时的、正确的引导。

2. 引导积极的性别取向

人们一般都认为,男子应该具有独立、进取、有主见、坚强、有竞争性,以及追求事业成就,对家庭、社会负责任等男性特征;女子应该具有温柔、体贴、有耐心,以及待人亲切、和善,对子女负责,顾家等女性特征。受社会文化因素的影响,人们都在潜移默化中认同了自己的性别角色,也具有了相应的性别心理特征。从总体上看,男性确实有些方面优于女性,女性也确实有些方面优于男性,当然两者也各有不足之处。如果男性和女性都能扬长避短,则有利于形成更为健全的人格。所以,教育应该有效引导学生冲破传统的性别角色观念的束缚,利用一切机会发展自己各方面的能力,克服社会性别角色规范对人的能力的束缚,努力使自己兼有男性和女性的优秀品质。

3. 根据性别心理差异采取科学的教学方式

由于性别心理差异已是一个既定的事实,那么教育者就要在接受这一事实的同时,根据男女生心理发展的不同特点,采取科学的教学方式,有的放矢地传授知识、培养能力,促使学生各自优势的发展和劣势的弥补。

对于女生智力因素中的优势成分,如言语能力较强、擅长于形象思维,教师应结合这些优势,培养和发展她们在文科各领域的才能。针对女生智力因素中逻辑思维、空间能力、理解记忆等方面的劣势,采取适当的措施,也可以使其得到优异发展。比如,在数学教学中多培养女生思维灵活性,或者有意识地多向女生提"为什么""怎么样"之类的问题,引导她们从多角度考虑问题,培养她们独立、深入思考问题的能力和习惯。

对于男生来说,他们的空间知觉与时间知觉优于女生,他们思维的独立性、创造性、概括性和决断性较强,他们善于把握整体与局部的关系,但容易忽略细节。所以,教师要注意让他们结合自己逻辑思维能力较强的特点,通过有关学科的教学,培养他们在科技等方面的才能,同时提出一些虽简单却易混淆的问题,引导他们重视细节,掌握基本的知识。对于男生形象思维、言语能力等方面的不足,教师可以通过加强语文、美术、音乐等形象性比较强的学科教学,有意识地培养男生进行形象思维的习惯,提高其形象思维的能力。

第二章 教育心理学的基本认知

　　心理活动贯穿于教育活动的整个过程。教育的任务在于遵循教育过程中的心理学规律,促进学生的学习和身心全面发展,使其成为合格人才,由此诞生了心理学的一个重要应用分支学科——教育心理学。教育心理学的重点是把心理学的理论或研究成果应用在教育上。教育心理学可应用于设计课程、改良教学方法、推动学习动机以及帮助学生面对成长过程中所遇到的各项困难和挑战。教育心理学关注的是学生如何学习与发展,实务工作上特别关注有特殊教育需要的学生。本章就教育心理学的创建与发展、研究对象、研究方法、研究程序等基本问题进行阐述。

第一节 教育心理学的创建与发展

　　教育心理学思想源远流长,但教育心理学作为一门学科只有百年的历史。在这短短的发展历史中,教育心理学经历了一个蜿蜒曲折的过程,遵循了学科发展的一般规律。从最初附庸于普通心理学,到融合于发展心理学,再到成为一门独立学科,形成比较完整的理论体系。

一、教育心理学的诞生

(一)教育心理学诞生的背景

1. 社会背景

　　(1)西方工业革命对教育的期待。教育心理学诞生于20世纪初的美国,正处于美国独立战争之后,进入资本主义工业化时期。随着工业化进程的推进,大量的农民、手工业者甚至刚从农奴制度下解放出来的农奴转眼间变成了产业工人。工业化要求产业工人拥有一定的文化知识和专业技术,从而能发挥其全部潜能,提高生产率,最大限度地为资本家创造利润。这就对教育提出了新的要求:在短时期内为社会培养大量的能满足工业化要求的专业者和熟练技工。与此同时,工业化的加速使更多的人包括妇女和老

第二章 教育心理学的基本认知

人进入工厂变成了产业工人,改变了原来未成年人大多由家庭承担教育职责的状况,这就要求社会建立公共教育机构来承担起教育儿童、青少年的责任。因此,学校教育的迅速发展推动了教育心理学的研究。

(2)城市化进程与教育发展。随着工业革命的发展,在美国等一些工业化进程较快的国家,其农业人口逐渐减少,农民变成了产业工人,城镇人口迅速增加,并形成了西方独有的城市化特征。城市化是以"高度集成化"为显著特征,"高度集成化"的城市最重要的特点就是专业化、制度化和民主化。它要求城市的每一个公民都有胜任相应职业的专业知识和技能,尽可能地参与城市的建设与民主决策。这就要求其社会成员具备一定的科学文化知识,从而推动了基础公共教育事业的发展。

(3)移民带来的教育问题。美国是一个典型的移民国家,不同种族、不同肤色的人聚居在同一个社会里,由于文化背景的不同,社会的发展和稳定也受之影响。因此亟待通过教育把来自不同文化背景的人"美国化",然而传统的教育由于自身的缺陷不能适应这一挑战,必须要进行改革。这也是促使科学教育心理学产生的重要因素。

2.哲学背景

教育心理学乃至整个心理科学都是从哲学中独立出来的,它的产生和发展自然离不开源远流长的哲学根基。综观教育心理学的发展轨迹,对其影响最大的哲学流派主要有经验主义、理性主义、实证主义和实用主义。

(1)经验主义哲学对教育心理学产生的影响。古希腊哲学家亚里士多德是最早的经验论者,而洛克则是经验论的典型代表人物。洛克反对天赋观念的看法,认为观念来自于经验而不是遗传。他提出了"白板"说,认为人在出生时心灵如同白板一样,是空白的,而个体所学会的任何东西都是通过感觉而进入心灵的,即强调从外部获得知识的学习理论。洛克强调人的观念不是天生的而是来源于后天的经验,强调教育和环境的作用。桑代克的三大学习律和行为主义强调的条件反射都是以洛克的联想主义为其哲学基础的。

(2)理性主义对教育心理学产生的影响。柏拉图是最早的理性主义者。对教育心理学影响较大的理性主义者是笛卡尔和赫尔巴特。理性主义者强调人类的一切知识都是先天的、与生俱来的,是天地存在于心灵之中的理念即天赋观念。关于天赋观念的争论对教育心理学产生了深远的影响,现代教育心理学强调图式、知识结构、认知结构就与这种观念有一定联系。

(3)实证主义对教育心理学产生的影响。实证主义的主要代表人物是孔德。实证主义强调人类的一切知识必须建立在观察和实验的经验事实基础之上。实证主义是科学主义的哲学基础,因此实证主义对教育心理学摆脱哲学思辨而成为一门独立科学具有重大贡献。桑代克正是在实证主义方法论的指导下,采用严格控制的动物实验来研究学习规律,从而促进了教育心理学作为一门独立学科而诞生。

(4)实用主义对教育心理学产生的影响。实用主义哲学产生于19世纪末的美国,主要代表人物是詹姆斯和杜威。他们强调立足于现实生活,把人的行动、信念、价值当作哲学研究的中心,这为教育心理学提供了具体的研究内容。他们把效果当作最高目的,"不讲原则只讲效果"。实用主义者认为"所谓的真理就是任何证明自己在实现信仰中有效的东西的名称"[1]。他们不仅把实际结果作为判断真理的工具,认为"有用就是真理",而且认为"实用主义的方法不是什么特别的结果,而不过是一种确定方法的态度"[2]。实用主义哲学强调事物的实用性及其效果的价值,因而有利于具有应用性质的教育心理学的产生和发展。

3. 心理学背景

在教育心理学诞生之前,科学心理学已经从哲学中分离出来,成为一门独立的学科,并在诸多领域内取得了丰富成果,这些研究成果一些为教育心理学的诞生提供了理论支持,而另一些则成为教育心理学的研究内容。

(1)教育心理化运动。"教育心理化运动"是裴斯泰洛齐于19世纪初倡导的,这一运动的主要代表人物还有夸美纽斯、卢梭、福禄贝尔、第斯多惠和赫尔巴特。他们都强调教育学必须以心理学为基础,应该根据心理学的知识来揭示教育和教学的规律,并有计划地从教育实验中探讨和研究儿童的心理特点和发展规律。

(2)心理测量运动。虽然真正意义上的心理测量问世比较晚,1903年比奈的《智力实验研究》问世标志着心理测量的诞生,但是在比奈之前,一些心理学家就开始用测量、测验或问卷的形式来研究人的心理现象。高尔顿在1893年出版的《人类才能及其发展研究》首先提出了"测验"和"心理测量"这两个术语,并且也从事了一些实际的测验活动以考察不同人的智力差异。卡特尔是早期心理测验的集大成者。1890年,卡特尔在《心理测验》一

---

[1] W. James. *Pragmatism: A New Name for Some Old Ways of Thinking* [M]. New York: Longman, Green, and Co., 1907, p. 418.

[2] W. James. *Pragmatism: A New Name for Some Old Ways of Thinking* [M]. New York: Longman, Green, and Co., 1907, pp. 55—56.

第二章 教育心理学的基本认知

文中提及评估学生智力水平的一系列测验,并指出,心理学家不立足于实验或测量,就不能像自然科学那样准确。但真正把心理测验推向普及形成一种运动的是霍尔。霍尔和他的同事共同编制了194种问卷来调查研究儿童的心理发展规律,并且把问卷法作为研究儿童最重要的三种方法之一。因此,霍尔开现代测量运动之先河。今天,教与学的评价仍然是现代教育心理学的重要研究内容和热点问题,而心理测量法仍然是其不可或缺的研究手段之一。

(3)儿童研究运动。19世纪末20世纪初,以美国著名心理学家和教育学家杜威为首发起了一场声势浩大的儿童研究运动。儿童研究运动运用心理学方法研究儿童发展的规律,从而更好地为教育研究提供科学的方法,改善教育实践,为父母提供改变教养儿童方法的知识。

(4)冯特的科学心理学。1879年,冯特在莱比锡建立了第一个心理学实验室,标志着科学心理学的诞生。冯特的科学心理学是实验心理学的代名词,他主张用实验内省法来寻找构成心理复合体(心理结构)的元素以及心理复合体构造的方式和规律。冯特的科学心理学对教育心理学的贡献主要在于其使心理学成为一门科学,把心理学的研究对象转到具有不同于动物的人身上,为教育心理学培养了一批专业队伍。教育心理学的许多研究内容正是在批判冯特的心理学内容的基础上发展起来的。

(5)艾宾浩斯的记忆研究。在冯特及其追随者强调高级心理过程,如思维、记忆不能用实验方法研究的同时,另一位不拘泥于传统的心理学家艾宾浩斯用自己作被试对记忆规律进行了深入探讨。他采用的方法——节省法、实验材料——无意义音节以及根据他的实验结果得出的遗忘曲线,直到今天仍然是心理学教科书和心理学研究者经常引用的内容。

(6)动物心理研究。在达尔文进化论的影响下,人们认识到动物和人的心理之间具有连续性,心理学家们开始用动物进行研究进而推测人的心理。在1872年发表的《人和动物的表情》一书中,达尔文通过观测认为,人类的情绪来自于对动物有用但对人类不再有用的行为的遗传;罗马尼斯采用"讲故事"法,证明动物高水平的智力和人的心理的连续性;摩尔根试图用本能习惯和联结等概念来解释动物的行为;桑代克则在实验控制的条件下对动物心理进行了系统的研究。正是在动物研究的基础之上,桑代克接受其老师卡特尔的建议,把动物研究的规律应用于人类的学习行为,从而建立了科学的教育心理学体系。

4.科学背景

达尔文的进化论的基本假设是有机体的适应行为是在动物进化过程

中由于自然选择作用而形成的,而且自然选择的一切东西都对维持有机体的各方面具有积极意义。进化论认为动物活动是有机体的某种机能表现,由此揭示了心理实在和有机体实在二者在进化过程中所形成的历史同一性。进化论承认人与动物在心理上的连续性,为教育心理学的研究提供了一种途径。另外,进化论把心理看成是动物进化赋予人的一种机能,强调心理适应环境的作用,这把心理学从纯理论研究转向应用研究,从而推动了侧重于应用性的教育心理学的产生。最后,进化论把个体差异的发展引入了心理学的研究课题,这也成为是桑代克科学教育心理学理论体系中的三大内容之一。

(二)教育心理学诞生的标志

虽然教育心理学的创立者是桑代克,但教育心理学的独立绝不只是桑代克一人的功劳,如前面提到的教育心理化运动、儿童研究运动以及心理测量运动等都对教育心理学的建立作出了各自的贡献。从这个意义上讲,桑代克只是时代精神的代言人。

1.教育心理学的催产士

(1)詹姆斯的教育心理学观点。詹姆斯是一位实用主义哲学家和实用主义心理学家。他对教育心理学的主要贡献一方面是实用主义哲学,另一方面是他1899年出版的《给教师的谈话》一书。在这本书里,詹姆斯阐述了一些与教育心理学有关的心理学原理,并且告诫教师应该把教学同心理学的规律一致起来,用心理学的原理改善教学方法。《给教师的谈话》对心理学原理转化为教学原理起到了推动作用,为教育心理学的创立提供了良好的氛围。

(2)杜威的教育心理学观点。杜威是美国著名的实用主义哲学家,其主要影响在教育理论方面,但他的教育理论中包含有丰富的教育心理学内容。杜威的教育心理学内容主要包括生长论(儿童发展观)、"从做中学"的教学原则、课程和教材心理化、学习心理、道德教育心理等。其中,杜威的生长论不同于传统的生长观。他认为生长是一个永无止境的动态发展过程,包括身心两方面的发展,强调生长的主动性和动态性,这和现代心理学中"发展"概念具有类似的内涵。杜威还强调儿童的生长具有明显的阶段性,而教育要根据儿童生长过程中不同阶段的能力、兴趣、冲动、倾向、习惯等进行。杜威关于儿童的心理(生长)是通过主客体相互作用(经验改造)而得到发展的思想,后来被皮亚杰继承和发展,提出了认知建构说,对当代儿童的教育和心理的研究产生了重要而深远的影响。此外,杜威提出的"从做中学"的教

第二章 教育心理学的基本认知

学理论原则贯穿于教学领域的各个方面。他认为"教学的根本基础在于儿童的活动能力","使儿童认识到他的社会遗产的唯一方法是使他去实践"。这种"做中学""知行合一"的观点为布鲁纳所继承和吸收,并在此基础上提出了认知观的发现教学法,从而对现代教育心理学研究产生了深远的影响。

2. 桑代克教育心理学的创立

桑代克在1903年出版的《教育心理学》标志着教育心理学的诞生,并在此基础上于1913—1914年扩展成三卷本《教育心理学》。该书被誉为教育心理学发展史上的一个里程碑,备受教育心理学家的推崇。

(1)桑代克著名的《教育心理学》由三卷组成,分别是关于人的本性、学习心理学和个体差异及其原因。这构成了桑代克教育心理学的内容体系。桑代克在第一卷中致力于弄清人的本性。他认为人是先天倾向和后天环境的产物。他认为,人的一生是什么、做什么都是他起初的结构以及生前生后所有能影响他的一切力量作用于他的结果,前者称为"本能",后者称为"环境"。教育的首要原则是利用个体的本性作为改善他的途径,使个体能产生所需要的学问、习惯、势力、兴趣和理想。第二卷是桑代克教育心理学思想的集中体现。桑代克的学习理论是根据对动物的研究而得出的一套原则和规律,并把这些规律用于解释人的学习。桑代克认为,学习是在尝试错误基础上的情境和反应的联结,这种联结不以任何观念为中介。桑代克在解释学习时贯彻吝啬律的原则,他还认为所有的哺乳动物(包括人在内)都遵循同样的学习过程,在这种学习过程中不存在顿悟或飞跃,是一个渐进的过程。第三卷论述了教育心理学的另一个研究领域——个体差异。桑代克认为,个体之间是有差异的,并且强调教育或教学方法要适合个体的这些特点。

(2)桑代克教育心理学的理论体系:实证主义、人性论、联结论、试误说。

实证主义:实证主义是第一次世界大战后盛行于美国的哲学思潮,桑代克的三卷本《教育心理学》正是基于实证主义哲学思想而构建其教育心理学理论体系的。

人性论:桑代克认为,在人的身上存在两种反应趋向:先天就有的原始趋向和通过学习获得的习得趋向。在桑代克的论述中,原始趋向随不同的情境而有不同的表现形式,分别可称为反射、本能和天赋能力,并且对它们进行了详细的区分。但他又指出它们之间并没有一个确定的界限。桑代克正是用先天的原始趋向来说明人的本性。

联结论:桑代克把自己的心理学称为联结主义心理学。桑代克深受达尔文进化论和机能主义心理学的影响,认为学习就其本质来说是刺激与反应之间的联结。他所谓的联结强调的是情境（刺激）与动作（反应）之间形成联系，而不是传统的观念与观念之间的联系。

试误说：为了具体说明刺激情境和反应之间的联结是如何形成的，桑代克在严格的动物实验的基础上得出学习的基本方式是尝试错误。桑代克的实验是向学习者提供一个问题情境，学习者必须达到一定的目标，才能获得奖励。而要达到这个目标，就需要从许多可能的反应中选择出一个来，经过多次的选择反应而最终获得一个反应来到达目标。也就是说，学习是通过尝试错误而逐渐发生的，而非通过推理而顿悟的。

二、教育心理学的发展

(一)教育心理学发展的阶段

教育心理学的发展是一个过程而不只是一个结果，我们是为了研究和论述的需要而根据教育心理学在不同时期的典型特点，把教育心理学的发展分成以下几个彼此衔接的发展阶段。

1. 创立阶段(20世纪20年代以前)

创立阶段是教育心理学学科体系的初创阶段，也是教育心理学的第一个繁荣阶段。这一阶段的教育心理学研究主要受桑代克教育心理学学科体系和科学实证方法论的影响，在教学心理、道德教育心理、学科心理和阅读心理等方面取得了丰富的研究成果。

2. 迷茫阶段(20世纪20—50年代)

教育心理学自创立出现第一次"繁荣"之后，由于盲目从其他邻近心理学科中吸取研究成果来扩充、丰富自己的研究内容，导致教育心理学的发展处于迷茫阶段。20世纪20年代以后主要吸取儿童心理学和心理测量方面的研究成果；30年代以后各种学科心理学发展很快，教育心理学把它作为自己的组成部分；40年代弗洛伊德精神分析理论广为流传，因而儿童的个人与社会适应、心理卫生进入教育心理学领域；50年代程序教学和多媒体教学兴起，同时信息论的思想为许多心理学家所接受。在这一时期，行为主义的学习理论占据了主导地位。但行为主义者也吸取了认知学习理论的很多思想，从而出现了折中倾向的学习理论。其中代表人物是托尔曼，他强调研究学习者的整体性行为，在环境刺激到行为反应之间加入了认知中介过程。由此可见，这个时期，教育心理学发展陷于"等待"与"借用"的困境，

第二章 教育心理学的基本认知

内容凌乱、庞杂、分歧较为严重。不过,这个时期教育心理学的内容体系仍然可以大致上分为两派:一是以发展心理学为基础,按照儿童年龄阶段的分期,加上教育工作的实际材料来建构教育心理学的内容体系;二是按照教育学与教学法的基本体系,应用心理学的材料,来建构教育心理学的内容体系。

3. 成熟和完善阶段(20世纪60—90年代)

20世纪60年代开始,西方教育心理学的内容和体系出现了某些新的变化和趋势,教育心理学的理论建设进一步加强,并实现了理论成果的实际应用。具体表现为以下两点。

第一,内容日趋集中,大都是围绕有效的教与学而组织的。尽管不同的教科书对如何教或如何学的问题各有侧重,但有几个方面的研究为大多数人所公认,如教育与心理发展的关系、学习心理、教学心理、评定与测量、个别差异、课堂管理和教师心理等。教育心理学作为一门具有独立的理论体系的学科正在形成,同时,各理论流派之间的分歧日趋缩小。

第二,比较注重结合教育实际,注重为学校教育服务。尤其是20世纪60年代初,由布鲁纳发起的课程改革运动,把这种热情推向了高潮,研究者纷纷转向对学校教育实践的分析,并提出了不同的教学模式。自此,西方教育心理学逐渐重视探讨教育过程和学生心理,重视教材、教法和教学手段的改进,人本主义思潮也掀起了一场教育改革运动。同时,教学中的社会心理因素也日益引起人们的研究兴趣,不少教育心理学家开始把学校和课堂看作是社会情境,注意研究其中影响教学的社会心理因素。随着信息科学技术尤其是计算机的发展,美国教育心理学对计算机辅助教学的研究也方兴未艾,特别是对计算机辅助教学的教学效果和条件作了大量的研究。

自20世纪80年代以后,随着皮亚杰和维果斯基的理论被大量介绍到美国,加之认知心理学研究的深刻影响,人们对学习的理解发生了很大变化,对学习和教学过程及其条件的研究越来越深入,视角也越来越综合,如从认知层面研究问题解决过程、学习策略以及学习动机等。同时,为教学实践服务仍然是教育心理学的重要任务,许多有效的教学模式,如合作学习等开始得到了发展和应用。同时,建构主义成为认知学习理论的新发展。它强调学习不是知识从外到内的传递,而是一个积极主动的知识建构过程。

4. 整合阶段(20世纪90年代以后)

整合阶段严格来讲是现代教育心理学的基本发展趋势。教育心理学通过"选择",其学科性质和体系渐趋明朗,但由于教育心理学研究对象本身的复杂性以及研究手段和方法的限制,教育心理学很难在短期内建立统一的范式。越来越多的教育心理学家认识到,教育心理学发展可选择"整合",即从学科的对象出发,融合各相关研究之长,强调整体实质上的一致,求同存异,淡化学派之争。自20世纪90年代以后,教育心理学的整合趋势日益明显,如理论构建综合化、研究取向整体化、研究方法论本土化等。

(二)苏联、中国教育心理学的发展

1. 苏联教育心理学的发展

(1)十月革命前。苏联教育心理学是在继承了十月革命前俄罗斯心理学家的宝贵遗产的基础上发展起来的。乌申斯基在1867年发表的《教育人类学》将心理学作为教育学的三个基础之一(其余两个基础为生理学和逻辑学)。乌申斯基因此被称为"俄罗斯教育心理学的奠基人"。卡普杰列夫于1877年撰写了世界上第一本《教育心理学》。不过,对教育心理学乃至整个心理科学影响最大、最负盛名的是拉祖尔斯基。拉祖尔斯基是一位实验心理学家,他有下列两个主张对俄罗斯教育心理学发生了巨大影响:一是主张心理学应当像自然科学一样进行客观研究,使它的结论建立在具体研究的事实上;二是力主心理学应接近实际,成为对实践有益的科学,为此制定出能在自然状态下研究个体的"临床观察法"和"自然实验法"。鲁宾斯坦在教育心理学的对象、任务与方法的争鸣中主张教育心理学应以校内、外的具体生动的条件下产生的心理活动为研究对象。这一时期教育心理学的明显特点就是比较重视教育心理学的特殊性以及在教育条件下的特殊研究。

(2)十月革命后至20世纪50年代末。十月革命后,苏联心理学界曾尝试以马克思列宁主义的基本观点改造心理学包括教育心理学,在理论观点的探讨方面做了些工作,这其中有较大贡献的有维果斯基、布隆斯基和鲁宾斯坦。维果斯基主张把教育心理学当作一门独立学科的分支来研究,并提出了"文化发展论"和"内化论"。布隆斯基的重要贡献在于他强调儿童的个性统一性以及对儿童心理进行整体的综合研究。1925年,布隆斯基出版的《记忆和思维》被苏联心理学界认为是从心理的整体性出发,对记忆与思维进行综合研究的尝试。鲁宾斯坦的特殊贡献在于确立了心理与活动相统一的原理。他在1934年就提出这一原理,1940年出版的《心理学原理》中又重申,心理不仅在活动中表现出来,而且在活动中形成,这一观点后来为苏联教育心理学强调必须结合实际教育活动进行研究的方向确立了理论依据。

不过,直到20世纪30年代末,苏联的教育心理学大都是以普通心理学

第二章 教育心理学的基本认知

研究中获得的资料去解释学校生活中的实际问题,并不是自成体系的教育心理学。20世纪40年代到50年代末,苏联教育心理学重视结合教学与教育实际进行研究,反对机械地把动物学习的研究搬到人类学习情境中。因此,这一时期,苏联教育心理学的显著特点是重视结合教学与教育实际的研究,广泛采用自然实验法,综合性研究占主导地位。这些都是在20世纪30年代确立的理论观点的指导下进行的。在这个时期涌现出一大批教育心理学家和教育心理学的专著。同时,这一时期也存在一些问题,主要是对教育心理学的理论探讨有所忽视;对于马列主义观点方法比较重视,但创造性应用不够;而且对西方教育心理学理论存在着简单粗暴的全盘否定的倾向。

(3)20世纪50年代末至苏联解体。20世纪50年代末以后,苏联教育心理学呈现出以下几个特点:第一,重视理论探索。在学习理论方面,列昂节夫发表了《论学习作为心理学的一个问题》,对学习的实质、学习活动的结构、学习的类型、学习的动机与学习的迁移等理论问题发表了自己独特见解。此后不断有人探索,并形成了以列昂节夫为代表的活动派和以梅钦斯卡娅为代表的联想—反射理论派的争论。在智力活动与教学方面出现了一系列新学说、新理论,加里培林的"智力活动按阶段形成理论"便是其一。第二,进一步加强了同学校教育工作的联系,其中比较著名的是赞科夫的改革传统的小学教育体制的实验教学。第三,把年龄与教育心理学融合为一体,出版了一些具有特色的年龄与教育心理学相融合的新书,其中富有代表性的如1972年出版的A.B.彼得罗夫斯基主编的《年龄与教育心理学》,1984年出版的M.B.加梅佐等主编的《年龄和教育心理学》。第四,对西方心理学的态度有了明显的变化,对西方教育心理学的研究成果有所吸收。第五,重视人际关系在儿童心理发展中的作用。用人际关系层次测定的观点,对个体获得系统的个性特征的规律性、人格化过程的规律性,从理论和实验两方面进行深入的综合研究。其中,最有成效的研究是艾里康宁的"年龄—主导活动类型"理论和包若维奇的"活动—动机系统"理论。第六,重视教学心理中的方法论和具体研究方法的探讨。重视方法论研究,如阿尔洛夫就非常强调客观研究法和发生研究法;马尔科娃则强调,要在组织学习过程中进行研究,要进行长期跟踪研究而不只是对学生短期学习情况进行描述。重视具体方法的探讨方面,比较突出的是应用教学心理诊断。此外,苏联教育心理学界还普遍运用动态的、发展的研究方法。20世纪90年代初苏联解体后,一些有影响的心理理论,如活动理论、系统理论、人学等作为俄罗斯教育心理学研究的主要理论被继续加以应用和发展。

总之,苏联教育心理学比较重视马列主义观点的指导,比较重视联系教育实际。但是,由于他们长期把教育心理学与年龄心理学融合为一门学科,一直未能建立起比较完备的学习理论,也缺乏一个完整的教育心理学体系。

2. 中国教育心理学的发展

中国古代有着丰富的教育心理学思想,但是这些心理思想与现代意义上的教育心理学没有直接的渊源关系。中国的现代教育心理学是从西方"舶来"的,但中国学者最早接触科学教育心理学并不是直接从西方引进,而是从日本引进。留日运动为科学教育心理学进入我国提供了三条途径:一是去日本的留学生翻译或编译教育心理学教材;二是日籍教员来华讲授教育心理学课程,他们的教材被翻译或编译过来;三是日本人在我国直接出版教育心理学著作。例如,1903年上海广智书局出版日本久保田贞则编著的《心理教育学》;1905年商务印书馆出版了日本高岛平三郎著、吴田照译的《教育心理学》,并在1906年出版了由湖北陈邦镇等合译的日本教习大久保介寿讲授的《教育心理学》;1910年文明书局出版了日本小原又一著、房宗岳译的《教育心理学》等。据我国心理学家张耀翔的统计,"1920年至1940年国内出版的心理学著作371种,其中教育心理学所占比重最大,约占18%。如果把测验也包括在内,则约占31%。在教育心理学的著作中,近1/2是译著"[1]。

1924年,我国学者廖世承编写的国内第一本《教育心理学》教科书,主要参考了桑代克等人的教育心理学著作,并结合我国当时的实验材料。此后一些有影响的教育心理学著作陆续问世,其中有艾伟、郭一岑、吴绍熙、潘菽、沈有乾、陈选善、肖孝嵘等人的著作。

总之,从20世纪初到1949年之前的40余年里,教育心理学主要以传播西方教育心理学为主,同时,结合本国教育实践,开展了一些具有中国特色的心理学研究,如中国古代教育心理思想、汉字与汉语学习心理等。另外,随着师范教育的开展,教育心理学作为心理学服务于教育的重要学科,也被列为师范院校的必修课程。

1949年之后,我国教育心理学界开始学习苏联,并运用马克思主义来改造我国教育心理学学科。我国学者潘菽主编了以辩证唯物主义为指导并结合中国实际的《教育心理学》,并且在其主持下,成立了中国心理学会教育心理专业委员会。此时,国内学界一方面翻译苏联的教育心理学著作,引进苏联教育心理学的学术思想;另一方面进一步开展结合中国中小学教学实践的心理学研究,教育心理学呈现出蓬勃发展的局面。1966年,教育心理学研究在发展了17年后进入停滞状态。

---

[1] 燕良轼.高等教育心理学[M].长沙:湖南师范大学出版社,2015:14.

第二章　教育心理学的基本认知

1978年改革开放之后,中国的教育心理学迎来了发展的新阶段。教育心理学工作者迅速进行了资料收集和整理工作,在师范院校中恢复了教育心理学课程。1980年,潘菽主编的《教育心理学》正式出版。1981年,冯忠良出版了《学习心理学》和《智育心理学》。1982年,高觉敷等人翻译出版了索里和特尔福德的《教育心理学》。以上资料对教育心理学的课程恢复和研究起到了重要作用。在此时期,中国的教育心理学开始面向世界,一方面积极引介国际上早已产生的教育心理思想,如奥苏贝尔的有意义言语学习理论、布鲁姆的教育目标分类学、加涅的学习层次论、维特罗克的生成学习理论、班杜拉的社会认知理论、维纳的归因理论、安德森的知识分类观点等;另一方面,紧紧跟上国际学界步伐,介绍正在发生的教育心理革命,如建构主义思潮、社会文化理论、教师专业化理论、专长心理理论、学习的认知神经观、信息技术下的教学变革等。另外,在中小学实践中也产生较大影响的本土化教育心理理论观点,如冯忠良的"结构定向教学的理论与实践"、皮连生的"知识分类与目标导向教学的理论与实践"等。这些研究在我国的教育改革,尤其是课程和教学改革中发挥了重要的推动作用。

当前,我国教育心理学呈现出蓬勃发展的态势。研究导向方面,正将关注点从西方教育心理学理论的引介、移植与合作上,转至建立能切实解决当前我国中小学教育改革中学习和教学问题的教育心理学理论体系。研究领域方面,在基础研究取向下,认知与学习机制的实验室研究逐渐融入脑科学研究的理论和方法;在应用研究取向下,侧重真实社会文化情境中的认知互动。与一些欧美发达国家相比,当前我国教育心理学仍存在一定差距,主要表现在专业队伍规模小、设备条件差,对教育实践中的心理学问题缺乏系统研究,取得成果不多,研究经费不足等。这一切都对我国教育心理学研究者提出了更高的要求和更严峻的挑战。

三、教育心理学的发展趋势

教育心理学经过百年的发展,目前正处于快速发展时期,除学习心理等传统领域受到重视,还呈现出新的发展趋势。

(一)关注学与教两方面的心理问题,教学心理学兴起

教育心理学研究从S—R范式向认知范式的转化,特别是建构主义学习理论的兴起,引起了教学观念的转变。学习者不再是知识的被动接纳者;学习是一种认知加工过程,是学生对知识的一种主动构建过程,学习不是记录信息而是理解信息。而教学的重心也从课程转向学生的认知,帮助学生

发展适合于各种学科的学习和思考策略。教育心理学的研究领域也从20世纪50年代以前集中于学习问题转向对教学问题的极大关注。从1969年加涅等人提出教学心理学概念以来，教学心理学发展至今已成为教育心理学的一个重要分支和最具活力的研究领域。

(二)关注影响教育的社会心理因素

教育心理学对学生学习的关注，也使教育心理学研究者认识到，学生的学习并不仅仅是一个认知过程，其还受到很多因素的影响，如教学的社会心理因素。近几年，沃尔勃格通过广泛的引文分析，寻找当前教育心理学研究的热点和前沿，发现影响教学的社会心理因素的探讨将是教育心理学在未来一段时间的热门话题之一。研究发现，学习动机及教育情境中的社会心理因素对学习和教学具有重大影响，这方面已有的研究成果已开始反映到教育心理学中，如韦纳的归因理论、班杜拉的社会学习理论。当前，学习者的社会文化多样性越来越受到教育心理学研究者的关注，学习者因地域、语言、性别、种族、民族、国籍、信仰、社会经济地位的不同而被划分为不同的群体，从而带上不同文化群体的印记。人们常常对来自某个特定文化群体的人或事物持有比较固定、概括而笼统的看法，即所谓的刻板印象(如认为黑人的智商比白人低，女生擅长文史科、男生擅长理工科等)。

第二节 教育心理学的研究对象、方法和程序

一、教育心理学的研究对象

教育心理学是研究教育教学情境中学与教的基本心理规律的科学，它研究的对象，是在教育和教学影响下学生的心理活动及其发展规律，如学生掌握知识技能、道德规范及其个性形成等心理规律。学生本身的体质和心理发展的关系，以及学生和教师、学生与学生之间相互影响的心理因素，也是教育心理学研究的对象。具体而言，教育心理学的研究对象可以分为以下几个方面。

(一)学习心理

学习心理是教育心理学研究的重点之一。它研究学生在不同类型的学习过程中的心理学规律，如知识的获得和应用，动作技能的学习以及品德的

形成与培养等,同时研究学生的学习动机、学习策略等。

学习心理涉及学习理论(如学习概念、行为主义与社会认知学习理论、认知主义学习理论、建构主义学习理论、人本主义学习理论)、复杂认知过程(如概念学习、思维、问题解决、学习迁移)、分类学习心理(如认知领域的学习、动作技能领域的学习、态度与品德的学习)。学习是有机体和环境取得平衡的条件,学习能激发人脑的潜力,促进个体心理发展。不同的教育心理学家依据不同的标准,对学习进行了不同的分类。例如,依据学习的繁简水平,美国教育心理学家加涅提出了八类学习水平的划分(后修正为六类)。

不同的学习理论为人们理解学习的机制提供了多种视角。行为主义学习理论认为学习就是建立"刺激"与"反应"之间的联结,学习取决于在特定的情境中获得了多少以及获得了怎样的联结。认知主义学习理论包括格式塔心理学的认知—顿悟学习理论、托尔曼的认知—符号学习理论、布鲁纳的认知—结构学习理论、奥苏伯尔的认知—同化学习理论以及当前占据主导地位的信息加工学习理论等。建构主义是学习理论发展到认知主义之后的进一步发展,它强调学习是学习者基于自身已有的知识背景和经验,通过新旧经验的相互作用,主动形成、丰富和调整自己的经验结构的过程。人本主义学习理论以马斯洛的需要层次论和罗杰斯的学习者中心理论为代表。需要指出的是,最好将不同的学习理论看作是互补的而不是竞争的,换言之,它们是处理不同类型的问题的,是可以共存的。

(二)学生心理

学生心理主要涉及学生心理的共性方面(如认知与语言发展、社会性与情绪发展)和个体差异方面(如能力、人格等),学生心理的研究有助于教育者(教师)更好地了解学习者(学生)。

"因材施教"是教育教学应该遵循的一条基本原则。这里的"材"指的就是学生的个体差异。在教育教学活动中,教师只有深入了解学生的个性特点,才能真正做到因材施教。例如,对于学习能力、气质类型和性格特点不同的学生,采取不同的教育方法才能收到良好的教育效果。教育心理学主要研究学生的先前知识基础、学习方式、智力水平、兴趣和需要、能力特点以及气质和性格特点对学习活动的影响,探讨怎样根据学生的个体差异使其得到适宜的教育和协调发展。

学生心理的个体差异方面,涵盖了较多的主题,如智力与创造力、学习与认知风格、人格、社会文化多样性、特殊学生等。智力方面,经典智力理论侧重于对智力的结构进行静态描述(如斯皮尔曼的智力二因素理论、瑟斯顿的群因素理论、卡特尔的流体智力与晶体智力理论、吉尔福特的三维智力结构模型等)。现代智力理论主张,智力是人脑对各种信息进行加工处理的能力,侧重于对智力的内部活动过程进行分析(如加德纳的多元智力理论、戴斯的PASS智力模型、斯腾伯格的三元智力理论等)。关于创造力,多数心理学家认为创造力有两个关键要素,即新颖性和实用性,他们将创造力定义为个体产生新颖、奇特而具有实用价值的观点或产品的能力。学习与认知风格的研究发现,学生中既有视觉型的学习者,又有听觉型的学习者,还有动觉型的学习者;既有场独立型的学习者,又有场依存型的学习者;既有沉思型的学习者,又有冲动型的学习者;既有喜欢采用整体性学习策略的学习者,又有喜欢采用系列性学习策略的学习者。所以在教学中,要尽量考虑到学生学习或认知风格上的差异。学习者的人格也是影响学习的一个重要因素。当前美国教育界关注较多的一个主题是多元文化教育,这种理念提倡所有学生,不论他们属于哪一类群体,在学校中都应该享有平等的教育。此外,特殊学生也是学生差异心理研究的重要领域。20世纪90年代以后,教育界一个新的趋势是全纳教育的兴起,它主张将智力发育迟滞但可教育的儿童纳入普通班级就读,认为人人都有平等的受教育权利,反对歧视,反对排斥。

(三)学生的心理健康

学校教育的根本任务在于为社会输送合格的人才。随着教育的不断改革发展,人们对教育的要求已不仅仅是传递知识,更需要促进学生的全面发展,保障学生的心理健康。教育心理学研究怎样提高学生的心理健康水平,探索促进他们人格健全发展的方法、途径与措施。教师可以应用教育心理学的理论和研究方法,对学生学习困难或心理发展过程中存在的有关问题追根溯源,准确了解学生,从而采取针对性的方法,促进学生学业进步、心理健康发展。

(四)教师心理

教师在学校教育中起主导作用。教师的心理品质和专业素质直接影响着教师与学生的互动和教学效果,因此教师心理正越来越受到教育心理学研究者的重视,教师心理已经成为教育心理学的重要组成部分。教育心理学研究教师的心理特点对教育教学活动的影响、优秀教师的心理品质、教师威信的作用及其形成途径等。教师心理的研究涉及教师的角色与特征、教师的专业品质、教师与学生的互动、教师的职业承诺、教师的职业倦怠等。

(五)教学心理

教学心理是教育心理学的另一重要组成部分。它主要是从教师的角度探讨教学活动中的心理现象和规律,从而为有效地进行教学活动提供原理、原则与方法上的指导。其内容包括两大方面:第一,教学过程心理分析,如怎样引起学生注意、提出教学目标、唤起已有经验、实时反馈学习结果、加强学习与记忆迁移指导等;第二,依据学生心理特点进行教学设计、选择教学手段和教学策略,如怎样依据教学内容和学生特点运用先行组织者策略、动机激发策略等。作为教师,课堂前要有意识地制订教学计划或进行教学设计,包括确定并陈述教学目标(认知目标、情感目标、心因动作目标)、分析教学内容、分析学习者已有能力水平、选择教学策略与方法、安排教学事件等。作为教师,不仅要对动机与学习的关系有清晰的认识,而且要对各种动机理论进行全面的了解,还要能够运用一些方法和策略去培养和激发学生的学习动机。

(六)课堂管理心理

课堂管理是提高教学效果的重要因素和教师最为关心的问题之一。提高学生学习的效率,指导学生进行自我管理是课堂管理的目标。课堂管理心理以学校群体心理为基础,其内容主要有两个方面:一是创设积极的课堂气氛,营造良好的课堂学习的心理背景;二是维持课堂学习纪律,促进学生自觉学习。有效课堂教学可以通过多种途径实现,可以采取以教师为中心的教学,也可以采取以学生为中心的教学,在每一种情况下,教师还可以将技术整合进课堂教与学的活动中。

另外,教育是一个系统,一般认为它包括三个子系统,即经验传授系统、接受系统和经验系统,这个系统的核心是教与学及其相互关系,教育心理学正是研究教与学过程中的心理现象。

二、教育心理学的研究方法

有无确定的研究方法是一门学科成熟与否的标志。教育心理学百年发展中逐渐形成了自己的研究方法,具体包括思想方法、研究原则和具体研究方法等。

(一)教育心理学研究的思想方法

教育心理学研究的思想方法可能因人而异,但科学的教育心理学研究必须遵循辩证观、人性观和系统观。

1. 辩证观

辩证观主张从发展变化、多角度、多层次地看待事物,反对经验论和机械论,提倡一切从实际出发,及实事求是的、多元辩证的、科学的认识路线。辩证观是一切科学研究都应遵循的思想方法,教育心理学也不例外。

(1)从研究对象的角度分析。教育心理学以教育情境中主体心理活动及其促进的机制和规律为研究对象,而研究教育情境中主体心理活动机制和规律只有从揭示主观与客观、心理与行为等的辩证关系着眼,才能透过心理活动或心理事件的一些"现象",抓住主体心理变化发展的机制和规律这个"本质"。

(2)从学科属性的角度分析。教育心理学既是一门交叉学科,同时又是一门相对独立的学科。因此,从事教育心理学研究既应考虑交叉学科的特点,又不失自身的独特性。这就要求研究者善于用辩证的观点看问题、分析问题和解决问题。

(3)从学科历史的角度分析。在教育心理学的百年发展中,研究者们在理论与实践、主观与客观、继承与创新、借鉴与发展等关系问题上存在诸多争议,其多是因为背离辩证观看待问题。因此,要妥善解决上述关系问题,唯有以辩证观为指导,具体问题具体分析,多方位探索事物之间的联系。

2. 人性观

教育心理学从诞生之日起就非常重视对人性的探讨,桑代克把教育心理学界定为人性之科学。但教育心理学研究应持什么样的人性观,迄今仍莫衷一是。因此,确立科学的人性观是教育心理学研究的重要思想方法论。所谓人性观,是指对人(总体)的本质属性的根本看法。人是地球上最复杂的存在物,认识其本质应从不同角度去探讨。

(1)从有机体发生的角度看,人具有生物本性。生物科学的研究表明,人从胚胎形成到生理机能的发展都与其遗传基因有密切的联系,所以,生物性是人性中自然性的表现。

(2)从有机体发展的角度看,人具有社会本性。人从出生到死亡是一个社会化的过程,个体在这一过程中必须完成由生物实体向社会实体的转变,成为社会成员。

(3)从人与其他生物的根本区别的角度看,人具有意识性。心理现象尤其是较低级的心理反应是人和动物都有的,但意识这种高级心理是人类特有的。正是由于人类具有意识性,他们不仅能积极地适应环境,而且能主动地改造环境,探索未知,创造发明,发展自身。

3. 系统观

系统观是现代科学的思想方法论的结晶,它的根本观点是,宇宙万事万物不是孤立存在,而是一个具有相互联系、相互制约的系统。从系统观出发去研究复杂的教育心理学问题,就是要从教育情境中主体心理结构与功能等多方面去认识它。通过揭示研究对象心理系统(结构)的成分(要素),并了解各成分之间的关系以及每一成分与心理结构之间的关系,认识主体心理结构;通过研究主体心理系统与环境的关系,认识主体心理系统的功能。因此,我们进行教育心理学研究时,应该从教育系统的整体出发,上下联系,全方位探讨主体心理发生发展的机制和规律。具体而言,就是既要把握主体心理的整体性,也要了解主体心理的层次性;既要分析主体心理的动态性,也要增强主体心理的自组织适应性。

(二)教育心理学研究的基本原则

1. 客观性原则

客观性原则是指教育心理学研究要贯彻实事求是的精神,即根据教育心理现象的本来面貌来研究其本质、规律与机制,采取实事求是的态度。遵循客观性原则是进行科学研究的前提条件。

在教育心理学的研究中,对主体心理现象的客观研究是完全可能的,因为任何心理现象都是由客观刺激所引起的,并通过个体内部的一系列中介过程而最终反映到相关行为之上。通过对客观刺激、中介过程和最终的行为反应之间关系的考察,就可以探索出各种心理现象的特点和本质规律。

但在实际的教育心理学研究中,由于每个研究者对主体心理现象都有自己的体验,因而研究者可能将自己的主观体验同客观观察到的事实混淆起来,或是在实际的研究过程中,研究者可能受自己的喜好而影响到对客观事实的系统观察与数据的准确采集,使研究失去全面性,从而失去研究的客观性。因而为了更好地贯彻客观性原则,研究者应注意以下几点。首先,在收集资料的时候,应该根据事先设计的观察内容、步骤,如实详尽地记录作用于被试身上的各种刺激和相应的行为反应,并以此来判断被试的心理特点及其变化规律;在资料的采集过程中,应尽量采用诸如被试的口头报告、档案资料、教师的判断等多种方法,以使采集的第一手资料客观、准确、全面。其次,对资料的处理、结果的分析与整理的时候,应尽可能根据客观的标准来进行,特别是在对待与自己的假设、理论不一致的数据资料时,更应谨慎处理。最后,在下结论时,应根据所收集的资料,在其允许的范围内做出判断,而不应该做过分的推论。

2. 发展性原则

发展性原则是指把人的心理活动看作一个动态的变化发展过程的研究原则,它表明在对个体进行相关研究的过程中,应采取动态的、发展的观点来加以分析。客观事物总是处在不断的运动、发展和变化之中,作为反映客观现实的心理现象,自然不是静止、凝固的,其活动的强度和性质也在不断地变化。因此,必须坚持用发展的观点来考察个体的心理面貌和精神状态,以正确地认识和理解心理发展的规律,并采取适当的教育措施,最终促进个体身心健康发展。

3. 教育性原则

教育性原则是指在教育心理学的研究过程中,所采用的研究手段与方法应能促进被试心理的良性发展,这是所有关于人的心理学研究中都应遵从的一个基本伦理道德原则。由于人的心理是一种主观的客观存在,研究者有时为了获得被试的真实心理现象和反应,而故意隐藏研究的目的,特别是在双盲实验中,实验者与被试均不知道实验的真实目的,这样做的目的是为了排除人在面对实验刺激时,故意不把真实的心理表现出来,从而使收集的数据失去意义。因而在心理学研究中,采用适当的手段获取真实的数据应该是无可厚非的,但要掌握好度。特别是在教育心理学的研究之中,主要涉及人类被试,又是以未成年的儿童、青少年被试为主,因而更应该遵循教育性原则,在研究过程中应特别注意避免不良外部刺激对被试心理的不良影响。

4. 理论联系实际原则

理论联系实际原则是由教育心理学的应用学科性质决定的。这一原则要求教育心理学的研究应从教育情境,尤其是主体的实际需要出发,解决教育教学中的实际心理问题。现代教育心理学的发展,呈现出这样一个趋势,即研究重点由基础理论研究向应用研究倾斜。其原因在于,教育心理学理论研究的最终目的是为了解决教育教学实践中的心理问题,是否密切联系教育教学实践是检验教育心理学理论的最好方法,更何况丰富多彩的教学实践也给教育心理学带来了大量的有意义的课题。因而在教育心理学研究的过程中,应做到理论与实践的紧密结合,把应用研究放在突出的位置上。

总之,教育心理学的研究从选题到具体研究过程,都要做到以发展与教育心理学的理论为指导,从教育实践需要出发,最终要解决教育教学实践中的问题。

(三)教育心理学的具体研究方法

科学研究的方法是促进科学发展的重要途径。教育心理学的具体研究方法多种多样,由于研究时间、研究对象、搜集与处理资料的方式等各种条件的不同,所需的研究方法也就不同。从总体上看,教育心理学的研究方法有两类:一类是理论研究,一类是实证研究。其中,实证研究是教育心理学的主要研究方法,实证研究又可分为描述性研究和实验性研究两种方法。描述性研究是对教育教学活动中发生的特定情景的事实与关系进行详细的描述。实验性研究是在严格控制的实验条件下,操纵教育教学情境中的一些变量而研究其效应的方法。

1.描述性研究方法

常见的描述性研究方法主要有观察法、调查法、个案研究。

(1)观察法。观察法是通过直接观察教育教学过程并记录下个体某种心理活动的表现或行为变化,从而了解学生的心理的方法。人的各种活动,如学习、劳动、交往、游戏等,都是在心理的调节、支配下实现的。这就使得通过对人的行为动作、言谈举止的观察了解其心理活动和特点成为可能。例如,有这样一个实验:为了研究儿童的行为特点,一天晚上,实验者在 40 名保育院的孩子住房附近堆放了一堆湿柴,而在远处山沟里堆放了许多干柴,要求孩子们拾回干柴取暖。结果少数孩子跑到山沟里拾回干柴,而多数孩子不敢走远,只把附近的湿柴抱了回来,还有一些孩子对布置的任务有抵触情绪,继续留在房间里说些抱怨的话。从这些行为表现中可以发现,他们中间有的人勇敢,有的人胆怯、动摇,甚至怨天尤人。在观察中,研究者对观察情景不加任何控制条件,不影响被观察者的正常行为。观察法是教育心理学研究中最普遍、最基本的方法之一。这种方法应用简便,可直接使用,也可结合其他方法进行。由于观察法是在日常生活条件下实现的,被观察者并不知道自己在被观察,活动中表现比较自然,因而所得到的事实材料比较真实可靠、符合实际,这是观察法的优点。但是,观察法记录的材料不够精密,它不但需要观察者具有敏锐的观察力,善于从纷繁复杂的情景中捕捉所需的行为表现,同时还要进行及时的记录。观察到的资料数量有限,往往难以做出概括性的结论,并且只能了解心理事实,而不能直接解释其发生的原因。观察法只能了解学生心理活动的某些自然的外部表现,而不能对心理活动施加影响,了解其因果关系。

在观察法中还有一种自我观察法,是指个体观察自己的内心活动并把自己的体验报告出来的方法,又称内省法。由于一个人的心理与所表现出来的行为有时表里一致,有时表里不完全一致,有时甚至完全相反,因此,单靠从外部观察一个人的行为是不够的。自我观察正是对从外部观察到的材料的一种印证和补充。

为了取得良好的系统观察效果,在观察中应注意以下几方面。第一,选择特定的观察内容,观察面不宜太广,最好只观察少数或一种行为。第二,所观察的行为需事先进行界定,即建立行为的分类系统和等级,并且界定出记录方法。第三,观察时应随时记录,有条件时可以利用一定的录音、录像器材。第四,观察时间不宜过长。第五,最好不让被试知道研究人员的观察行为。

(2)调查法。调查法是通过多种方式收集调查对象的内部心理、外显行为等资料的方法。调查法的途径与方法很多,如通过面谈的方式了解被调查者的情况,通过家访了解学生平时在家的情况,通过作品(如教师的评定,学生的作业、日记、诗歌、作文等)对学生学习状况进行分析。根据研究的需要,既可以向被调查者本人做调查,也可以向熟悉被调查者的人做调查;可以用问卷调查,也可以以交谈的方式进行访谈。调查法中使用最广泛的是问卷法。问卷的具体形式分两种:一种是固定性结果,只要求被调查者从中选择;另一种是开放性结果,要求被调查者自由书写或填空。比如,要调查中学生的学习兴趣和原因时,可以编写这样的问题:你最喜欢哪几门课程?为什么最喜欢它们?你最不喜欢学习哪几门课程?为什么最不喜欢学习它们?要求学生书面回答这些问题,属于开放式问卷。若事先在每个问题的下面给出许多种答案,只要求被调查者从中选择,属于固定性结果的问卷形式。问卷调查法的优点在于简便易行,而且取样很大,使研究对象具有广泛性和代表性,克服小样本资料所具有的推广性不高的缺点,还可对取得的资料进行一定的统计处理。但是这种方法存在不够严密和准确的缺点,有时不能及时反映被调查者的心理变化,被调查者可能隐藏自己的真实想法,统计处理上也不够精确。

要通过问卷法了解到被调查者的真实心理活动和行为,在编制调查问卷时应注意以下几方面。第一,问卷题目不宜过多,对问卷题目的回答应是所需了解的内容。第二,问卷的编制应尽量生动有趣,最好能够消除被调查者的防御心理,而且对题目的回答应尽量简单。第三,在问卷中应加入一些探测项目,用以了解被调查者是否真实回答了调查项目。第四,问卷在正式施测之前,应进行信度和效度分析,以保证问卷的有效性。

(3)个案研究。个案研究是对一个人或一组人的问题进行研究的方法,有时也与纵向的追踪研究相结合,系统记载被试某些心理活动的发展状况,某些教学心理问题产生与发展的原因,提出相应的解决措施。这种方式比较适合于特例研究,特别是针对那些学习上有困难或行为上有问题的学生进行研究,需要深入地了解。因此,对个案本人的有关资料,必须搜集齐全,除学校现成资料,其他如教师、同学的意见以及对学生的直接观察和与学生本人的交谈,更是非常重要的资料。在进行个案研究的过程中,研究者除深入了解被调查者的各种情况,还应与他们多接近,建立良好的关系,能给学生解决一些困难,使其充分信任研究者的帮助和关心,这样,个案研究才能取得良好的效果。目前教育心理研究中有时采用临床法,也是以少数人或个别人为研究对象,基本上也是一种个案研究的方法。

2. 实验性研究方法

实验性研究方法是指实验者有意控制某些因素,以引起被试的某些心理现象的方法。该方法能够回答"心理现象为什么产生"的问题。用此法研究心理学问题时,常常要设立实验组和对照组。实验组和对照组的被试的机体变量,如年龄、性别、智力水平、文化程度、健康状况等,大致相同,情境的控制也需一样。主试按照实验方案系统地变化实验组中的自变量,对照组是做比较用的,不做实验处理。主试要仔细观察并详细、客观地记录实验组和对照组的被试的行为反应,统计分析被试在反应变量上的差异,从而探明自变量和因变量之间的关系。

实验法主要有实验室实验法和自然实验法。

实验室实验法是在专门的实验室内利用一定的仪器进行心理实验,通过实验获得人的心理现象的某些科学依据。在设备完善的心理实验室研究心理现象过程中,采用录音、录像、电影、电子计算机等各种现代化手段呈现刺激,记录被试的反应等,并且能够自动控制,因而对心理现象产生的条件、大脑的生理变化、被试的外部表现等方面的记录与分析都是相当精确的。教育心理学的某些研究,如对记忆、字词识别的影响因素等,均可利用先进的移动视窗技术、眼动仪、速视仪等在实验室进行科学研究。实验室实验法的主要优点在于它的控制比较严格,所获得的数据的可重复性高,数据比较可靠,结论能经受考验。但实验室实验法也具有一定的局限性:研究情境的人为化,与日常生活有较大的差距;同时,实验的结果也常常受到被试的情绪及态度的影响。

自然实验法是指在教育实际中按照研究目的控制某些条件,以引起某种心理活动而进行研究的方法。自然实验法兼具观察法和实验法的长处,既能较好地反映教育实际的情况,又可对变量进行一定的控制,使研究达到一定精确程度。使用自然实验法要先明确研究的课题,对研究的途径、进程要有一定的设想,并应逐步分析各种制约的条件,做出详细完整的记录,仔细分析、比较不同条件的不同结果,在做出结论后,还必须反复验证。教育心理学自然实验法的基本组织形式有单组实验形式、等组实验形式、循环组实验形式,具体如表 2-1 所示。

表 2-1　教育心理学自然实验法的基本组织形式

基本组织形式	概念	特点
单组实验形式	指同一组被试先后两次接受不同实验因素的影响,在实验过程中,保持其他条件的恒定,然后对实验因素产生的结果进行观察和比较	比较简便,实验因素容易控制,但是由于先后两次接受实验的影响,因而在两种实验因素中就可能产生交互作用,使得两种实验条件下的被试不同质,从而影响实验结果的精度
等组实验形式	根据实验条件,将被试随机分成条件相同的组作为实验对象进行研究	在教育心理学研究中,经常采用实验组与控制组相对照的方法,考察差异的显著性,从而判断实验因素的作用。等组实验的要点在于保证各实验组的同质
循环组实验形式	是单组和等组相结合的一种形式,各实验因素在各组中轮流施行。由于采用循环的形式,各组条件可不必完全相同	兼具前两种形式的优点,但组织运用的难度较大,实验较为复杂

除了上述几种具体的研究方法,教育心理学中还运用测验法、教育经验总结。

测验法是运用标准化心理量表对被试进行测量,从而了解其心理特点的方法。科学心理学的特征之一就是对心理现象研究的数量化。心理测验的种类很多,按照测验内容的不同,可以分为智力测验、特殊能力测验(性向测验)、人格测验、兴趣测验、态度测验、学业成就测验等。按照测验材料的不同,心理测验可以分为文字测验和非文字测验。心理测验所使用的工具是事先以某种心理学理论为指导,根据大量的取样调查,经过标准化测试和统计分析等程序而编成的心理量表。心理量表是测量人的某种心理特质的一把尺子。为使心理测验获得准确可靠的结果,从事心理测验的人必须懂得心理测验的基本原理、心理量表的编制过程和使用方法,必须按照研究的内容和目的的需要选用合适的心理量表;同时必须按照测验说明书中的规定严格实施测验,统计测验分数,并向被测者科学地解释测验结果。

教育经验总结是指教育工作者对平时自己工作经验做出的总结,如学生学习心理的表现、学生品德和人格发展特征等。通过平时观察和了解或进行测试、个案研究、一定时间的教育考察和实践,教师可以做出恰当的总结。由于科学的发展,心理实验和测验的产生,科学研究强调客观性和科学性,人们认为通过日常经验所获得的资料难以论证,因此,在心理科学研究中就不把它作为一种可靠的研究方法。但实际的教育经验总结法并不是那样落后和不可靠的,我们不应不加分辨地把它排除于教育心理研究方法之外,教育经验总结也有它的优点,关键在于如何科学地运用它。

可用于教育心理研究的方法还有很多,上述几种只是基本的研究方法,它们之间不是互不关联和孤立的。在一项具体研究中,可综合地使用其中两种或几种方法,最重要的是根据不同的研究目的和不同的研究课题以及研究对象,选择适当的研究方法。

三、教育心理学的研究程序

(一)选定研究课题

选题是进行教育心理学研究的起始环节。根据理论联系实际的原则,在选题时既要考虑其理论意义,也要考虑其实践意义。同时,也应考虑课题的可行性和新颖性。选题通常来自实践领域、理论领域,或者从学科交叉或相邻学科中选择课题。利用其他学科的内容、方法或手段来确立课题。例如,网络学习条件下学生进行探究式学习的研究就是一个交叉性的课题。在确定研究课题时,还应查阅有关文献,系统全面地了解该课题的研究历史、现状、已取得的成果和发展趋势,并与有关专家进行咨询,形成初步的意向并形成认识,为研究设计打下基础。

(二)制订研究计划

制订研究计划是整个研究工作的关键性阶段。制订计划时主要考虑下面几点。

1. 确定变量及测量方法

课题形成后,就要找出研究变量,即能在不同条件下变化的个人或环境的某些特性。接着给变量下可操作的定义,即用可感知、可量度的具体事例、现象、外在表现来说明、界定某种变量,以使研究结果具有客观性和可比性。同时还应查明课题的无关变量及控制措施。

要想系统地研究某些变量,就必须有一种方法去测量变量的变化或变量之间的不同水平。基本的测量方法有四种:自我报告、直接观察、测验、教师或同伴的评判。

2. 形成假设

假设就是对研究变量之间关系的一种表述,也就是带有推测和假定意义的较为具体的理论假解释或设想。假设可以用不同形式表述,但必须具备科学性、预测性和可靠性三个基本特征。

3. 选择研究方法

在选择方法时,必须要考虑如下几个问题:第一,该项研究要解决的是什么问题;第二,该项研究的条件能否控制和操纵;第三,该项研究结果的概括程度有多大。具体使用哪种方法取决于研究类型和研究条件。如果许多条件无法控制和操纵就不能使用实验法。进行某种研究往往需要多种研究方法的综合使用。

4. 确定研究对象

研究对象的选择,取决于研究的性质和目的以及研究结果的推论范围。不论使用随机取样还是不随机取样,都应保证所选择对象有足够的代表性,即能代表全部对象的特点。

5. 制订研究步骤

制订研究计划时,应对研究步骤加以具体规定。采用实验研究,需要详细规定实验中对自变量的操纵措施、因变量的测量手段和无关变量的控制措施;采用调查研究,需列出调查提纲、调查程序和调查指导语等。同时,还应对收集资料的要求和步骤进行具体说明。

(三)进行实验研究,收集资料

这是执行研究计划的阶段。该阶段需要花费一定数量的人力、物力与时间,才能得到大量数据及典型材料,包括展开教学、收集资料、监视评价、反馈改进、资料的分类分析等。在这一阶段,一定要重视实时地根据教学反馈提出进一步改进的措施。同时,应重视对各种无关变量的控制或消除。

(四)整理与分析研究结果,得出结论

研究得到的资料应进行整理。需要先对材料进行检查核对,确定是否完整、准确。然后进行必要的筛选,去除虚假、错误的材料。另外需要对材料进行初步的编码、归类,使之系统化。对经过整理后的资料需要进行进一步的分析。根据所得资料的性质和选择进行定性或定量分析。在此基础上,需要对研究结果做出解释。要分析与假设符合的程度,还应分析结果的准确性、可靠性和可推广性以及值得进一步探讨的问题等。通过对研究结果适用范围和可能存在的问题的科学分析,就可以做出结论了。

(五)撰写研究报告

撰写研究报告是课题研究的最后阶段。教育心理学中的研究文章大体可分为定性研究和定量研究。

定性研究报告常用于情境分析、现场分析和生态学等方面,它一般有几个基本的特征:第一,通过在自然条件下观察、提问和阅读个体日记等方式获取材料;第二,收集的材料一般都是言语的,而不是数字的;第三,一般倾向于注重活动的过程而不是活动的结果;第四,研究手段是分析言语材料,而不使用统计检验。

定量研究比较关心变量的数值,结论建立在统计分析的基础之上。定量研究文章一般包括以下几个部分。

(1)题目:主要说明研究对象或主题。

(2)摘要:常常位于文章的题目之下,以150字左右简述研究的目的、过程、结果和结论。摘要是对文章内容的浓缩,方便读者搜索相关文献。

(3)引言:综述同类课题近来的研究,提供进行本研究的理由。这一部分的最后通常包括本研究的问题和假设。

(4)方法:描述本研究的实验过程,包括被试、仪器设备、实验设计、程序等。

(5)结果:对所收集的数据进行统计,描述用于验证假设的统计检验,说明假设是被接受还是被拒绝。

(6)讨论:检查和解释研究结果,常常要讨论本研究所达到的结果、研究意义及存在的不足。

(7)结论:介绍本研究所得出的结果。

第三节 教育心理学的现实意义探讨

教育心理学运用科学语言对学生的行为进行定性和定量描绘,帮助教师准确把握学生的特点,有针对性地对学生施加影响以使其形成良好品质;能够帮助教师预测学生的心理活动和行为趋势,在此基础上引导学生朝着教育目标所指引的方向发展,即在一定程度上控制学生的行为方向。具体而言,教育心理学的现实意义体现在以下几方面。

一、帮助教师准确地了解学生的问题

教育心理学研究的一个最基本的任务是对学与教过程中的心理现象在质和量上进行描述和测量,并揭示其存在的内在联系和规律,即解决"是什么"和"为什么"的问题。例如,在研究中学生的成就动机时,就要确定成就动机具有哪些质和量的特点。研究表明,学生的成就动机包含回避失败倾向、趋向成功倾向、克服困难倾向和社会竞争倾向,这四种倾向的组合就表现为成就动机的质的特点;而表示每种倾向强弱的分数则表现为成就动机量的特点。质和量的特点不同,学生的学习行为及效果就会不同。研究进一步表明,当趋向成功的倾向占优势时,学生就会选择更有价值更具挑战性的任务。这些知识使教师对不同学生的不同学习行为就会有较准确的了解。另外,学生一旦出现了学习困难,教育心理学可采用多种方法,对学生学习困难或心理发展过程中存在的有关问题追根溯源。例如,一名小学四年级学生在语文阅读方面存在困难,我们就可以应用智力测验、阅读测验或者与此有关的生理方面的健康检查等各种形式的测查手段,来找出困难的症结。当然,阅读困难也可能与个人的生活经验有关。

二、为实际教学提供理论指导,提高教学质量和教学效率

教育心理学为实际教学提供了一般性的原则或技术。教师可结合实际的教学内容、教学对象、教学材料、教学环境等,将这些原则转变为具体的教学程序或活动。例如,根据学习动机的规律的研究,在课堂教学中可以采取创设问题情境、积极反馈、恰当控制动机水平等手段来培养和激发学生的学习动机;依据学习迁移的规律,可以在教学内容的选编、教学程序的安排等方面采取措施,促进迁移。

教育心理学分析教育实践过程中各种心理现象及其规律性,如学生道德品质与良好性格形成的心理规律,学生年龄特征和个别差异的教育问题,学生学习掌握知识、技能、发展智力的心理规律等问题,阐明学生心理特点和各种教育措施对学生心理发展的不同影响和作用,从而揭示学生心理发展与教育的依存关系,使整个学校教育工作建立在心理学科学理论的基础上,使教育和教学工作的开展有据可依,有助于提高工作质量。

随着现代科学技术的发展与知识的更新,学生在有限的时间内需要学习的东西越来越多,如何引导学生进行有效的学习成为现代教育的热点问题。教育心理学的研究提供合理组织教学的心理学依据,掌握了教育心理学,有助于中小学教师正确组织教学工作,选择有效的教学方法,采用现代化的教学手段与途径,从而有效地提高教学效率。

三、帮助教师预测并干预学生

教师天天都在与学生的各种心理现象和行为打交道,只有真正理解了这些现象背后的心理原因,才能做出正确决策,采取适当的措施,引导学生健康快乐地成长。利用教育心理学原理,教师不仅可以正确分析、了解学生,而且可以预测学生将要发生的行为或发展的方向,并采取相应的干预或预防措施,达到预期的效果。比如,根据学生的智力发展水平,为智力超常或有特殊才能的儿童提供更为充实、更有利于其潜能充分发展的环境和教学内容;为智力落后或学习困难的学生提供额外的帮助或行之有效的具体的矫正措施,使其达到最大程度的发展。

四、帮助教师结合实际教学进行研究

教育心理学不仅为实际教育活动提供一般性的理论指导,也为教师参与教学研究提供了可参照的丰富的例证。有效的教学需要教师因人、因事、因时、因地而灵活地进行,因为学生、班级、学校以及相应的社会环境各有不同,教学内容、教学时段、教学方法等也各有不同,普遍适用的教学模式是不存在的,需要教师结合教学实际,创造性地、灵活地将教育心理学的基本规律应用于教学中。当然,教育心理学并非给教师提供解决一切特定的问题的具体模式,它给教师提供的是进行科学研究的思路和研究的方法。

五、帮助教师更新教育观念,提高自我教育的能力

我国的教育制度,将"五育"即德、智、体、美、劳列为学校教育的目标,旨

在使学生全面发展。但从学校的实际工作来看,现行的中小学教育,与以往相比,普遍面临三大难题:第一,由于教育的普及造成班级人数的增加,统一形式的教学难以因材施教,致使学习困难的学生有所增加;第二,学校也会受社会各种不良风气的污染、冲击,难以保持教育环境的纯洁性;第三,许多学校片面追求升学率,学校教育为准备统考而偏重分数和成绩,导致学生在心理发展上兴趣与性格的狭窄化。因此,教育必须改革,教育观念必须更新,这也向教师提出了更高的要求,首先体现在教师教育观念的更新上,教育心理学的研究成果可以为更新教育观念提供有力的支持。随着教育改革的不断深化,教师自身的能力也需要不断提高,而教育心理学可以为教师提供一些新的观点去分析或解决教育、教学中的问题,使教育改革的深化收到真正的实效。同时,教育者根据教育心理学的理论和研究成果,可以正确地评价自己,加强自我教育、自我修养。

六、有助于进行教育教学改革

纵观现代教学改革的理论,大部分是心理学家根据学生的心理发展规律提出的。最典型的是20世纪五六十年代涌现的世界三大教育改革家:美国的布鲁纳、苏联的赞科夫和德国的瓦根舍因(其本人就是心理学家)。教师只有学习和掌握心理学理论,才能有效地开展教学改革,提高教学质量;同时,才有可能在教学改革实践中开展心理学研究,推动心理科学的发展。

第三章　学习动机、学习策略与学习迁移

　　学习动机作为推动学生从事学习活动的内部动力,能够影响学生学习的进程和学习效果,所以,教师在教学中的主要任务之一就是激发和培养学生的学习动机。另外,在教学过程中,教师不仅要向学生传授知识,更重要的是引导学生"学会学习",学会在适当的条件下使用适当的学习策略,对学习进行有效的自我调节和控制。掌握学习策略也逐渐成为衡量学生学会学习、学会思考的根本标志。而对学习迁移进行研究,既有助于完整地认识和理解学习的过程、揭示学习的本质与规律,也有助于提高学习的效率与质量、帮助学生将学到的知识应用到新的学习中或以后的生活、工作中。因此,在教育教学过程中,要想取得良好的效果,必须要使学生掌握有效的学习迁移策略。鉴于此,本章即对学习动机、学习策略以及学习迁移的相关内容进行简要阐述。

第一节　学习的相关知识

一、学习的含义

　　学习是生命成长中的普遍现象,所有人都需要不断学习。学习有广义和狭义之分。

　　广义的学习是指人和动物在生活过程中通过实践或训练而获得,由经验引起的比较持久的心理和行为变化的过程。

　　狭义的学习是指学生的学习,即学生在教师的指导和引导下,有目的、有计划、有组织、系统地掌握知识和技能,促进身心素质发展的活动。它是学习的一种特殊形式。学生的学习与人类的学习过程有共同点,但又有其本身的特点,概括来说包括以下几方面。

　　第一,学生的学习是在教师的组织领导下,有目的、有计划、有组织地进行的,不同于日常生活中或其他方式的学习。学生学习的目的要求、科目内容、时间安排以及组织形式等都有明确的要求,并由经过专门训练的专职教育工作者按照学生的年龄和心理特征、知识水平、认识能力等有计划地组织

进行,力争使学生能在较短的时间内取得最佳的学习效果。

第二,学生的学习以掌握系统的科学知识、技能,形成世界观和道德品质为主要任务。它包括文化科学知识、技能和社会生活规范及行为准则等,这些是学生必须学习的内容或对象。学生学习的主要目的就是要掌握这些知识经验,把它转化为自己的精神财富,形成必要的才能和品德。学生的学习过程,也是他们的科学世界观、道德品质的形成过程。学生世界观和道德品质的形成,不能脱离社会实践,但他们主要是在教育和教学过程中,在学习和掌握系统的科学知识基础上,通过有目的、有组织、有计划的各种教育和学习活动进行的。

第三,学生的学习是以掌握书本的间接知识经验为主。学生在校学习主要是掌握人类已形成并积累下来的、以语言符号为物质形式的社会历史经验,即间接知识经验。这是人类在漫长的社会实践中认识和改造世界所创造的精神财富的结晶。这种间接性反映在学习过程的始终,使学生的学习体现出一定的特殊性。

第四,学生的学习是一个连续的过程,由于学生学习的根本任务是掌握前人的经验,这决定了学生学习的方式主要是一种接受学习,即通过教师对教材的系统讲授而引导学生学习。学习时间短暂和大量学习内容之间巨大的反差,要求学生的学习应该快速高效,应在有限的时间内掌握前人经验并尽快发展自己。

第五,学生的学习具有言语性的特点,在经验传递系统中,传递经验的主要媒体是言语信号,这使学习者不仅能够掌握具体的经验,而且也能超越狭隘的具体事物的限制,去掌握抽象、概括的经验。这有助于学生的心理由低级、具体的水平向高级、抽象的水平发展。当然,在具体的教学过程中,要注意采取有效措施使学生真正地理解言语符号所标志的内容,并正确地利用言语来构建经验结构。

二、学习的类型

学习是个极其复杂的现象,范围广,形式多样。对学习进行分类,有利于认识不同类型的学习特点和规律,提高教与学的针对性和有效性。

(一)根据学习的不同内容和结果进行的分类

根据学习内容和结果的不同,学习可以分为以下四种类型。

1. 知识的学习

知识的学习包括对知识的感知和理解等,主要解决人们知与不知的矛盾,是人类学习的主要内容之一。

2. 技能的学习

技能的学习主要指运动的、动作的技能学习。技能是使某种活动得以顺利进行的动作方式。它与知识不同,技能主要解决会与不会、熟练与不熟练的问题。

3. 心智(以思维为主的能力)的学习

能力是直接影响人们顺利而有效地完成学习和其他各种活动任务的个性心理特征。它是在掌握各种智力技能过程中形成并发展起来的更为概括的一种本领。学生的学习,不仅要掌握知识、形成技能,而且要培养分析问题、解决问题的能力,其中包括自学的能力。

4. 道德品质和行为习惯的学习

个体要适应社会生活,正确处理与他人、与社会的关系,就必须掌握一定的道德准则和行为规范。因此,它是学生学习的一种极重要的内容。

这种分类比较符合教育工作的实际,在日常教育工作中常常被采用。另外,采用这种分类有助于教师按不同类型的学习特点和规律去指导学生的学习,但是容易使知识的学习和品德的形成、能力的发展相互脱节。在采用这种分类时,应该注意这几种学习类型之间的内在联系,把它们有机地结合起来。

(二)奥苏伯尔的学习分类

美国教育心理学家奥苏伯尔以学校教育为条件提出学习的分类,他按学生学习的不同方式,把学习分为接受学习和发现学习。

1. 接受学习

接受学习是指教育者以定论的形式系统地向学习者呈现知识,学习者以接受的方式学习知识和经验。

2. 发现学习

发现学习是指教育者只提示有关的学习内容以及解决问题的方式和方

法,学习者需依靠自己的力量,通过独立发现的步骤去寻求知识的一种学习。

奥苏伯尔根据学习的内容不同,又把学习分为机械学习和意义学习。机械学习指学习者记住了由语言文字符号所组成的学习材料,但没有真正理解符号所代表的知识。意义学习则指学习者理解符号的意义、它所代表的知识,并能应用这些知识解决问题。这种分类有一定的实践意义,但未能包括技能、品德等方面的学习,未免失之片面,缺乏说服力。

(三)布卢姆的学习分类

美国心理学家布卢姆将教育目标分为认知领域的目标、情感领域的目标和动作技能领域的目标三大部分,每一领域的目标又从低到高分为若干等级。其中,认知领域的目标可以分为知识、理解、运用、分析、综合、评价六类,依据人在这六个阶段不同的认知特点,确定不同的学习目标,从而形成了认知领域学习目标的分类。这种分类是一个层级系统,后一层学习任务的开展以前一层教学目标的实现为前提,符合由浅入深、逐步发展的认知规律,对教育教学具有重大的指导意义,因而产生了深远的影响。

(四)加涅的学习分类

1970年,美国教育心理学家加涅出版了《学习的条件和教学论》一书,他根据学习的繁简水平提出了著名的学习结果分类理论,将学习结果划分为五种。

1. 言语信息

这类学习活动主要是运用记忆学习包括物体的名称、名词、历史事实和各种叙述在内的知识。

2. 智慧技能

这类学习活动所获得的能力被称为智慧技能。加涅具体地把智慧技能分成了五个层级,即辨别、具体概念、定义性概念、规则、高级规则。

3. 认知策略

个体通过学习掌握支配自己学习、记忆和思维的技能。加涅认为学习者在学习活动中习得的主要学习策略包括普通认知策略、特殊认知策略和反省认知策略。只有当学习者掌握了认知策略,才可能完成对学习过程的执行控制。

4. 动作技能

学习者学习促使身体灵活运动的能力,如穿针、溜冰、游泳、扔铅球、作图、绘画等。

5. 态度

学习者学习行为趋向的内部状态,它使学习者的行为具有某种特定的倾向性。

(五)潘菽的学习分类

我国心理学家潘菽主编的《教育心理学》根据学习内容的不同,将学习分为以下四类:
(1)知识的学习。
(2)技能的学习。
(3)以思维为主的能力的学习。
(4)道德品质和行为习惯的学习。

这种分类比较符合学校教育的实际和需要,能帮助教育工作者按照同类型学习的特点和规律去指导学生的学习,在研究工作中也有助于探讨不同类型学习的特点和规律。不过,这种分类容易使知识的学习与道德品质的学习、能力的学习相互脱节。

三、几种主要的学习理论

(一)认知学习理论

认知学习理论认为,学习过程不是简单地在强化条件下形成刺激与反应的联结,而是有机体积极主动地形成新的完形或认知结构。该理论的代表人物有苛勒、托尔曼、布鲁纳、奥苏贝尔、加涅等。限于篇幅,下面仅对苛勒的完形—顿悟学习理论、托尔曼的符号学习理论、布鲁纳认知—发现学习理论进行简要阐述。

1. 苛勒的完形—顿悟学习理论

苛勒是格式塔心理学派的重要代表人物。格式塔学派认为,人的内心存在着许多与外界事物相应的同型物,即格式塔。1913—1917年,苛勒在西班牙加纳群岛的腾涅夫岛上对黑猩猩解决问题的行为进行了一系列的实验研究,从而提出了完形—顿悟说。在实验中,苛勒给黑猩猩设置了许多问题情境。例如,把香蕉挂在猩猩跳起来也够不着的笼子顶上,笼子里有两只木箱,站在任何一只木箱上都够不着。只有把木箱移过来叠在一起,站在上面,才能够着香蕉;再如,把香蕉放在笼子外面,只有把笼子边上的两根竹竿接起来才能够着。苛勒发现,黑猩猩往往是突然学会了解决问题的办法。有时候它蹲在那里,观察情境,然后表现出对问题情境的突然领悟,把两个木箱叠在一起,站在上面拿到香蕉;或者把两根竹竿接在一起得到香蕉。苛勒将黑猩猩的这种表现称为"顿悟"。他认为,顿悟就是对问题情境的突然理解而觉察到问题的解决办法。黑猩猩观察的时候,是经历一个知觉重组的过程,完成了知觉重组,就使它突然理解了目的物和取到目的物途径(工具)或条件之间的关系,导致了迅速的学习。很显然,在苛勒看来,学习是一种积极主动"顿悟"的过程而不是盲目的、被动尝试错误的过程;学习过程中问题的解决,都是由于对情境中事物关系的理解而构成一种"完形"来实现的。

完形—顿悟学习理论作为最早的一个认知性学习理论,肯定了主体的能动作用,强调心理具有一种组织的功能,把学习视为个体主动构造完形的过程,并强调观察、顿悟和理解等认知功能在学习中的重要作用。因此,它给现代教育教学也带来了较大的启示。在指导学生学习的过程中,教师更注重鼓励学生大胆提出假设和猜想,强调学生在面对问题时多进行整体理解,发挥自身的创造性思维。

2.托尔曼的符号学习理论

托尔曼是美国新行为主义的代表人物之一,他经常用动物的动机、认识、预期、意向和目的来描述有机体的行为。他关心行为如何同诸如知识、思维、计划、推理、目的、意向等概念相联系。可见,他受到了格式塔学派的影响。他以白鼠学习方位的迷宫实验证明了他的理论。迷宫有一个出发点,一个食物箱(目的箱),三条长度不等的通道可以达到食物箱。将白鼠置于出发点(起点箱),然后让他们自由地在迷宫内探索,熟悉通达食物箱的三条通道。一段时间后检查它们的学习效果,结果发现,白鼠会选择通道最短的通道,如果将最短的通道堵塞,此时白鼠会选择第二短的通道;只有将第二条通道也堵住时,白鼠才会选择距离最长的第三条通道。根据这一实验,托尔曼提出了他的学习理论,主要包括以下内容。

第一,学习是整体性和有目的性的行为。托尔曼强调行为的整体性,认为行为是一种整体现象。这种整体性行为具有目的性和认知性,因此,有人称托尔曼的理论为"认知—目的说"。

第二，托尔曼提出在刺激（行为的发端原因）和行为之间还有中介变量即内在决定因素起作用。这个中介变量主要是行为的目的性和认知性。这样，行为主义的S—R联结公式，在托尔曼理论中就变成了S—O—R，O是中介变量，与需求和认知有关。

第三，学习是期待的获得。在托尔曼的学习理论中，他认为，任何一种学习过程都是把对一种特定的整体（包括符号、目标、手段关系和结局）的期待树立起来的过程。简言之，学习是对行为的目标、手段、途径和达到目标的结果的认知，就是期待（或认知观念）的获得。

第四，学习是对"符号—完形"的认知。托尔曼将刺激用"符号"这一术语来表达，"完形"即格式塔，与格式塔理论一样，完形意味着整体大于其各部分之和。他指出，"符号—完形"包含对意义目标与手段—目的关系的认知。他认为白鼠的位置学习不是一连串的刺激—反应过程，而是获得了与其所处环境有关的符号及其代表的意义，并在一种完形内使符号（刺激结构模式）组合成一个新的完形的过程，即在头脑中形成了"符号—完形"认知结构。白鼠就是在跑通道时，通过学习获得了认知结构，所以，它们能够按照认知结构去行动，选择捷径，得到食物。

托尔曼的符号学习理论重视学习的中介过程，强调学习的认知性和目的性，这些观点大大推动了认知学习理论的发展。在实践上，托尔曼的符号学习理论提示教育者在教学时，不仅要注意学生学习的外显行为状态和表面现象，而且要注意了解学生潜伏的学习积极性和认知探究倾向，充分地利用和发挥学生学习的潜在积极性，配合适当的鼓励和强化手段，调动学生最大的学习热情，提高教学效率和学习效果。

3. 布鲁纳认知—发现学习理论

美国教育心理学家和教育家布鲁纳是当代认知心理学派和结构主义教育思想的代表人物之一。他把研究的重点放在学习者获得知识的内部认知过程和教育者如何组织教学以促进学习者发现知识的问题上。他的学习理论被人们称为认知—发现学习理论。这一理论的观点主要集中在以下几个方面。

(1) 学习过程

布鲁纳认为，学生不是被动的知识接受者，而是积极的信息加工者。学生的学习包括三个几乎同时发生的过程：获得新知识；新知识的转化；评价、检查加工处理信息的方式是否适合于该任务。这里的新知识是指与以往所知道的知识不同的知识，或者是以往知识的另一种表现方式。简而言之，学生的学习过程就是对新知识的获得、转化和评价几乎同时发生的过程。学生掌握信息不是最终的目的,学习应该超越所给的信息。

(2)认知结构

布鲁纳认为,由个体过去对外界事物进行感知概括(即归类)的一般方式或经验所组成的观念结构,即认知结构。它可以给经验中的规律以意义和组织,并形成一个模式,它的主要成分是"一套感知的类别"。可见,构成认知结构的核心是一套类别以及类别编码系统。这里的类别有两部分内容:一是指有相似属性的对象或事物,如苹果、草莓、香蕉等属于水果这一类别;二是指确定某事物属于该类别的规则,即归类的依据。根据类别与类别之间的联系,可以对类别做出层次和关系的结构化安排,即编码。在一个编码系统中,越是较高级的类别,越能超越较低级类别的具体性,而具有更大的普遍适用性。

(3)发现学习

布鲁纳强调的发现学习就是指设置一定的学习情境,让学生在学习情境中主动地探究和发现事物的特性、原理和原则,进而获得问题答案的一种学习方式。布鲁纳为了说明发现学习还专门设计了一个天平实验。这个天平实验是让8岁儿童借助动手操作、视觉映象和符号来掌握代数中的基本结构。例如,在天平一边钩子9上挂2个小环,让学生在天平的另一边寻找各种能保持天平平衡的各种组合,并把它们记录下来。小学生根据玩跷跷板的经验,很快就能知道在钩子2上挂9个小环;在钩子3上挂6个小环;或在钩子6上挂3个小环等,都能保持天平的平衡。这样,学生掌握的不只是"$9 \times 2 = 18$",而是代数的基本结构——交换律,即"$3 \times 6 = 18$"。在学习过程中,开始时让学生动手操作;接着移去天平,让学生凭借头脑中形成的视觉映象来运算;最后,学生熟练掌握运算规则,不用实物和视觉映象,用符号也能自如地运算了。

布鲁纳的学习理论强调学生学习的主动性,强调学习的认知过程,重视认知结构的形成,注重学习者的知识结构、内在动机、独立性与积极性在学习中的作用,对学习理论的发展做出了突出的贡献。当然,他的学习理论也并非完美无缺,如完全放弃了知识的系统讲授,夸大了学生的学习能力,忽视了知识学习活动的特殊性,忽视了知识的学习即知识的再生产过程与知识的生产过程的差异。在现实中,真正能够用发现法学习知识的学生是极少数的。

(二)联结学习理论

联结学习理论主要是以动物实验为基础,以可观察的行为为研究对象,以行为主义心理学的基本假设为依据形成的。这一理论认为,一切学习都

第三章　学习动机、学习策略与学习迁移

是通过条件作用,在刺激和反应之间建立直接联结的过程。在这一过程中,强化起着重要的作用。桑代克、巴甫洛夫、斯金纳等都是联结学习理论的代表人物。

1. 桑代克的试误学习理论

桑代克是现代教育心理学的奠基人,也是心理学史上第一位用动物实验来研究学习的人。他对学习理论的最大贡献:从动物和人类学习的实验中总结出了一系列学习规律,提出了试误说。他认为,动物的基本学习方式是试误学习,在试误过程中形成刺激—反应之间的联结。这一理论是根据他对动物的实验结果提出的,著名实验是饿猫开迷箱的实验。他将饥饿的猫禁闭于迷箱之内,饿猫可以用抓绳或按钮等三种不同的动作逃出箱外获得食物。饥饿的猫第一次被关进迷箱时,开始盲目地乱撞乱叫,东抓西咬,偶然一次碰到按钮打开了迷箱,逃出箱外,吃到了食物。经过多次尝试错误,猫最终学会了碰按钮去开箱门的操作行为。根据实验的结果,桑代克不仅指出动物和人的学习实质是"刺激"和"反应"的联结,还指出学习过程是一种循序渐进、尝试错误的学习。由此,他提出了许多学习律,其中有准备律、练习律和效果律三条学习律影响最大,并且一直是学习心理学研究的主要课题和争论的焦点。

准备律是说学习者对某种刺激做出反应与其是否做好准备有关。学习者在学习开始时有准备而又给以活动就感到满意,有准备而不活动或无准备而强制活动就感到烦恼。

练习律是指联结的强度决定于使用联结的频次。重复一个学会了的反应将增加刺激和反应间的联结,联结练习和使用越多,就变得越来越强,反之越弱。桑代克后来又修改了这一规律,认为这里的联结练习必须是有奖励的练习,否则就是无效的。

效果律是指刺激与反应之间联结加强或减弱受到反应结果的影响。桑代克认为,如果一个动作跟随着情境中一个满意的变化,在类似的情境中这个动作重复的可能性将增加,但如果跟随的是一个不满意的变化,这个动作重复的可能性将减少。奖励就是令人满意的或可能进行强化的物品、刺激或后果。

桑代克的试误学习理论指导了大量的教育实践。例如,练习律要求学生要进行大量的重复练习和操作;效果律指导教育者使用一些具体的奖励,这些都让学生的学习能得到自我满意的积极结果,更愿意学习。当然,试误学习理论把人类的学习同动物的学习完全等同起来,一味强调情境与反应的联结,把复杂的学习过程简单化和机械化,抹杀了人类学习的主观能动

性。这是试误学习理论的局限性。

2.巴甫洛夫的经典性条件反射学习理论

苏联著名的生理学家、诺贝尔奖获得者巴甫洛夫提出经典性条件作用及其原理。巴甫洛夫在研究狗的进食行为时发现,当铃声和喂食反复配对后,只给狗听铃声,不呈现食物,狗也会分泌唾液。也就是说,一个原是中性的刺激与一个原来就能引起某种反应的刺激相结合,反复之后,能使动物学会对那个中性刺激做出反应。在巴甫洛夫的实验中,铃声就是一种中性刺激,食物就是无条件能引起狗产生唾液的刺激,狗由食物引起的唾液分泌称为无条件作用,铃声和食物在时间上多次结合后,成了条件刺激,狗听到铃声也分泌唾液,一种新的联系就形成了,称之为条件作用。

在经典性条件作用原理的基础上,巴甫洛夫又通过一系列实验对经典性条件作用的消退、分化、抑制问题以及条件作用的神经活动机制问题等进行了研究,提出了相关的理论。

在巴甫洛夫研究的基础上,行为主义心理学家华生将经典性条件作用运用于学习领域,将其发展成为学习理论。华生相信,巴甫洛夫的条件作用模式适于用来建立人类行为的科学,如果将这种模式加以扩展,可以解释各种类型的学习和个性特征。他认为,学习就是以一种刺激替代另一种刺激建立条件作用的过程。人类出生时只有几个反射(如打喷嚏、膝跳反射)和情绪反应(如惧、爱、怒等),所有其他行为都是通过条件作用建立新刺激—反应联结而形成的。于是,他根据经典性条件作用的原理做了一个著名的恐惧形成的实验。实验被试是一名叫艾波特的11个月大的婴儿。华生首先让艾波特接触一个中性刺激小白兔,艾波特毫无害怕的表现,似乎想用手去触摸它。兔子出现后,紧接着就出现用铁锤敲击一段钢轨发出的使婴儿害怕的响声(无条件刺激);经过3次结合,单独出现小白兔也会引起艾波特的害怕与防御的行为反应;6次结合后,被试的反应更加强烈,随后泛化到相似的刺激。艾波特对任何有毛的东西感到害怕,如老鼠、制成标本的动物,甚至有胡子的人。根据这一实验,华生认为,有机体的学习就是通过经典性条件作用的建立,形成刺激与反应之间联结的过程。

总体来看,经典条件作用中所建立的刺激反应联结,可用以解释教育上很多基本学习现象。诸如教幼儿初学单字所用的图形与字形联对法,正是采取了经典条件作用原理。又如在某些并不具有伤害性的情境中,儿童却表现了恐惧或焦虑反应,这些反应都是经由经典条件作用所形成的条件反应。当然,经典条件作用学习理论更适用于动物和婴儿的简单学习中,解释人的复杂学习行为就较为吃力。

3. 斯金纳的操作性条件作用学习理论

著名的行为主义心理学家斯金纳是操作性条件作用理论的创立人。他的理论也是建立在动物学习实验的基础上的。他发明了一种学习装置"斯金纳箱"。斯金纳箱内装有一操纵杆(杠杆或木板),操纵杆与另一提供食物的装置连接(食物槽)。斯金纳把饥饿的白鼠放在箱子内,让白鼠在箱子内自由活动。白鼠在活动中偶然压到了杠杆,食物槽就出现了一粒食丸,白鼠吃到了食丸。以后白鼠再次按压杠杆,又可得到食丸。由于食物强化了白鼠按压杠杆的行为,因此白鼠在后来按压杠杆的频率迅速上升。由此,斯金纳发现,有机体做出的反应与其随后出现的刺激条件之间的关系对行为起着控制作用,它能影响以后反应发生的概率。

斯金纳操作性条件作用学习理论非常强调强化作用。强化就是能增强反应率的效果。凡是能增强反应概率的刺激和事件都叫强化物;反之,在反应之后紧跟一个讨厌的刺激,从而导致反应率下降,则是惩罚。强化又分为正强化和负强化,正强化通过呈现刺激增强反应概率,负强化通过中止不愉快条件来增强反应概率。在斯金纳看来,负强化和惩罚是两个不同的概念,负强化导致反应概率提高,而惩罚导致反应概率降低。

强化还可划分为一级强化和二级强化两类。一级强化满足人和动物的基本生理需要,如食物、水、安全、温暖、性等。二级强化是指任何一个中性刺激如果与一级强化反复联合,它就能获得自身的强化性质。例如,金钱,对婴儿而言它不是强化物,但当小孩知道钱能换糖时,它就能对儿童的行为产生强化效果。二级强化可分为社会强化(社会接纳、微笑)、信物(钱、级别、奖品等)和活动(自由地玩、听音乐、旅游等)。

根据强化是连续性还是间隔性的,还可将其分为持续强化和间歇强化。持续强化,是指做出每一次反应后都给予强化。间歇强化又可以有两种安排方式:根据反应次数决定的比例强化安排和根据时间间隔决定的间隔强化安排。不同的强化类型对学习影响是不同的。例如,新行为的学习,最开始适宜采用持续强化,以后的巩固可采用间隔时间强化,最后可采用间隔比例强化。期末考试就属于间隔时间固定的强化模式,学生开头学习懒散松懈,但到考试前会埋头苦学。根据强化的原理,可以不定时安排考试,以促进学生的学习。

总的来说,斯金纳的操作性条件作用理论对学习理论领域的研究做出了重大贡献。他从新的高度上扩展了联结派的眼界,将联结学习理论推向了一个新的高度。他对强化的精细研究加深了人们对行为习得机制的理解,使人们能成功地预测和控制行为,也为行为矫正提供了一种可信的理论基础。当然,他的学习理论依然具有一定的局限性,即忽略了人与动物的本质区别,没有对学习过程尤其是人的知识学习过程的机制和内部过程进行研究。

(三)人本主义学习理论

人本主义学习理论以人本主义心理学为基础,以马斯洛和罗杰斯为代表人物。

1. 马斯洛的学习理论

马斯洛认为,人作为一个有机整体,具有多种动机和需要,包括生理的需要、安全的需要、归属与爱的需要、尊重的需要和自我实现的需要(图3-1)。

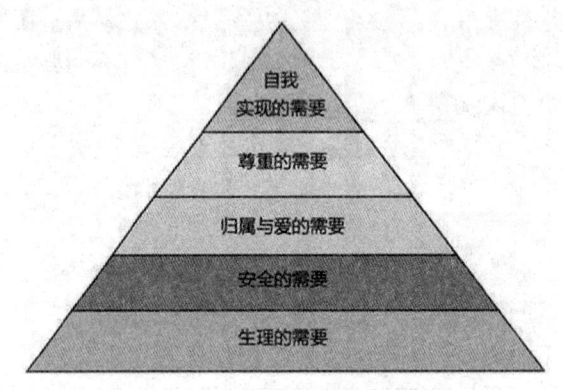

图 3-1 马斯洛需求层次理论

这些需要构成了不同的层次,并成了激励和指引个体行为的力量。需要的层次越低,它的力量就越强。随着层次的上升,需要的力量就会逐渐变弱。越是高级的需要,就越为人类所特有,只有人类才有自我实现的需要。

马斯洛的心理学理论核心是人通过"自我实现",满足多层次的需要系统,达到"高峰体验",重新找回被技术排斥的人的价值,实现完美人格。他认为,人的成长源于自我实现的需要,自我实现的需要是人格形成和完善的动力。自我实现的需要是人固有的一种潜能,教育的作用只是在于提供一个安全、自由、充满关爱、尊重和支持的心理环境,使人类固有的潜能得以发挥出来。所以,他认为,教育可以将人的自我实现作为一个终极目标。教育应当努力开发潜能,完善人格,让个体内部不断趋向统一整合。

马斯洛提倡内在学习。在他看来,外在学习过分依赖强化和条件作用,是一种被动的、机械的、传统教育的学习模式。而内在学习是依靠学生的内在驱动,充分开发自身潜能,达到自我实现的学习,是一种自觉的、主动的、创造性的学习模式。这种内在学习会充分激发学生的想象力和创造力,有效地促进学生自发地学习,并达到最终的教育目的。从马斯洛的内在学习论来看,学校和教师的教育使命应当是发现学生的自我同一性。

2. 罗杰斯的学习理论

罗杰斯作为著名的人本主义心理学家,他认为,学习不是机械的刺激和反应联结的总和,个人学习的主要因素是心理过程,是个人对知觉的解释。他还举例说明,具有不同经验的两个人在知觉同一事物时,其反应是不一致的。两个人因对知觉的解释不同,所以他们所认识的世界以及对这个世界的反应也不同。因此,教育者要了解学习者对外界情境或刺激的解释或看法。罗杰斯虽然注意到了认识的主观能动性,但他对知觉的解释完全不同于辩证唯物论的能动反映论对知觉的解释。辩证唯物论的反映论认为,人对客观世界的认识是以客观世界在人头脑中的主观意象为基础的认识,而并非由自己的主观世界来决定客观世界。不得不承认,罗杰斯对知觉的解释具有主观唯心主义的认识倾向。

罗杰斯认为,人类具有学习的自然倾向或学习的内在潜能。人类的学习是一种自发的、有目的、有选择的学习过程。教学的任务就是创设一种有利于学生学习的情境,使学生的学习潜能得以充分地发挥。学生就是一个有目的、能够选择和塑造自己行为并从中得到满足的人。因此,在教学中,罗杰斯强调以学生为中心。教师的任务主要是帮助学生增强对变化的环境和对自我的理解。罗杰斯还认为,学习过程对于学习者来说应该是一个愉快的过程,在教学中不应把惩罚、强迫和种种要求或约束作为促进学生学习的方法。

罗杰斯提倡让学生自由学习,形成自己的风格。教师应当让学生主动地参与到学习中并在其中自由地学习。他还专门列举了10种在他看来有助于学生自由学习的方法,分别是创设真实的情境、提供学习资源、使用合约、利用社区、同伴教学、分组学习、探究训练、程序教学、交朋友小组、自我评价。不过,客观来说,虽然罗杰斯这种尊重学生学习自由的观点是可取的,也为现代的教育教学提供了很多有价值的启示,但他说的自由有点绝对化,学习的绝对自由很容易使学生产生避重就轻、删繁就简的不认真的学习态度。

罗杰斯认为,学生学习的内容应该是学习者认为是有价值、有意义的知识或经验。只有当学生正确地了解到所学内容的用处时,学习才能成为最好的、最有效的学习。如果学习者认为所学的内容价值很小或效用不大,学习起来往往就很困难,也容易遗忘。这一学习观点提示教师要尊重学生的学习兴趣和爱好,尊重学生自我实现的需要。在课程内容的安排和设置上要给学生以充分的自由,允许学生根据自己的兴趣和爱好以及自我理想来选择有关学习内容,而不应该把一些学生不喜欢的东西强行地灌输给学生。

罗杰斯特别强调学习方法的学习和掌握,强调在学习过程中获得知识和经验。在他看来,最有用的学习就是学会如何进行学习。他在《学习的自由》一书中明确指出:"只有学会如何学习和学会如何适应变化的人,只有意识到没有任何可靠的知识,唯有寻求知识的过程才是可靠的人,才是有教养的人。现代世界中,变化是唯一可以作为确立教育目标的依据,这种变化取决于过程而不取决于静止的知识。"可见,他强调学生通过实际参加学习活动,进行自我发现、自我评价和自我创造,从而获得有价值的、有意义的经验;强调学生在学习过程中要获得如何进行学习的方法或经验。

从上述可以看出,人本主义学习理论固然有非常多的可取之处,但其过分强调人的学习本能,忽视环境和教育的作用,强调学习的绝对自由。这就需要我们对待人本主义学习理论时,要批判地吸收,既要看到和强调它积极和合理的一面,又要看到它消极的一面。

(四)建构主义学习理论

自20世纪80年代中期以来,建构主义作为一种新的认识论和学习理论在教育研究领域产生了非常深刻的影响。概括来说,建构主义学习理论的观点主要包括以下几个。

第一,学习是一种建构的过程。学习者是主动的信息建构者——学习者综合、重组、转换、改造头脑中已有的知识经验,来解释新信息、新事物、新现象,或者解决新问题,最终生成个人的意义。学习者在对知识单元进行学习时,实际上是形成了一个个的知识体,每一个知识体就是一个小的结构,一个新的知识单元的学习是建立在原有知识结构基础之上的。

第二,学习具有情境性。建构主义者提出了情境性认知的观点,强调学习、知识和智慧的情境性,认为知识是不可能脱离活动情境而抽象地存在的,学习应该与情境化的社会实践活动结合起来。在一些真实世界的情境中,学习者的知识结构怎样发挥作用、学习者如何运用自身的知识结构进行思维,是衡量学习是否成功的关键。如果学生在学校教学中对知识记得很"熟",却不能用它来解决现实生活中的某些具体问题,那么这种学习应该说是不成功的。

第三,学习具有社会互动性。学习者的学习总是在一定的社会文化环境下进行的,即使学习者表面上是一个人在学习,但他所用的书本、纸笔,或者电脑、书桌都是人类文化的产物,积淀着人类社会的智慧和经验。建构主义强调,学习是通过对某种社会文化的参与而内化相关的知识和技能、掌握有关的工具的过程,这一过程常常需要通过一个学习共同体的合作互动来完成。所谓学习共同体,就是由学习者及其助学者(包括教师、专家、辅导者等)共同构成的团体,他们彼此之间经常在学习过程中进行沟通交流,分享各种学习资源,共同完成一定的学习任务,因而在成员之间形成了相互影响、相互促进的人际联系,形成了一定的规范和文化。

第四,学习者的学习活动有创造性质。学习不应被看成是对教师所传授的知识的被动接受,而是学习者以自身已有知识和经验为基础的主动的建构活动,即学生能主动积极地构造意义。因此,学生能把从外界接收到的知识信息同化到自己原有的认知结构中,形成自己特有的认知图式。

第五,学习过程包含对新知识的意义建构和对旧知识的重组两个方面的建构。学习者在学习过程中是以个人原有的经验、心理结构和信念为基础来建构新知识,赋予新知识以个人理解的意义。教学不能无视学习者的已有知识经验,简单强硬地从外部对学习者实施知识的"填灌",而是应当把学习者原有的知识经验作为新知识的生长点,引导学习者从原有的知识经验中生长新的知识经验。这一思想与维果斯基的"最近发展区"的思想相一致。教学不是知识的传递,而是知识的处理和转换。

总之,建构主义学习理论提倡的是教师指导下的,以学生为中心的学习。学生是知识意义的主动建构者;教师是教学过程的组织者、帮助者、指导者和促进者;教材所提供的知识是学生主动建构意义的对象;媒体是用来创设情境、进行协作式学习和会话交流,即作为学生主动学习、协作式探索的认知工具。

第二节 适当水平的学习动机的培养

一、学习动机的概念

动机是指引发并维持活动的倾向。它涉及这样三个方面的问题,即引发行为的起因是什么? 使行为指向某一目的的原因是什么? 维持这一行为的原因是什么? 在许多有关动机的文献中,心理学家们往往用动机作用这一术语来描述个体发出能量和冲动,指引行为朝向某一目的,并将这一行为维持一段时间的种种内部状态和过程。

所谓学习动机是指直接推动学生进行学习的一种内部动力,是激励和指引学生进行学习的一种需要。动机由人的需要引起,学生的学习行为要受动机的支配。学习动机是直接推动人们进行学习的一种内部动因,是一种为满足个人精神需要,渴望了解和认识世界的心理状态,即推动学习的主观动力。学习动机的性质,不仅决定着学习的方向和进程,而且影响着学习的效果。

二、学习动机的分类

根据不同的标准,可以将学习动机分为不同的类型,概括来说,学习动机的类型主要包括以下几种。

(一)内在动机与外在动机

1.内在动机

内在动机是根据自身的意志、兴趣、爱好而进行学习的动机因素,如明确的学习目的与强烈的求知欲,它具有持久性、主动性等特点。内在动机的控制点在个体内部,往往具有强烈而持久的动力作用,能最大限度地发挥一个人的主观能动性。培养学生正确、高尚的内在动机,使之成为稳定的个性结构的一部分,形成良好的个性品质,这也正是教育培养的目标之一。

2.外在动机

外在动机是在外因的驱使下,如由家长、教师等一些学习者以外的人所提供的赏罚手段或诱因来推动学习者学习。这种动机是短暂的,引起的学习是被动的。例如,为争取得到表扬、奖励、奖学金和"三好学生"的荣誉称号努力学习,都属于外在动机。外在动机有时也能产生较强烈的动力作用,但往往不能持久,且由于外在动机的控制点在个体外部,易为外部条件所左右,一旦外部情况发生变化,对个体的学习积极性会产生巨大影响。

(二)远景性动机与近景性动机

1.远景性动机

远景性动机是与社会意义相联系的动机,是一种广义的、概括的动机。这种动机具有较大的稳定性和持久性,能在较长时间内发挥作用。远景性动机与当前进行的活动直接联系较少,因此对当前活动的推动作用较小。

2.近景性动机

近景性动机与具体活动本身相联系,所追求的目标是较近的,影响范围也小,其持续作用时间也短。这是一种局部的、狭隘的动机,很容易受偶然因素的影响,常常随着周围情境的改变而改变。不过,近景性动机一般都比较具体,作用也较强,因此也不失为推动活动进行的有效动力。

要注意的是,远景性动机与近景性动机的作用并不是对立、矛盾的,而是既能互相补充,又能互相转化的。一般来说,激励当前学习活动主要靠近景性的直接动机。对于学习目标明确、自觉性高的学生来说,远景性的动机对其学习起着更巨大的激励作用。二者相互联系、相互补充,而且也只有二者密切结合,才能对大学生的学习形成巨大的推动作用。

(三)积极动机与消极动机

1.积极动机

积极动机是指进取向上,并想要为社会、为国家服务的那一类促使学生学习的动力,如有的学生希望成名成家,获得科学成就。积极的动机受积极的人生观支配,能让学生对学习产生动力,并产生积极的社会效果。

2.消极动机

消极动机就是萎靡颓废的动机,如有的学生学习只是为了能获得工作,使其不被社会淘汰,这种动机就属于消极的动机。这种动机只能起暂时的维持作用,在这种动机的推动下,学生更可能采取一些应付性的、肤浅性的、消极被动式的学习方法,在学习过程中,自我监控学习行为较少。

三、学习动机的特点

学习动机产生于对学习的需要,是受社会环境、教育过程和个体身心发展水平的影响而发展起来的,其主要具有以下几大特点。

(一)专业性

随着年级的升高,学生学习动机的专业化程度越来越高,学生对所学专业的了解日益加深,逐渐认识到所学专业的作用,对自己所学专业的喜爱逐年加深,职业化的学习动机开始逐渐巩固。

(二)多元性

学习动机的多元性主要体现在以下四个方面。

1. 自我实现和自我提高的学习动机

持这类学习动机的学生多是为了满足荣誉感、自尊心、自信心、求知欲等而学习。

2. 报答性和附属性学习动机

持这类学习动机的学生多是为了报答父母的养育之恩,为了不辜负老师的教诲,为了取得其他同学的认可和获得朋友的支持等而学习。

3. 谋求职业和保证生活的学习动机

持这类学习动机的学生多是为了获得一个理想的职业和高回报的收入而学习。

4. 事业成就的学习动机

持这类学习动机的学生多是希望自己在专业上有所建树,希望自己能对社会有所贡献,深具使命感、责任感和义务感。

此外,在同一个学生身上,其学习动机也是多种多样的,而不是受其中单一的动机所支配,但它们有主有从。

四、学习动机的变化规律

学习动机的变化同人的所有心理活动一样,具有一定的规律性。如果人们在学习中自觉地遵循这些规律,便有助于改善学习行为,提高学习效率。

(一)学习动机是由多种内部心理因素转化而来的

在学习活动中,很多内部心理因素都可以转化成为学习动机,如好奇心、求知欲、兴趣、情感、自尊心、自信心、好胜心、对学习的需要等。例如,一个学生对某门学科有浓厚的兴趣,他就会乐此不疲地学习这门学科,从而形成较为浓厚的学习动机。这种由内部心理因素转化而来的学习动机也被称为内部学习动机,它对个体的学习活动会产生较大影响,且影响时间也较长,因此在学习活动中,要想促进学生学习动机的产生,就需要在学习过程中有意识地培养学生的内部学习动机,即培养那些能直接转化为内部学习动机的有关心理因素,如学习需要、学习兴趣、学习热情、学习的责任感和好胜心等。

需要指出的是,除了内部心理因素之外,外部客观条件也可以激发学习动机的产生,这些因素,既可以是简单的物体,如食物、饮料、物品、金钱等,也可以是复杂的事件和情境,如名誉、威望、竞赛、评优等。从这一层面来说,这些可以激发学习动机的外部客观条件也就是吸引、激励、诱发学生,形成相应的学习动机的条件,而这类条件对学习活动的影响较小,影响时间也较为短暂,一旦"时过境迁",被其所激发起来的外部学习动机也就会"灰飞烟灭"。因此,在学习活动中,要有目的地为学生创设某些有助于诱导和激发学习动机的条件,以促进学生学习动机的产生与发展。

(二)内部学习动机与外部学习动机可以相互交替和转化

内部学习动机与外部学习动机在一定条件下是可以相互转化与交替的。例如,当一个学生在获得某种奖励(外部客观因素)的推动下进行学习时,渐渐地对学习产生了兴趣、热情或责任感,更加积极主动的学习,并逐渐对学习产生了兴趣,这样外部学习动机便转化为内部学习动机。再如,一个学生本身对某一知识有一定兴趣,在这种情况下,有关这一知识的某些比赛便可以推动该学生对这一知识的深入学习与探索,这样内部学习动机便与外部学习动机进行了转化。可以说,在学习活动中,有时是外部学习动机起作用,有时是内部学习动机起作用,两者轮流交替、相互转化,贯穿于学习活动的全过程,直至达到既定的学习目的。

(三)学习动机只有在个体处于最佳水平时才有利于学习效率的提高

理论上来说,学习动机越强,对学习活动的影响越大,学习的积极性和效率也越高。然而实际情况却并非如此。如果学生的学习动机过强,则有可能导致学习效率的下降。例如,一个学生由于上大学的动机过于强烈,以致一进入考场便因情绪紧张而产生"怯场"心理,降低了记忆和思维效率,连平时较为熟悉的题目都回答不出来。而如果一个学生的学习动机过弱,也会导致学习效率的下降。例如,一个学生对学习根本不感兴趣,对考试也抱着无所谓的态度,在这种情况下,他的学习效率也不会太高。

(四)学习动机可以迁移

学习动机是可以迁移的,即可以把其他活动动机转移到学习上来,或者把对这一科目的学习动机转移到另一科目的学习中去。例如,有的学生缺乏学习动机,但却十分喜欢玩游戏,那么教师便可以利用游戏与学习的联系,把他对游戏的动机转移到学习上来。

在学习中,有效地利用学习动机迁移的规律大致可以从以下四个方面入手。

第一,分析现有动机,看它是否正确、合理。

第二,找出"相同因素",即找出现有动机与将要形成的学习动机有哪些相同的地方。

第三,强化"相同因素",学习动机的转移不可能一蹴而就,必须加以强化才能达到目的。

第四,导向新的学习,即把强化后的有利因素与新的学习活动联系在一起。

这四个步骤是紧密联系的,如果能一气呵成,其效果往往会更理想。

五、培养适当水平的学习动机

要想培养学生适当水平的学习动机,应该从以下几方面入手。

(一)培养学习兴趣

兴趣是最好的老师,可以激发学生的学习热情,使其明确学习的方向,获得学习的成就。学生一旦对某学科产生浓厚的兴趣,就会以积极的情绪去探究和探索它,就会产生强烈的求知欲望,充分挖掘自己的学习潜能。

1. 寻找学习兴趣

寻找兴趣,确定自己的中心兴趣,这样才能保证学习的针对性和有效性。寻找兴趣点的最好方法是开拓自己的视野,接触众多领域。学生应当更好地把握在校时间,充分利用学校的资源,通过使用图书馆、旁听课程、搜索网络、听讲座、勤工俭学、参加社团活动、与朋友交流、使用电子邮件和电子论坛等不同方式,接触更多的工作类型和更多的专家学者,通过开阔视野和接触尝试找到自己的兴趣。

2. 迁移已有兴趣

兴趣迁移法是利用我们对某些科目的兴趣来带动不感兴趣的科目的方法。相信每位同学都有自己相对感兴趣的方面,在训练兴趣迁移时,可以做好以下三个方面。

第一,问自己是否愿意把这门课学好,并用肯定的语言来回答,比如"我一定能学好物理""我肯定可以理解这篇英语文章"。这样反复默念,给自己积极的暗示。

第二,告诉自己这门课的重要意义。

第三,将学习自己喜欢科目的愉快心态迁移到不喜欢的科目上,让自己在学习该科目时也有一种轻松和愉快的心情。

3. 增强自信心

许多同学正是缺乏学好某门课的信心,产生了畏惧心理,丧失了兴趣。所以要建立起学习的兴趣,可以从增强自信心入手。回忆自己曾获得成功的事情,努力回味那种成就感,以获得对学习的兴趣。尽量想愉快的事情,令人愉快的事物能够激发兴趣。让自己知道每天都在超越昨天,树立起"每天多做一点,就是成功的开始"的信念。

(二)正确归因

正确的归因不仅能使学生端正学习态度,激励学生通过努力不断提高自己,而且还会使学生产生愉快的情绪体验,积极地看待学习中的成与败。

1. 了解自己的归因倾向

成功或失败的学习体验会影响后继的学习动机,但是体验对学习动机的影响不是绝对的,关键是要学会对成功或失败进行合理归因。在面临成功或失败时,学生可能会把它们归因于内部因素的作用,如能力或努力等;也可能认为是由外部因素造成的,如任务难度、别人的作用或运气等。对失败的归因方式,一种是认为失败的原因是内部产生的,而且认为造成这种结果的因素是稳定的和不可改变的,如"我没能力学好这门课";另一种则把失败看作外部因素的结果,如"考试不公平",或将其看作是不稳定的或可变化的特定时间的结果,如"如果我下次更加努力的话,我就会做得更好"等。

2. 进行积极归因训练

积极归因因素是指把学习成功归为自己的努力、端正的态度和正确学习方法的运用;而把失败归于自己努力不够、学习方法不正确,而不是缺乏能力,更不是社会和教师的因素。积极归因可以通过两种方法来实现:一是观察成功的榜样——观察周围成绩优秀的同学努力学习的过程和日常学习的安排,使自己明白出色的成绩是建立在不懈的努力和不服输的意志基础上的,以此来鼓励和调动自己学习的积极性;二是获得成功的体验——从基础知识、简单的内容开始学习,当对基本的知识能够应对自如之后,成功的喜悦会把学生带进快乐的天堂。

(三)合理设置目标

目标对动机起着引导、激发和维持作用。学生可以根据当前社会对人才的要求以及自己的实际需要来制定自己的目标,具体要做到以下几点。

第一,对自己有比较正确的认识。每个学生只有在充分了解自己的智力水平、学习风格、个性特征、情感特征的基础上,才能建立正确的自我概念,才能清晰地明确自己的学习目标。

第二,从实际出发。目标定位要准确,太高的目标难以激发学习热情和学习动力,得不到自己和他人的认同;太低的目标则容易影响自己的自信心和自我评价的能力。

第三,突出重点。所谓重点,一是指专业知识体系中的重要学习内容;二是指自己学习中的弱势学科;三是指自己觉得应该列入重点的学习目标。

第四,具体化。学生应该具备将大目标分解为具体目标的能力,如具体的课程、内容、时间和要求等。目标越具体,越容易获得信息反馈,越便于对照检查和调整修订。

第五,排除困难和干扰。明确学习目标后,就要为目标的实现努力。为了实现学习目标,要排除一切困难和干扰。

总之,目标是学习的方向和动力,是制定学习计划的依据,是评价学习效果的标准。

(四)通过积极创设问题情境促使学生产生学习动机

学习动机的激发是指在一定教学情境下,利用一定的诱因,使学习需要由潜在状态变为活动状态,让学生产生学习积极性。这就需要教师根据学习任务与学生已有知识经验的适合度来创设问题情境,以情境激发学生的求知欲望,通过解决问题,使其求知需要得到一定的满足,强化其求知兴趣,进而转化为探求更多新知识的动机。创设问题情境时,应注意以下几点。

第一,教师要充分了解学生已有的认知结构状态,问题情境要适合学生已有的认知结构和智力水平,遵循由表及里、由简到繁、由易到难的原则,以便使新的学习内容与学生现有的发展水平之间有一个适当提升的跨度。

第二,教师要熟悉教材,掌握教材的结构,了解新旧知识之间的内在联系,创设的情境要能体现教材和实践相结合的原则。

第三,教师可以采取多种创设情境的方式。一般来说,创设情境的方式有很多,既可以用教师设问的方式提出,也可用作业的方式提出;既可以从新旧教材的联系方面引入,也可以从学生的日常经验引入。

第四,问题情境的呈现可以贯穿在教学的整个进程中,以教师提问、学生作业、课堂教学、课外活动等多样化的形式进行。

(五)以新颖的学习内容和丰富多样的学习方法激发和培养学生的学习动机

新奇的东西能激发人的兴趣,引起学生的探究欲望,教学内容的不断更新,可以引起学生新的探究活动,从而可能在此基础上产生更高水平的求知欲。在此过程中,考虑到教学内容毕竟要通过教师组织一定的教学形式和方法才能为学生所接受,作为教学内容载体的教学形式和方法的艺术性便是激发学生学习动机的一种有效的方法。有些教学内容生动有趣,有些则枯燥无味。生动有趣的教学内容可能会在死板单一的教学方式中失去对学生的吸引力,而单调无趣的教学内容常会在花样翻新的教学方式中唤起学生的热情。因此,在教育教学活动中,教师应在保证教学内容新颖性的前提下,采用灵活多样的教学方法来增强学生的内部动机。而在运用这种方法时,应注意避免两种倾向。

第一,避免形式主义。必须从学生已有的知识基础和接受能力出发,并考虑学生的心理发展水平,采用的教材和教学方法应使学生在经过努力后能顺利完成学习任务。

第二,避免兴趣主义。如果脱离教材内容单纯从个人兴趣出发,就会使学习有所偏废,从而影响基础知识和基本技能的掌握。

(六)利用原有动机的迁移,使学生产生学习的需要

一般来说,任何一个班级,总会有一些学生学习目的不明确,认识不到学习的重要意义,对学习持冷漠态度,学习不好,体验不到满足学习需要的愉快情绪。有经验的教师只要仔细地观察,就不难发现这些学生都有其各自的优点和长处。例如,他们对体育运动、课外兴趣小组、文娱表演等活动表现出相当高的积极性和浓厚的兴趣。教师可以想办法组织学生参加不同类型的活动,引导他们把从事这些活动所感受到的乐趣转化为进行学习的需要。这是一种培养学生学习动机的有效手段。当然,不同年龄阶段的学生具有不同的特点,教师在创造条件并引导学生把活动的兴趣转移到学习上来时要考虑学生的年龄差异,根据不同年龄阶段学生的特点有针对性地进行。

(七)适当地开展竞赛活动

竞赛被认为是有助于提高工作效率、克服困难、完成任务的强烈诱因。这是因为学生在竞赛过程中，获得成就和声誉的动机表现得更为强烈，学习兴趣和克服困难的毅力增强，使学习积极性得到充分发挥。通过竞赛活动，学生的成就动机会更加强烈，学习兴趣和学习毅力也会有所增强。但是，竞赛也可能产生某种竞争心理，竞争者在竞争中取得的优秀成绩往往是以高度的紧张为前提的，获胜者受到鼓励，失败者会焦虑不安并承受一定的心理压力。为了保证竞赛对动机的激发与培养产生积极作用，避免不良后果，应该注意合理安排和实施竞赛，具体应注意以下几方面。

第一，加强对竞赛的宣扬教育工作，提倡"友谊第一，比赛第二"，同时制定必要的规则防止弄虚作假。

第二，竞赛内容不要单一化，可以在学校生活的各个方面开展竞赛，以培养学生广泛的兴趣。

第三，不宜过多地进行竞赛，频繁的竞赛活动会使其对动机的激励作用削弱，也会使学生负担过重。

第四，鼓励学生自我竞赛，让学生从自己现在的进步中获取动力，争取这次成绩比上次好，今年成绩比去年好，这同样可以起到激励的作用。

第五，组织学习竞赛时，可按学生能力设高、中、低不同水平的竞赛组别，或组织单项竞赛，使不同能力水平的学生都有获胜的机会，从而增强他们的信心。

第三节　多样化的学习策略探索

学习策略综合了学习过程中信息加工的方式、方法和调控技能，是指在学习过程中，学习者为了达到有效学习的目的而采用的规则、方法、技巧及其调控方法的总和，并且能够根据学习情境的各种变量、变量间的关系及其变化，有效调控学习活动和学习方法的选择。学习策略的种类多种多样，在现实中比较常用的主要是以下几种。

一、认知策略

认知策略是加工信息的一些方法和技术，这些方法和技术能使信息较为有效地从记忆中存取。认知策略可以分为复述策略、精细加工策略和组织策略三种。这三种策略针对不同的学习任务,具有重要的现实意义。

(一)复述策略

复述策略是指"为了在工作记忆中保持信息,运用内部语言在大脑中多次重现学习材料或刺激,以便将注意力维持在学习材料之上的策略"[①]。其主要是为了促进陈述性知识的学习,它的获得在个体记忆发展中发挥着至关重要的作用。复述策略在实施中又可以进行以下分类。

1. 从复述时间安排来看

从复述时间安排来看,复述策略主要包括限时复述、及时复述、分散复述。

(1)限时复述

限时复述是从结束复述的时间上安排的,它主要应用于临时需要记住大量材料的场合。当对复述任务完成的时间进行限定时,能够使个体产生一定的紧迫感,有利于大脑机能的充分调动,增强复述的效果。

(2)及时复述

及时复述是从开始复述的时间上安排的,及时复述要求对识记过的信息及时进行复述,这样才能取得更好的效果。

(3)分散复述

分散复述就是将集中的一段时间分为若干小段时间,每隔一段时间复述几次,其效果比集中复述更好。分散复述是从复述时间的集中度上安排的,对要复述的信息应注意分散复述。由于消退、干扰等各种原因,学习的材料会随着时间的推移而出现不同程度的遗忘,这就需要采用分散复述来保持对学习材料的记忆效果。

2. 从复述方法的选用来看

从复述方法的选用来看,复述策略主要有以下几种。

(1)试图回忆式复述

试图回忆式复述也叫尝试背诵,这是从尝试背诵的时间上安排的,不是等复述到纯熟时才开始背诵,而是稍加复述便尝试背诵,背不出再复述,复述了再尝试背诵,如此交替,直到成诵。这种方法能够有效地提高注意的集中程度,使之有效地指向自己未掌握的部分,并有助于更好地发挥复述过程中的自我监控作用,大大优化效果。

---

① 黄正夫.教育心理学[M].北京:北京师范大学出版社,2011:145.

(2)整体与部分相结合的复述

整体与部分相结合的复述是从复述对象的整体性上安排的,应注意使整体复述与部分复述相结合,即将复述的内容先分解为几部分分别复述,然后再联系起来整体复述。当复述材料较长时,采用这种方法能取得更佳的效果。

(3)多种感官协同复述

多种感官协同复述是从复述的感官通道上安排的,要尽可能采用多种感官通道同时启用的方式复述,即在进行复述时,可一边用嘴说,一边用手写或画,还可以一边在脑海中再现视觉图像和声音等。多种感官的参与有助于提高复述效果。

(4)多种形式复述

多种形式复述是从复述的形式上安排的,宜采取多种形式相结合的复述,如同时利用看图说话、情景再现、角色扮演等方式复述同一材料。这样可避免单一形式所导致的单调、厌烦感,有利于调动个体复述的积极性,也利于多角度理解复述内容。

(5)反复实践

反复实践是对知识的最好复述形式。每个人都知道在做中学,科学研究也证明了这一认识。在学习完成各种任务时,让个体亲自完成这些任务,要比让个体只是看说明书或者看老师完成这一任务重要得多。因此,要善于在不同的情境下反复应用所学的知识,以便加深对知识的理解。

(二)精细加工策略

精细加工策略是指一种将新学的材料与头脑中已有知识联系起来从而增加新信息的意义的深层加工策略。它是一种理解性的记忆策略,与复述策略结合使用能够显著提高记忆效果。常用的精细加工策略主要有以下几种。

1.记笔记

记笔记是在阅读和听讲中普遍运用的一种精细加工策略。记笔记在学生学习过程中有着重要的作用,具体表现为以下几点。

第一,能够使学生保持注意力,专心听教师讲课。

第二,有助于学生对知识的记忆。

第三,为日后的学习和复习考试提供了方便。

第四,可以建立所学知识的框架,促进对新知识的精细加工和整合。

记笔记的方式和目的在很大程度上决定了学习效果。逐字逐句地做笔记是对材料一字一句的编码;做总结性笔记能增强对材料的再组织和整合能力;用自己的话做笔记可能会使笔记适合自己的知识体系。

需要指出的是,并不是所有的学生都能从做笔记中受益,对学习能力较低的小学生和处理听觉信息有困难的学生,他们更需要集中注意力听讲,做笔记的效果一般不好。

2.画线法

画线是学生常用的一种精细加工策略,能够使学生快速找到和复习课文中的重要信息。需要强调的是,学生应谨慎使用画线,并且只画出重要的信息,因为画出无关信息将降低对重要材料的记忆。在画线的旁边注释可能是一种更为有用的方法,具体包括以下几点。

(1)标示

标示,即用线条标明学习材料中的重要内容。具体包括圈出不知道的词,标明定义,标明例子,列出观点原因或事件序号,在重要的段落前面加上星号等。

(2)释义

释义,即对画线部分进行解释或注解。具体包括作注释,如检查上文中的定义;画箭头表明关系;注上评论,记下不同点和相似点;标出总结性陈述。

3.记忆术

记忆术也称记忆技巧,是指辅助记忆的方法。学生常用的记忆术主要包括以下几种。

(1)缩简编歌诀

缩简就是将识记材料的每条内容简化成一个关键性的字,然后变成自己所熟悉的事物,从而将材料与现实经验联系起来。在缩简材料编成歌诀时,需要加入自己的思考,自己创造的东西印象深刻。歌诀应力求精练准确,富有韵律。

(2)位置记忆法

学生在使用位置记忆法时,首先要在头脑中创建一幅熟悉的场景,在这个场景中确定一条明确的路线,在这条路线上确定一些特定的点。然后将所要记的项目全都视觉化,并按一定的顺序将这条路线上的各个点联系起来。回忆时,按这条路线上的各个点提取所记的项目。这种方法对于记忆有顺序的系列项目非常有效。

(3)谐音联想法

谐音联想法是通过读音的相近或相同将所记内容与已经掌握的内容联系起来进行记忆。例如,李渊618年建立唐朝,可借助谐音联想为:"李渊见糖(建唐)搂一把(618)"。

(4)关键词法

关键词法的一般做法是先选择一个发音与外语生词类似的母语词(最好是具体名词),然后利用想象或一个句子,将外语单词的意义与母语词联系起来,以帮助记忆外语单词。例如,学习英语中的"gas"(煤气)一词时,先选择与之发音相似的汉语词"该死"为关键词,然后想象"煤气中毒死人",从而使关键词"该死"与"gas"的词义建立联系。关键词记忆法对那些有数学特长或言语特长的人尤其有效。

4. 提问

提问是一种对学生学习课文、讲演以及其他信息非常有帮助的策略。学生在学习时要时常对自己的学习情况进行评估。在活动中,自己和自己谈话,自己问自己或同学彼此之间相互提问,学习效果会非常好。在介绍教学材料之前提问,有助于学生掌握与问题有关的信息,但不利于学习与问题无关的信息。解决这一问题的最好方法就是,要提与所有重要信息有关的问题。口头复述而非重复课本的提问,可帮助学生学习课本内容的意义,而并非简单地记住课本。

5. 将背景知识与实际相联系

背景知识在精细加工过程中发挥着重要的作用。因为存储在长时记忆中的原有知识、技能是学习新内容重要的内部条件。事实上,背景知识比一般学习能力更能使我们预测出学生能学会多少。因此,教师一定要把新的学习和学生已有的背景知识联系起来,并要能联系实际生活,不仅要帮助他们理解这些信息的意义,而且要帮助他们感觉到这些信息是有用的。

6. 生成性学习策略

生成性学习策略就是要训练学生对他们所阅读的东西产生一个类比或表象,以加强其深层理解。这一策略是指要教给学生一些具体的加工新信息的方法,强调对学习进行积极加工,而不只是简单记录和记忆信息。这种方法就是需要学生做到:积极地加工产生课文中没有的句子;加工与课文中某几句重要信息相关的句子;用自己的话组成的句子。

(三)组织策略

组织策略是"整合所学新知识之间、新旧知识之间的内在联系,形成新的知识结构的策略"①。具体来说,常用的组织策略主要有以下几种。

1. 画表格

通过画各种表格对学习内容进行组织是常用的学习策略。常用的表格包括一览表和双向图。在画一览表时,首先要对材料进行全面的综合分析,然后抽取主要信息,并从某一角度出发,将这些信息全部陈列出来,力求反映材料的整体面貌。双向图是从纵横两个维度罗列材料中的主要信息,层次结构图和流程图都可以衍变成双向图。

2. 列提纲

列提纲是以简要的语词写下主要和次要的观点,也就是以金字塔的形式组织材料的要点,每一具体的细节都包含在高一级水平的类别之下。列提纲时,要先对材料进行系统的分析、归纳和总结,然后用简要的语词,按材料中的逻辑关系,写下主要和次要观点。所列出的提纲要具有概括性和条理性,但其效果取决于学习者是如何使用它的。在教授学生列提纲的技能时,教师可采用以下三种支架逐渐撤出的方式,逐步对学生进行训练。

第一,提供一个几乎完整的提纲,需要学生听课或阅读时填写一些支持性的细节。

第二,提供一个只有主题的提纲,要求学生填写所有的支持性细节。

第三,提供一个只有支持性细节,而要求填写主要观点的提纲。

教师也可以采用另一种方式进行训练。

第一,向学生传授列提纲的技巧。

第二,要求学生独立列提纲。

第三,老师提供自己事先列好的"样板"提纲。

第四,通过对比分析,说明学生的提纲哪些地方不如样板好,应如何改进。

3. 做结构网络图

在做结构网络图时,应先识别主要知识点,然后识别这些知识点之间的关系,再用适当的图解来标明这些知识点之间的内在联系。概括来说,结构

---

① 陈琦,刘儒德.当代教育心理学[M].2版.北京:北京师范大学出版社,2007:381.

网络图主要有以下几种。

(1)流程图

流程图可用来表现步骤、事件和阶段的顺序,一般是以时间或事件的先后为参照的。画流程图时,一般是从左向右展开,用箭头把各步连接起来。

(2)层次结构图

层次结构图是学完一科知识或某一单元内容后,对学习材料进行归类整理,将主要信息归成不同水平或不同部分,然后形成的一个系统结构图。复杂的信息一旦被整理成一个金字塔式的层次结构,就很容易理解和记忆。在金字塔结构里,较具体的概念要放在较抽象概念之下。

(3)模式图

模式图就是利用图解的方式来说明在某个过程中各要素之间是如何相互联系的。模型示意图是用简图表示事物的位置(静态关系),以及各部分的操作过程(动态关系)。

(4)网络关系图

网络关系图又称概念图,对各种观点是如何相互联系进行图解。做关系图时,首先找出课中的主要观点,然后找出次要的观点或支持主要观点的部分,接着标出这些部分,并将次要的观点和主要的观点联系起来。在关系图中,主要观点图位于正中,支持性的观点位于主要观点的周围。

总之,结构网络图比列提纲更简明、更形象,更能体现上下层次之外的各种复杂关系(如因果关系等)。

二、元认知策略

元认知知识是对有效完成任务所需的技能、策略及其来源的意识,即知道做什么,是在完成任务之前的一种认识。元认知知识主要包括三个方面,即对个人作为学习者的认识,对任务的认识以及对其他有关学习策略及其使用方面的认识。具体来说,常见的元认知策略主要有以下几种。

(一)计划策略

计划策略是根据认知活动的特定目标,在一项认知活动之前计划各种活动,预计结果,选择策略,想出各种解决问题的方法,并预估其有效性。包括设置学习目标、浏览阅读材料、产生待回答的问题以及分析如何完成学习任务。成功的学习者并不只是被动地听课、做笔记和等待老师布置作业。他们会预测完成作业需要多长时间,在做作业前将各种相关知识融会贯通,在考试前复习笔记,在必要时组成学习小组,等等。通过这些设定的计划,学习者对自己的学习过程进行监控,经常对学习过程与原先的计划设想进行比较,及时发现问题并进行调整。以复习计划的制定为例,计划策略的制定应做到以下几点。

制定复习计划前,首先要了解以下内容:在诸多学科中,你的强弱项是什么;每一学科的薄弱环节在哪儿;各学科在考试中的地位如何;一天中在相应时间里你学习效果最好的学习任务是哪种等。可以拿出一张纸,将这些分析记录下来,然后开始制定长期计划。长期计划的第一个任务是安排各学科的主要复习时间段。数学、物理、化学等重在推理的学科,因其理解性强于记忆性,应主要置于复习的中前期;语文、历史等记忆性强于理解性的学科,则可安排在复习的中后期。长期计划的第二个任务是找出知识体系中的薄弱环节,进行重点突破。必须注意,每一个时间段最好设定一个突破口。

长期计划必须要通过一个个短期计划来完成。在制定短期计划时应注意以下两点。

第一,要保持各学科均衡复习,不要整天都复习自己喜欢的功课。

第二,制定的计划要符合实际。

可以在每周末将下一周的计划安排好,每天晚上将当天完成的项目划掉,将明天的计划安排好,这样便于考虑实际的复习进度。

(二)监控策略

监控策略是在认知活动的实际过程中,根据认知目标及时评价、反馈自己认知活动的结果与不足,正确估计自己达到认知目标的程度、水平,并且根据有效性标准评价各种认知行动和策略的效果。常用的监控策略有领会监控和集中注意两种。

1. 领会监控

领会监控就是一种具体的监控策略,指学习者头脑中有明确的领会目标,在整个学习过程中始终注重实现这个目标,根据这个目标监控学习过程,包括寻找重要细节、找出要点等。相关研究表明,许多学生都缺乏这种领会监控能力,例如,在阅读时他们只是机械地采取再读,或者无止境地记笔记来阅读,却不得要领。为了帮助这类学生,德文(Devine,1987)通过研究,提出了提高领会监控策略的方法,主要包括以下几点。

第一,变化阅读的速度,以适应对不同课文领会要求上的差异。对于比较容易的章节快速阅读,抓住作者的整体观点;对于较难的章节,则放慢速度。

第二,容忍模糊。如果某些陈述不太明白,要继续读下去,不要中止,作者可能会在后面对此加以补充说明。

第三,猜测。当不太理解某些内容时,要养成猜测的习惯,猜测其含义,并且读下去看看自己的猜测是否正确。

第四,重读较难的段落。尤其是当信息仿佛自相矛盾或模棱两可时,运用重读往往是最有效的。

2. 集中注意

集中注意是指学习者在学习过程中对自己的注意或行为进行自我管理与自我调节,如注意自己此刻正在做什么,如何避免接触能分散注意力的事物,如何抑制分心等。一些研究表明,学生能够利用现有的或先前已经习得的认知策略来控制自己对阅读材料的注意。也就是说,学生正在使用某种控制过程来引导自己的注意,并有选择地去知觉他们所读的内容。

(三)调节策略

调节策略是根据对认知活动结果的检查,如发现问题,则采取相应的补救措施,根据对认知策略的效果检查,及时修正、调整认知策略。调节策略与策略监控有关。策略监控就是一种调节策略,它与领会监控不同,策略监控主要是学习者对自己应用策略的情况进行监控,保证该策略在学习过程中得以有效运用。使用策略监控的具体做法很多,最常用的方法是学生自我提问法。学习者起初要借助问题单不断自我提醒,当熟练后则可以自动化地进行,实现有效的策略监控。

调节策略主要包括根据学习情境的特点,激活相应的学习方法;根据学习情境变化,及时调节学习方法的使用;根据学习的效果,客观地评价自己的学习活动和学习方法的实用性,并把对学习效果的评价作为改进自己学习的重要手段。

三、资源管理策略

资源管理策略就是学生对可用的学习环境和资源进行合理管理的策略,有助于学生适应环境并调节环境来适应自己的需要,对学生的动机具有重要的作用。概括来说,资源管理策略主要包括以下几种。

(一)时间管理策略

对于学生而言,时间是一种非常宝贵的学习资源,高效地利用学习时间能够提高学生的学习效率,增强学生的学习自信心。主要可采用以下几种方法对时间进行有效管理。

1. 充分利用最佳时间

不同时间的学习效果也是不一样的,因此,一定要充分利用最佳时间进行学习,做到以下几点。

第一,要根据自己的生物钟、生物节律对学习活动进行安排。
第二,要根据一周内学习效率的变化对学习活动进行安排。
第三,要根据一天内学习效率的变化对学习活动进行安排。
第四,根据自己的工作曲线对学习活动进行安排。

根据学习内容的性质、难度的不同,将其安排在不同的时间里交叉进行,如在一天的学习或复习中可先安排学习数学,学一段时间以后安排学习语文或外语,然后再学习物理或化学,这样既可以减少疲劳,也可以减少学习内容之间的干扰。

随着学习的进行,人的精神状态和注意力会发生明显的变化。一般来说,主要存在三种变化模式:先高后低;中间高两头低;先低后高。每个人要根据自己的模式安排学习内容,确保状态最佳时学习最重要的内容,提高单位时间的利用率。

2. 统筹安排学习时间

时间是不可逆的,每个人都应当根据自己的学习总体目标,对时间做出总体安排,并通过阶段性的时间表来落实。学习的时间表既可以单独制定,也可以包含在学习计划中。对每一天的活动最好列出一张活动优先表来。

学习计划的有效实施通过充足的时间保证,对时间给予统筹管理,保证足够的时间用在所要掌握的学习内容上,这是制定和执行学习时间表应重点考虑的。也就是说,对不同的学科、学习内容在时间的安排上要进行具体的、有针对性的安排。计划制定以后,要严格执行,不要随意改变计划;在执行计划过程中,计划的调整应该是在进行过充分考虑的基础上有目的、有针对性地进行修改。

3. 灵活利用零碎时间

每天都会有一些零碎时间,如果不对其加以利用,这些时间就会浪费。在对这些零碎时间进行安排时,除了用在学习上之外,还可安排进行一些有意义的娱乐、体育活动。对零碎时间的利用也应在我们的计划之内。例如,可以利用零碎时间处理一些杂事;可以利用零碎时间读短篇文章、看报纸杂志或听新闻等,不断拓宽自己的知识面,或者背诵诗词和外文单词。此外,还可以积极与他人进行交流,发掘自身的创造性思维。

(二)学业求助策略

学业求助策略是指当学习者在学习过程中遇到困难时,向他人请求帮助的行为。一般来说,只有当问题和困难经过自己的努力后确实无法解决和克服时,才能考虑向他人寻求帮助。求助的对象可能来自现实世界中的人或物,如教师、家长和同学或者书本等;也可能来虚拟世界中的网络资源。个体可以根据问题的性质及现实情况选择有效的求助途径。在实际的学习生活中,有一部分学生在遇到自己无法独立解决的困难时,选择了回避求助,担心求助会让别人嘲笑,这不利于个体的发展。需要注意的是,他人的帮助如同课本一样,也是一种重要的学习资源,学业求助并不能说明自身缺乏能力,它是获取知识、增长能力的一种途径。

(三)学习环境的设置

学习环境在学生学习过程中有着重要的影响。环境可分为物理环境和心理环境,这里所说的环境设置主要是指物理环境。

在对学习环境进行设置时,要注意调节学习的自然条件,如流通的空气、适宜的温度、明亮的光线以及和谐的色彩等;要设计好学习的空间,如空间范围、室内布置、用具摆放等。此外,还要根据自己的学习习惯安排学习环境。喜欢单独学习的学生,在一个安静的环境下学习能提高学习效率;喜欢在图书馆、教室学习的学生,能够通过他人约束自己的行为。因此,在对学习环境进行设置时,应充分考虑每个人的学习特点和习惯。

(四)学习工具的利用

在信息高速发展的今天,学生应充分利用参考资料、工具书、图书馆、广播电视以及电脑网络等,及时获取有效的学习信息。这既是一种资源管理策略,也是现代社会对每一个学生学习的要求。需要强调的是,对学习工具的利用应该及时,当需要时就应该立即去查资料,这对于加深对学习内容的理解、记忆,增强学习的兴趣和对某些问题的进一步思考、探索都是非常重要的。

(五)人力资源的利用

在当前的基础教育改革中,我们倡导合作学习、讨论式学习、探究学习,就是要增强师生之间、学生与学生之间的信息交流,在交流中促进学生的知识建构。学生要善于利用老师的帮助以及同学间的合作与讨论,充分利用这些宝贵的资源。

第四节 学习迁移的有效促进

学习迁移是指"利用已有的知识经验解决问题,利用已有的知识经验获得新的知识、技能、态度、行为等的过程"[①]。

一、学习迁移的类型

根据不同的标准,可以将学习迁移划分为不同的类型,其中,常见的学习迁移分类主要有以下几种。

(一)根据学习迁移发生的自动化程度进行分类

根据学习迁移发生的自动化程度可以将其分为低路迁移和高路迁移两大类。

1. 低路迁移

低路迁移是指反复练习的技能自动化的迁移。通常来说,那些熟练的、能够在多种情境下使用的技能,最有可能发生低路迁移。但是,情境间的差异若是很大,低路迁移就可能受阻。

2. 高路迁移

高路迁移是指需要有意识地将某种情境中学到的知识应用于另一种情境中去的迁移。通常来说,要想发生高路迁移,必须要将抽象的知识具体化。只有这样,才能将其应用于另一种情境之中。

(二)根据学习迁移的程度进行分类

根据学习迁移的程度可以将其分为近迁移和远迁移两类。

---

① 付建中.教育心理学[M].北京:清华大学出版社,2010:138.

1. 近迁移

近迁移就是已习得的知识或技能在与原先学习情境相似的情境中加以运用。比如，学生学习了解决有关汽车路程问题的应用题后，能够利用时间、速度和路程之间的关系解决飞机、自行车、轮船或者步行等情境下的路程问题。

2. 远迁移

远迁移是指已习得的知识或技能在新的不相似情境中的运用。相比近迁移的形成过程和心理机制，远迁移要复杂得多。

(三)根据学习迁移的知识类型进行分类

根据学习迁移的知识类型可以将其分为四类：一是程序性知识向程序性知识的迁移；二是程序性知识向陈述性知识的迁移；三是陈述性知识向程序性知识的迁移；四是陈述性知识向陈述性知识的迁移。

学习迁移的这一分类方法，是由现代认知心理学家辛格莱与安德森提出的，而且，这种对学习迁移的分类方法基本上代表了人类知识学习中的迁移类型，是影响较大的一种迁移分类方法。

(四)根据学习迁移的方向进行分类

根据学习迁移的方向可以将其分为顺向迁移和逆向迁移两大类。

1. 顺向迁移

顺向迁移就是先前的学习对后续学习的影响。顺向迁移表现为学习者面临新的学习情景和问题情景时，利用原有的知识、技能等获得了新知识或解决了新问题。比如，学生学会了汉语拼音，就能更容易地学习汉字。

2. 逆向迁移

逆向迁移就是后续学习对先前学习的影响。逆向迁移表现为通过后面的学习对已经获得的知识技能等进行补充、改组或修正。比如学生学习了生物的概念后，就会使其原有的对动物、植物的概念发生变化。

(五)根据学习迁移的水平进行分类

根据学习迁移的水平可以将其分为横向迁移和纵向迁移两大类。

1.横向迁移

横向迁移又称"水平迁移",即已学到的知识和经验能够推广、应用到其他类似而且难度相近的情境中去。"触类旁通""举一反三"便属于典型的横向迁移。比如,学生在学习了加法的交换律后,就能更好地掌握乘法的交换律。

2.纵向迁移

纵向迁移又称"垂直迁移",即先前已掌握的基础性的概念有利于后续概念及原理的学习。比如,学生在学习了"角"的概念后,再学习"直角""锐角""钝角"等概念便会相对容易。

(六)根据学习迁移的内容进行分类

根据学习迁移的内容可以将其分为技能迁移、知识迁移、情感迁移和态度迁移四大类。

1.技能迁移

学生具有一定的跳舞基础,将对其学习体操产生促进作用,这就是技能迁移。

2.知识迁移

学生在掌握了加法后,将对其学习乘法产生促进作用,而乘法的掌握又反过来促进对加法的理解,这就是知识迁移。

3.情感迁移

学生在学习过程中对某一任课老师产生了感情后,会对其教学风格表现出发自内心的喜爱,这就是情感迁移。

4.态度迁移

学生在养成了认真学习的态度以后,做任何事情都能以认真的态度来对待,这就是态度迁移。

(七)根据学习迁移的范围进行分类

根据学习迁移的范围可以将其分为一般迁移和特殊迁移两大类。

1. 一般迁移

一般迁移是指迁移产生的原因不能明确,既可能是原理原则的迁移也可能是态度的迁移,既可能是由动机、注意等因素引起的,也可能是由学习的其他准备活动或学习方法、策略引起的。通常来说,一般迁移多适用于许多表面特征不同、但结构特征相同的情境。比如,学生在掌握了数学的基本概念和基本原理后,将会对其日后的物理、化学、计算机等学科知识的学习产生有利影响。

2. 特殊迁移

特殊迁移又称"具体迁移",就是某一领域或课题的学习对学习另一领域或课题所产生的影响。通常而言,动作技能的迁移大都属于特殊迁移。比如,学生学习了金属的热胀冷缩原理后,很容易掌握各种具体金属的这一特征。

(八)根据学习迁移的性质和结果进行分类

根据学习迁移的性质和结果可以将其分为正迁移、负迁移和零迁移三类。

1. 正迁移

正迁移就是一种学习对另外一种学习起促进作用,并有利于新知识的学习和掌握。正迁移是一种积极的学习迁移,即过去所学的知识和经验能促进新知识和经验的学习,同时新的学习也会进一步扩充已有的知识经验。正是在这种循环过程中,学生的知识和技能获得了不断发展。正迁移既可以存在于同一学科内的不同内容之间,如在语文学科中,掌握了阅读技能,将有助于写作技能的形成;也可以存在于不同学科之间,如学好了数学分析,就为物理的学习打好了重要基础;还可以存在于两种具体的学习活动中,如懂得英语的人很容易掌握法语等。此外,正迁移不仅仅发生在知识技能领域,方法的掌握、态度的形成等方面也会发生这种迁移。

2. 负迁移

负迁移就是一种学习对另一种学习起抑制或干扰作用,不利于对新知识和经验进行学习与掌握。负迁移是一种消极的学习迁移,即过去所学的知识和经验会阻碍新知识和经验的学习。负迁移常常发生在两种学习又相似又不相似的情境下,由学生认知混淆引起。而且,负迁移一旦发生,将会对学生的学习产生十分不利的影响。比如,我国学生在学会汉语拼音后,学习英文国际音标会受到一定的干扰;我国学生在学习英语时,会因受到太多汉语的影响而出现英语口语中国化的倾向等。

3.零迁移

零迁移又称"中性迁移",就是两种学习之间不发生相互影响,是一种介于正迁移和负迁移之间的状态。

在现实生活中,许多经验间都存在着各种直接或间接的关系,但由于多种原因,个体未能意识到经验间的内在联系,不能主动地进行迁移,使某些经验处于惰性状态,表现为零迁移。对于这一现象,必须要给予高度重视。

二、学习迁移的影响因素

在学习过程中,学习迁移是一个十分普遍的现象。不过,学习过程中的许多因素会对学习迁移产生直接或间接的影响。具体来说,影响学习迁移的因素主要有以下几个。

(一)认知结构

认知结构迁移理论已明确指出,认知结构会对学习迁移产生重要的影响。具体来说,认知结构的可利用性、辨别性和巩固性都会对学生学习新知识产生影响,并影响学生解决问题时提取已有知识经验的速度和准确性,继而影响学习迁移。因此,教师在教学中,要在学生牢固掌握了先前所学习的知识后,再转入下一阶段的学习。

(二)学习材料

学生在学习时,其学习的对象和知识的主要来源是学习材料,而且学习材料会对学习迁移产生重要的影响。在学习中,只有充分认识到学习材料之间的相同点,并对它们进行有效的辨别,才能够促进学习迁移的有效实现,并尽可能减少由于学习材料的相似性而带来的负迁移。

(三)定式作用

定式又称"心向",是先于一种活动而指向该活动的一种心理准备状态。定式从某种程度上来说,决定着人心理活动的倾向性。据相关研究表明,定式作用会对学习迁移产生重要的影响,而这种影响既可以是积极的,也可以是消极的。就积极影响来说,当学生解决问题的思路与定式一致时,会对问题的解决产生积极作用。比如,学生学习了完全平方公式和平方差公式以后,用它们来分解因式,解答有关分解因式的题目时便可以迅速实现迁移,提高解题的效率。就消极影响来说,当学生解决问题的思路与定式不一致时,定式就会产生干扰或拖累作用。因此,在实际的教学中,教师要注意促使学生形成有利于问题解决的学习定式,并帮助学生学会学习,将所形成的积极学习定式迁移到其他情境中去。

(四)认知技能和策略

学习迁移的发生,会深受学生的认知技能和策略的影响。这里所说的认知技能和策略,主要包括两方面的内容:一是分析概括的能力,分析概括的能力越强,概括的水平就越高,迁移的效果就越好;二是元认知策略,元认知即关于认知的认知,元认知策略的使用可以使学习者认识到学习的目的、要求、任务以及自己的能力、知识水平、学习风格等,从而自觉地选择、安排、使用最佳的学习方法,提高学习效果,促进学习迁移的有效实现。

(五)知识经验的概括水平

学习者已有的知识经验的概括水平,也会对其学习迁移产生重要的影响。这是因为在迁移过程中,学生必须根据已有的知识经验去辨别当前的新事物。如果已有知识经验的概括水平高,对事物的本质进行了有效反映,那么学生就能依据这些本质特征对新事物的本质进行解释,并将其纳入到已有的经验系统中去,这样迁移就顺利。反之,也会导致学习迁移出现困难甚至是错误。此外,学生已有知识经验的概括水平越高,对事物本质的把握就越深刻,学习迁移的范围就越广、迁移量就越大。

三、学习迁移的促进策略

学习迁移能力既是对学习者的学习效果进行衡量的重要标准,又是对教师的教学质量进行评价的重要依据。因此,教师在教学过程中积极促进学生实现学习迁移是十分重要的,而要促进学生实现学习迁移,教师可以借助于以下几个策略。

(一)重视对基础知识进行教学

由于基础知识总是包含某些一般原理,是知识结构中的骨干和联系知识的中心,具有普遍性和概括性。学生的基础知识掌握得越多、越牢固,越能容易地产生迁移。因此,教师在教学过程中,要特别注意对基本概念和原理等基础性知识的教学。教师在教学过程中进行基础知识教学时,还要特别注意以下两个方面。

第一,要积极强调基础知识的一般原理对其他知识的指导意义,突出教学内容的内在联系。

第二,要帮助学生理解所学的基础知识,使学生学会概括的方法,提高概括的水平以及对新旧知识之间的共同要素进行发现的能力。

(二)对教材进行科学编排与呈现

教材的知识结构是学生的认知结构得以产生的重要源泉。因此,科学地编排与呈现教材,对知识进行简化,将有助于知识迁移的实现。具体来说,在对教材进行科学编排与呈现时,要注意遵循以下几方面的要求。

1. 系统性

教材编排与呈现的系统性要求,指的是在知识的网络结构中,最具包容性的观念应处于这个层次结构的顶端,下面依次是包容范围较小的、越来越分化的观念。也就是说,要在编排与呈现教材时遵循由整体到细节的顺序。

2. 有序性

学生要实现学习迁移,一个重要的条件就是发现新旧知识之间的相同点。因此,在对教材进行编排与呈现时,尽可能要有合理的顺序,即在回忆旧知识的基础上引出新知识。据相关研究表明,最佳的教材序列要反映知识的逻辑结构,体现不断分化和融会贯通的原则,适合学生的认知发展水平。此外,在对教材进行呈现时,要注意遵循由浅到深、由易到难、从已知到未知的原则。

3. 概括性

在教材中,一定要包括有较高概括性、包容性和强有力解释效力的知识,如基本概念、原理和规则等。这些知识是教材的中心,学生在对这些知识进行深刻理解和领会的基础上,可以实现举一反三、触类旁通。

4. 实用性

在进行教材编排与呈现时,要充分考虑到内容的实用性,即学生通过学习后能经常运用这些知识。一般而言,知识的使用价值越高,学生进行迁移的范围就越广泛,迁移的效果也会越好。

(三)教会学生如何进行学习

这里所说的教会学生如何进行学习,主要包括以下两方面的内容。

1.教会学生一定的认知策略和元认知策略

相关研究证明,学生只有掌握良好的认知策略和元认知策略,才能促进有效学习迁移的实现。这是因为,学生只有掌握了一定的认知策略和元认知策略,才能明确在什么条件下迁移所学的内容是合适的,如何迁移所学的内容才能保证迁移的有效性。

2.教会学生与各门实际学科相结合的学习方法

对于学生来说,只有切实掌握了与各门实际学科相结合的学习方法,才能更好地进行各门学科的学习。比如,在生物学的教学中,教师要教会学生抓住内容的方法、看懂图表的方法、使用工具书的方法、观察生物体的方法、设计和实施生物实验的方法等。

(四)引导学生形成积极的心理定式

要想促使学生进行有效的学习迁移,教师在教学中必须要注意引导学生形成积极的心理定式。而在这一过程中,教师可以从以下两个方面着手。

1.引导学生具体而灵活地分析当前的学习情境

对于学生来说,如果缺乏对前后学习情境的全局知觉和对学习材料内在联系的领悟,那么有效的学习迁移是很难实现的。因此,教师在教学中,一定要注意提高学生对学习材料的意识性或敏感水平,尤其要通过语言提醒学生注意分析新旧知识之间存在的联系及区别,以及原有定式对新情境适用的程度,促使学生产生正迁移。

2.引导学生形成较高的意识水平和积极的情感态度

对于学生来说,如果缺乏信心、过度紧张、没有迁移愿望和迁移兴趣,那么想要有效实现学习迁移是十分困难的。因此,教师在教学中,一定要注意借助反馈、归因控制等方法对学生态度的指导,使其形成积极的态度,唤起和保持学生积极的情感,促使学生与同伴形成融洽的关系。只有这样,学生才能对自己学习能力、学习结果的认识形成一个情感的暗示状态,继而在良好的情绪和反应定式下实现学习的有效迁移。

(五)引导学生发现学习材料的相似性

两种学习之间要产生迁移,最为关键的是发现它们之间的一致性或相似性。因此,教师在教学过程中,必须要注意引导学生发现学习材料的相似性。

1. 学习材料相似性的内容

依据相关的研究,学习材料的相似性主要包括以下两方面的内容。

(1)表面特性相似

学习材料的表面特性相似,也就是学习材料中的某些具体的事例内容、学习情境中的环境因素等相似。

(2)结构特征相似

学习材料的结构特征相似,也就是学习材料的本质相似,具体如原理、规则或事件间的关系等相似。

2. 学习材料相似性的发现

由于在实际的学习中,知识之间的共同因素往往潜藏于内部。因此,学生要想发现学习材料的相似性,必须要具有一定的辨别能力。而学生辨别能力的培养,离不开教师的帮助,教师要给学生提供练习认识事物之间同一性或相似性,尤其是区分表面相似性与结构相似性的机会,使学生形成概括或归纳思维,使其善于发现事物的本质共同性。

(六)帮助学生不断对所学知识进行巩固

对于学生来说,只有不断对所学知识进行巩固,才能提高所学知识的稳定性。而学生所学知识的稳定性越高,原有的观念就会越稳固、越清晰,而这对于学生的学习迁移来说是十分有利的。比如,学生只有在真正理解并完全掌握了"分数"这个基本概念之后,才能搞清楚"成数""折扣"的概念。

(七)帮助学生形成良好的认知结构

教师在教学过程中,帮助学生形成良好的认知结构,也能促进其学习迁移的有效实现。而教师要实现这一目的,最为关键的是要搞好先行组织者的教学。而教师要想搞好先行组织者的教学,必须要特别注意以下几个方面。

1. 通过设计比较性的组织者来提高学生对新旧知识的可辨别性

心理学相关研究表明,对学生原有的知识按照一定的结构和层次进行有组织的加工,遇到新问题时就能迅速地找到新知识的抛锚点,区分出原有的观念系统与新学习内容的异同。因此,教师在教学过程中,要注意向学生提供一些比较性组织者,通过比较的方法,达到帮助学生对新旧知识的相同点与不同点进行有效区分的目的。

2. 通过设计陈述性组织者来提高学生原有知识的可利用性

在学生的原有认知结构中,是否存在适当的、概括程度高的和包摄性强的知识,将会对其学习迁移的发生产生重要且直接的影响。因此,教师在教学过程中,要注意提高学生知识的可利用性。为此,需要在呈现正式的学习材料前,先向学生提供一些比新的学习材料在抽象性、概括性和综合水平上都较高的陈述性组织者,便于使学生认知结构中已有的观念内容能跟新的学习材料产生清晰的关联,最终使学生形成日后可利用的在理解新的学习内容时所需要的能起固定作用的适当观念。

3. 要促使先行组织者的作用得到充分发挥

教师在进行先行组织者的教学时,只有确保先行组织者的作用得到充分发挥,才能保证教学效果的最佳化。为此,教师需要明确以下两点。

第一,先行组织者作用的发挥与学习材料本身的组织特点有着重要的关系,因此如果学习材料本身已有内在的组织者,且与原有知识有着较高的关联性,编排顺序是逐渐分化的,那么在教学中就没有必要再对先行组织者进行设计了。

第二,先行组织者要与学生已有的知识相关联,因而其必须是学生熟悉的,且能够较容易地被学生掌握。

(八)合理安排课外活动

课外活动的进行,是学生将课堂所学的知识迁移到实践的一个重要途径。因此,要促使学生实现有效的学习迁移,教师在教学中还要注意安排一定的课外活动。而教师在安排课外及活动时,要确保其能发挥出最大作用,需要特别注意以下几个方面。

第一,安排的课外活动要与课堂学习相配合,使课外学习能从课堂学习中获益,课堂学习也能从课外学习中得到启发,最大限度地实现学习迁移。

第二,课外活动的安排不应受课本的约束,要允许并鼓励学生有新的发现或扩展课堂学习内容。

第三,要引导学生将课外活动中所获得的经验及时类推或应用于课堂学习之中,使学生的课堂学习变得更为容易。

(九)提高学生的理解能力和概括能力

学生对知识理论原则的理解和概括化程度,对其学习迁移的产生有着重要的影响。因此,帮助启发学生对知识原则进行理解和概括,提高学生的理解和概括能力,会对其学习迁移产生积极的影响。而且,相关研究表明,学生的理解能力和概括能力越高,进行学习迁移的范围就越大。

教师在教学过程中要提高学生的理解能力和概括能力,必须要使学生真正意识到死记硬背的缺陷以及如何才能对所学知识进行真正理解,并注意培养学生良好的学习习惯,使其形成正确的学习态度与方法。

第四章 智力、创造力的发展与培养

　　智力和创造力是一个人个性化非常重要的表现,也是影响一个人学习的主要因素。因此,教育心理学领域对这两个因素的探究非常重视。个体的智力和创造力并不是天生的、一成不变的,它们随着个体身心的不断成熟、生活经验的积累和教育的影响会不断发生变化。所以,探讨智力、创造力的发展与培养是非常有意义的,对学生的学习和教师的教学都有很大的指导意义。

第一节　个体智力的发展与培养

一、智力的含义

　　智力是一种相当复杂的心理机能,人们至今也没有给它一个公认的较为统一的定义。所谓"仁者见仁,智者见智",学者们总是会给出不同的解释。例如,国外心理学家科尔文认为,智力是个人为了适应环境而进行学习的能力;韦克斯勒认为,智力是一个假设的结构,它是一个人有目的地行动,合理地思维,并有效地处理周围事物的整体能力;加德纳认为,智力是个体解决实际问题的能力,产生或创造出具有社会价值的有效产品的能力。近年来,我国的学者们总结前人经验,并经过相关研究,更多地认为智力是一种综合能力,而非单一能力。黄希庭教授认为,智力是个体顺利完成某种活动所必需的各种认知能力的有机结合,是个人有目的地行动、合理地思考、有效地应付环境的一种综合能力。儿童心理学家朱智贤教授认为,智力是一种综合的认识方面的心理特性,它主要包括感知记忆能力(特别是观察力)、抽象概括能力和创造力。其中,抽象概括能力主要包括想象能力,是智力的核心成分,创造力是智力的高级表现。林崇德教授把对思维结构研究的结果扩展到智力结构。他认为,智力本身是一个多侧面、多形态、多样性、多联系的结构。他根据自己多年的研究,建构了思维的心理结构模型,如图 4-1 所示。

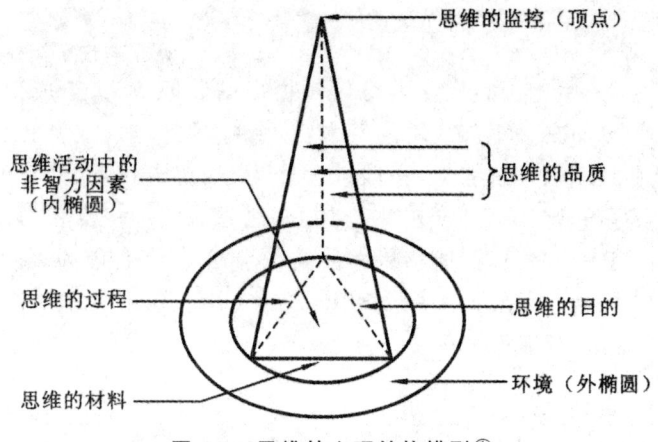

图 4-1 思维的心理结构模型[①]

综合上述来看,智力确实是一个复杂的概念,它不单单是适应能力,也不单单是认知能力,而是多种能力的综合,而思维是其最为核心的要素。

二、智力的相关理论

(一)传统智力理论

传统的智力理论主要指的是二因素论、组因素论、两分类论和三维结构论。

1. 二因素论

这一理论是英国心理学家斯皮尔曼在对心理测验材料进行统计分析的基础上于 1904 年提出的。他认为,智力由一个一般因素和一组特殊因素组成。人的所有智力活动,如掌握知识、制定计划、完成作业等,都依赖于一般因素,即每一项智力活动中都蕴含着这种一般因素。谁的一般因素数量高,他就聪明;如果一个人的一般因素极少,那他肯定愚笨。如果想界定一个人的智力高低,就应当想方设法测出他的一般因素数量。特殊因素代表个人的特殊能力,它只在某些特殊方面表现出来,主要包括口头能力、算数能力、机械能力、注意力和想象力。斯皮尔曼认为,一般因素和特殊因素互相联系,而一般因素是智力的关键和基础。智力测验的目的就是通过广泛取样以求得一般因素。

[①] 卢盛华,马一波,吕莉.教育心理学[M].武汉:华中科技大学出版社,2015:96.

2. 组因素论

这一理论是由美国心理学家瑟斯顿提出的。他认为，组成智力的基本能力不是一个，而是一组。人类的智力由七种主要因素(或者心理能力)组合而成，分别是词语理解能力、一般推理能力、语言流畅性、计算能力、记忆能力、空间关系和知觉速度。在此基础上，他还编制了一套智力测验，即基本心理能力测验。不过，测验结果和他的设想相反，各种能力之间都有不同程度的相关，尤其在年幼儿童中表现得更为突出。这就说明二因素论和组因素论并不是不可调和的。

3. 两分类论

美国心理测量学家卡特尔将智力分为流体智力和晶体智力两类。流体智力多半经由对空间关系的认知、机械式记忆、对事物判断反应的速度等方面表现出来，受先天遗传因素影响较大。晶体智力表现为对语文词汇及数理知识的记忆，受后天学习因素影响较大。

4. 三维结构论

美国心理学家吉尔福特于1959年提出了智力的三维结构论。他通过研究发现，所有智力活动都可分为操作、内容和结果三个维度，而每个维度又由一些有关因素组成。吉尔福特提出，智力的第一个维度是操作，即智力活动过程，它包括认知、记忆、发散性思维、集中性思维、评价五个因素；第二个维度是内容，即智力活动内容，它包括图形、符号、语义和行动四个因素；第三个维度是结果，也就是智力活动的产品，包括单元、类别、关系、系统、转换、含义六个因素，如图4-2所示。这样，智力便由 $4 \times 6 \times 5 = 120$ 种因素构成。

(二)现代智力理论

传统的智力理论是从结构论的观点来解释智力的，关注的是构成智力的成分和要素。现代智力理论则不同，其努力超越传统的因素分析的做法和心理测量的取向，从更为广泛的角度把智力视为一个复杂的系统。多元智力理论、三元智力理论和PASS智力理论是最具代表性的现代智力理论。

1. 多元智力理论

该理论是由加德纳于1983年首先提出并不断改进的。他认为，人类的智力应该至少包括八种不同的相对独立的类型，即言语智力、逻辑—数学智力、视觉—空间智力、音乐—节奏智力、肢体—动觉智力、人际交往智力、内省智力、关于自然的智力八种。每一种智力都是一个独立的功能系统,各个系统可以相互作用,产生整体的智力活动。加德纳的多元智力理论极大地拓展了传统智力含义,对差异性教育和教学有着重要的意义。

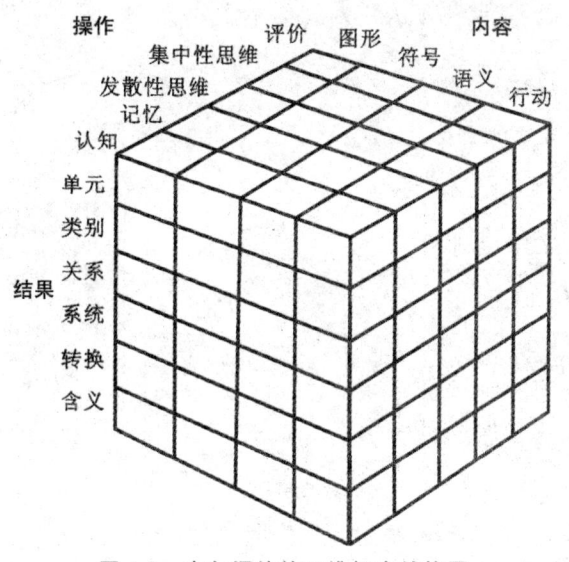

图 4-2 吉尔福特的三维智力结构图

2. 三元智力理论

这一理论是由斯滕伯格从信息加工的角度提出来的。他认为,智力有三个相互关联的方面——分析能力、创造能力和实践能力,每个方面都对应着不同的亚理论(图 4-3),分别是成分亚理论(个体对初级信息进行加工的能力)、经验亚理论(个体运用既有经验处理新问题时,统合不同观念而形成的顿悟或创造力)、情境亚理论(个体在日常生活中,运用学得的知识经验处理其日常事务、适应环境的能力)。很显然,斯滕伯格是把智力看作一套相互依存的加工过程。他从人的内部世界、外部世界及经验三个方面与智力的关系来阐述智力的结构,并集中强调了元成分(智力活动的高级管理成分,参与智力活动的计划、监控、资源分配、评价、策略选择等)在智力结构中的核心作用。

3. PASS 智力理论

这一理论是由加拿大心理学家戴斯提出的。他将信息加工理论、认知研究的新方法和传统的智力研究方法相结合,以大脑三级功能区学说为理论基础,提出了人类智能活动的三级认知功能系统的智力模型,即计划(plan)、注意(attention)、同时性加工(simultaneous)和继时性加工(successive)的模型,简称PASS智力模型。这一理论在认知加工心理学的框架内,从动态层面深入分析了智力活动的内在过程,认为应该把智力视为一个完整的认知活动系统,智力的差异也表现在认知过程的差异上。这显然是智力理论的一次突出发展,其深化了人们对智力本质的认识。

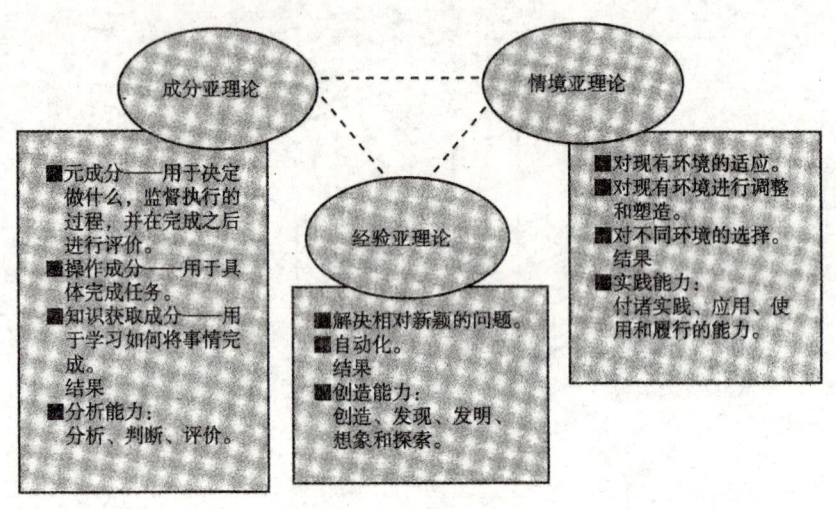

图4-3 三元智力理论[1]

三、智力的发展特点

个体的智力会随着年龄的增长而发展、变化,且它的发展具有一定的规律性,正如世界上没有完全相同的两片树叶一样,人的智力也是有一定的差异的。

从总体发展上来看,人的智力发展随着年龄的变化而呈不均衡发展,主要表现为先快后慢,呈负加速的趋势。在婴儿期和幼儿期,个体智力发展迅速,之后逐渐减慢。至于智力下降的确切年龄,现在还很难判断,毕竟个体差异很大,加之环境、教育对其有较大影响。

一般来说,人在出生后的一段时期内,主要是3~14岁期间,智力的发展速度最快,是直线上升的,此后上升速度逐渐放慢,约在26岁左右停止增长,26~36岁间基本上保持不变,36岁以后开始缓慢下降。当然,现在也有一些研究表明,即使在老年阶段,智力还可能有所增长,只是这种增长只限

---

[1] [美]斯滕伯格.教育心理学[M].张厚粲译.北京:中国轻工业出版社,2003:121.

第四章 智力、创造力的发展与培养

于智力的某一个方面,而且比较缓慢。

对于智力衰退的速度来说,通常身体健康、积极参加体力和脑力劳动的人智力的衰退较慢;体弱,尤其是神经系统和脑部有疾病的人智力衰退迅速。

由于每个个体的先天遗传基础不同,成长环境、接受的教育不同,使得他们的智力在发展的水平、表现的时间早晚及所偏重的智力结构方面也有所不同。

在发展智力水平上,大多数人的智力处于中等水平,偏离中等水平,处于极端水平的人不多(图4-4)。智力发展水平一般通过智商(IQ)来表示,一般智商分数远远高于中等水平的人被称为智力超常,也就是人们常说的"天才",这种人是很少的。

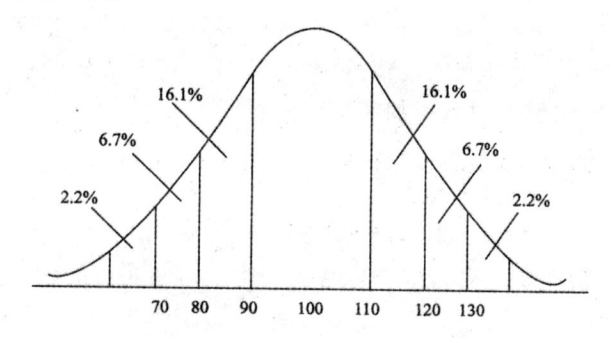

图 4-4 人的智力水平分布图

在智力表现的时间早晚上,有些人在人生发展的早期就能表现出过人的才能,如音乐家莫扎特5岁就能够作曲;而有些人早期智力发展水平不高,成绩平平,但到中晚期时,智力发展迅猛,开始有所成就,这种通常被称为大器晚成。

在智力结构上,有些人的智力突出表现在音乐绘画方面,有些突出表现在逻辑数理方面。

四、智力发展的影响因素

(一)遗传因素

遗传对个体智力发展有着重要的影响。关于智力的遗传因素研究最早开始于英国著名的学者高尔顿。他以各方面的杰出成就作为衡量高能力的标准,比较了杰出者的亲属成为杰出者的可能性和普通人成为杰出者的概率,发现在 977 位杰出人士的亲属中,其父亲为杰出人士的有 89 人,其儿子为杰出人士的有 129 人,其兄弟为杰出人士的有 114 人,共为 332 人,约占杰出人士样本的 1/3。而普通人组中,只有 1 个人的亲属是杰出人士。他还发现,随着血缘关系的降低,杰出人士亲属成为杰出人士的概率有规则地下降。这种变化模式与身材和体育成绩的家族变化模式完全相同。高尔顿用同样的方法研究了艺术能力的遗传问题。在双亲都有艺术才能的 30 个家庭中,子女有艺术才能的占 64%,远高于没有艺术才能的家庭。高尔顿断定,在能力的发展中遗传的力量超过环境的力量。

此外,一些对同卵双生子的追踪研究也是智力遗传因素研究中的重要内容。在生物学意义上,双生子有同卵双生子和异卵双生子两种,同卵双生子是由同一个受精卵分裂而来的,他们具有完全相同的遗传基因,异卵双生子是由两个受精卵发育而成的,他们的遗传基因只有部分相同。根据同卵双生子和异卵双生子在共同遗传基因上的不同,通过比较他们智商方面的相关,可以推测出遗传对智力的影响程度。

(二)环境因素

虽然遗传对人的智力发展确实有较大的影响,但是环境对人的智力发展的影响也不容小觑。环境对个体智力的影响从胎儿时期就开始了。已经有明确的证据表明,出生前后缺乏营养会导致个体的脑细胞受损害。如果在母体时就处于不利的环境中,那么胎儿相较于一直处在有利位置上的胎儿,出生后智力发展水平也相对落后。

大量的收养研究表明,被收养儿童的智商与养父母的智商也有一定程度的相关,由于他们与养父母在遗传上没有任何相似,所以只能将这种智商的相关归因于环境的影响。同理,对于生活在同一家庭中在遗传上没有任何血缘关系的兄弟姐妹,他们的智商也有一定的相关。

除了家庭环境外,学校教育对个体在智力测验上的成绩有显著的影响。是否接受教育的个体,以及接受较好和较差教育的个体的智力之间存在着差异,这点很容易得到证明。学校教育可以通过多种途径影响个体智力的发展,一种最明显的方式就是知识的传授。学生通过系统地接受教育,不仅掌握了知识和技能,也发展了能力和其他心理品质。能力不同于知识、技能,但又与知识、技能有密切关系。

丰富的环境刺激显然与智力发展有着较大的关系。生物心理学家马克·罗森茨威格曾选择了一批遗传基础一致的小白鼠进行实验:让小白鼠分别在两种不同的实验箱中成长,一个实验箱光线昏暗,设置简陋,且只住进一只小白鼠,另一个实验箱光线充足,有滑梯、秋千等供小白鼠玩耍的玩具,并且在这里住着十几只小白鼠。一段时间后,用人道的方式让小白鼠死亡,并对不同环境中的小白鼠大脑进行解剖,发现后一种环境下的小白鼠大脑神经胶质细胞更丰富,突触数量更多,建立的神经连接更为复杂。这就启示人们在教育活动中,应尽可能地为学习者创设丰富良好的环境刺激,以便促进他们智力的持续发展。

(三)实践活动与主观努力

人的智力需要在实践活动中形成与发展。没有实践活动,那么即便有良好的素质、环境和教育,智力也难以形成和发展。关于这一点,我国古代思想家王充早就指出"施用累能",即能力是在使用中积累的。他指出,齐的都城世代刺绣,那里的平常女子都能刺绣;襄地传统织锦,即使不聪明的女子也变成了巧妇。这是因为她们能天天看到,时时学习,手自然就熟练了。在现代的学习过程中,实践活动的重要性也是如此。比如,学生要提高自己的言语智力,就必须在一定的听、说、读、写的训练中实现。

此外,知识的获得、智力的开发还需要个人的主观努力,强烈的学习动机、勤奋的学习态度、坚毅的意志品质都有助于智力的形成与发展。

五、个体智力的培养与开发

了解了影响个体智力发展的因素,就可以根据影响因素掌握培养个体智力的重要方法与途径。以下是几种比较有效的智力培养与开发策略。

(一)实施横向思维智力开发训练方案

横向思维是英国剑桥大学爱德华·波诺教授针对纵向思维提出来的。他认为,纵向思维者对局势采取最理智的态度,从假设—前提—概念开始,进而依靠逻辑认真分析,直至获得问题答案;而横向思维者是对问题本身提出问题、重构问题,它倾向于探求观察事物的所有不同方法,而不是接受最有希望的方法。在他看来,智力只是一种潜在能力,它必须加上头脑的思考能力才能充分发挥出来,这里说的思考能力就是横向思维。横向思维与人的创造力相关,与新观念的生成有紧密联系,它既是一种态度也是一种使用信息的方法。那么,如何促进横向思维,波诺提出了以下几种方法。

第一,对问题本身产生多种选择方案(类似于发散)。

第二,打破定势,提出富有挑战性的假设。

第三,对头脑中冒出的新主意不要急着做是非判断。

第四,反向思考,用与已建立的模式完全相反的方式思维,以产生新的思想。

第五，对他人的建议持开放态度，让一个人头脑中的主意刺激另一个人头脑里的东西，形成交叉刺激。

第六，扩大接触面，寻求随机信息刺激，以获得有益的联想和启发（如到图书馆随便找本书翻翻，或从事一些非专业工作等）。

（二）采用工具性强化训练法培养智力

工具性强化训练法是由以色列巴·依兰大学的教授、国际著名心理学家符尔斯坦研究出来的。他认为，人的智力是可以改变的，因此在实施程序中，首先要对学习者的学习潜能进行评估，然后使其在实际活动中学习如何学习。

工具性强化训练法的主要目标是改变迟钝操作者的消极和依赖的认知风格，使之成为有自主性和独立性的思考者，从而改变其认知结构，增强个体的可塑性，增加其关于生活事件的经验。在此总目标之下，他还提出了六个子目标：一是矫正从认知行为中观察到的认知结构、态度和动机等的缺陷；二是训练完成各种不同要求所需要的认知操作，如再认、辨别、分类等；三是通过习惯的形成培养内在动机；四是激发个体对任务的兴趣；五是让个体了解自己不同认知过程的本质和效用；六是使个体由被动的信息接受者的角色转变为对新信息的主动探索者。

工具性强化训练法主要包含了15个智力开发工具，分别是点的组织、空间定向Ⅰ、空间定向Ⅱ、空间定向Ⅲ、比较、分类、知觉分析、家庭关系、时间关系、数的序列、导引、图示、表征图案设计、演绎推理、关系转换。其中以下十个方面最为人们所关注。

第一，点的组织。主要是让受训者从给出的一组范例中找出其中的结构关系和规则，然后把它们投射到未曾组织的圆点上去。通过点的组合，构成规则图形，在其他图中组织各圆点，发现相似的规则。

第二，空间定向。主要是让受训者学会正确把握空间方位之间的关系。

第三，比较。主要是让受训者观看一幅画，接着再观看另外的几幅画，然后让他们比较后几幅与前一幅画有什么区别。

第四，分类。可以让受训者看一些其中有各种各样物体的画，给画中的物体命名，然后让个体按它们的所属范畴对它们分类。

第五，家庭关系。将家庭的纵横和层次关系告诉受训者，让他（她）将某个同时兼有几种身份的人，如同时是女儿、妻子、母亲、孙女的人，按家族中的地位和角色进行分类或再分类。

第六，时间关系。主要是向受训者提供时间概念和参照系，让他们逐步

第四章 智力、创造力的发展与培养

理解时间既可以看成是间隙的连续,又可以看成是一个维度。最初提供的时间概念是可测的固定时间,而后这个概念逐渐扩展到未来、过去和现在的相对性,从一个时态到另一个时态的单方向、不可逆转的流逝。

第七,数的序列。主要是给受训者一串数字,以及组成数字的规则,让他们排列数字。

第八,表征图案的设计。给受训者一些广告图,让他们运用其中有颜色、形状或大小的图案在心理上重新构成一个图案。

第九,演绎推理。以抽象的符号代替词语,使受训者用高度严密的形式逻辑进行推理。

第十,关系转换。主要是让受训者根据已知元素之间的关系进行推理,从而得出某些元素之间大于、等于或小于的关系。

工具性强化训练的最佳时间是每星期进行3~5小时的强化,且间隔进行。这套强化工具全部采用纸笔练习,与学业成就的应用无关,可以作为正常课程的补充。

(三)通过项目学习来培养和开发个体的智力

项目学习是指教师指导学生对真实世界的某一问题进行深入研究,包括构想、验证、完善、制作产品等。该训练方法兴盛于20世纪八九十年代西方一些发达国家。项目学习中的"项目"是管理学科中的"项目"在教学领域的延伸、发展和具体运用。它旨在让学习者自己计划、运用已有的知识经验,通过自己的操作,在具体的情境中解决实际问题。这极大地体现了学习者的自主性,因而是开发学习者智力的一种重要渠道。

开展项目学习时,一定要注意内容、活动、情境和结果这四大要素。项目学习的内容是现实生活和真实情境中表现出来的各种复杂的、非预测性的、多学科知识交叉的问题。项目学习的活动主要是指学习者采用一定的技术工具(如计算机)和研究方法(如调查研究)解决所要面临的问题时所采取的一系列的探究行动。情境是指支持学生开展项目学习的环境,这种情境既可以是物质实体的学习环境,也可以是借助信息技术条件所形成的虚拟环境。项目学习完成后,应对学习情况进行测量,并对测量结果进行反馈和总结、分析。

项目学习主要通过不同的项目来培养个体的智力。一般来说,项目会被分成以下几类。

第一,有结构的项目。主要是让学习者用一段时间来制作产品,并且展示完成好的作品。制作的产品要符合特定的标准。

第二,与主题有关的项目。主要是让学习者进行单元学习的拓展。由教师或学习者确定主题,然后学习者先搜集与主题相关的资料,然后对资料进行分析、整理、综合,最后形成一个最终的产品。通过书面报告向他人展现产品。

第三,模板项目。主要是要求学习者按照已有的模式制作某一产品。例如,报纸必须遵循一个被普遍接受的结构,这种结构就是一个"模板"。报纸在编排上都有一定的模式,学生可以用这种"模板"来创办班级或学校的报纸。

第四,开发性项目。这种项目指的是那些鼓励冒险、创造、革新以及发散性思维的项目。学习者在做这些项目时不必依据指南或标准,可以以自身的方式来看待熟悉的物体,或通过对熟悉材料的调查发现新的应用等。这样就可以让学习者学会从不同的角度认识事物和提出新的想法,从而增强他们的创造性思维能力。

第二节 个体创造力的发展与培养

一、创造力的含义

创造力是人类特有的一种综合性本领,它是由知识、智力、能力及优良的个性品质等复杂多因素综合优化构成的。当然,一直以来,人们对于它的含义也大多是从不同的侧面来理解的。例如,有人从结果角度来解释创造力,认为它是产生新颖、奇特的看法或者制作作品的能力;有人从产生过程的角度来解释创造力,认为它是个体认识、行动和意志的充分展开。至于创造力到底是某种单一成分的能力还是具有某种复杂结构的综合性能力,学术界还并未真正达成共识。不过,已经有越来越多的学者看到了创造力的复杂特性,认为创造力是一系列连续的、复杂的、高水平的心理活动。因为从横向上看,创造性活动既需要发散思维,也需要聚合思维;既需要直觉思维,也需要分析思维,需要它们的共同协调。从纵向上来看,高度的创造力是敏锐观察力、良好记忆力、生动想象力和独特思维能力等综合发展的结果。此外,从创造力的表现范围来看,其不仅仅表现在科学、科技领域和学术领域,还表现在文学、艺术、体育、政治、管理等各个领域。需要注意,创造力和智力有很大的相关性,智力是影响创造力的重要因素,但二者是不同的,创造力与一般能力的区别在于它的新颖性和独创性。它的主要成分是发散思维,即无定向、无约束地由已知探索未知的思维方式。按照美国心理

第四章 智力、创造力的发展与培养

学家吉尔福德的看法,发散思维表现为外部行为时,就代表了个人的创造能力。

为了了解创造力的复杂性和内涵的丰富性,更客观地把握创造力的实质,我们有必要对创造力的构成进行一定的探讨。参考诸多心理学家的研究结论,这里认为创造力主要由以下三个方面构成。

(1)知识。这是构成创造力的基本要素,主要包括吸收知识的能力、记忆知识的能力和理解知识的能力。吸收知识、巩固知识、掌握专业技术和实际操作技术、积累实践经验、扩大知识面、运用知识分析问题,是创造力的基础。任何创造都离不开知识,知识丰富有利于更多更好地提出创造性设想,有利于对设想进行科学的分析、鉴别、简化、调整、修正,有利于创造方案的实施与检验,有利于克服自卑心理,增强自信心。

(2)智能。这是构成创造力的重要部分。智能是智力和多种能力的综合,既包括敏锐、独特的观察力,高度集中的注意力,高效持久的记忆力和灵活自如的操作力,也包括创造性思维能力,还包括掌握和运用创造原理、技巧和方法的能力等。

(3)优良的个性品质。这主要指的是意志、情操等方面的内容,如永不满足的进取心、强烈的求知欲、坚韧顽强的意志、积极主动的态度、独立思考的精神等。它是在一个人生理素质的基础上,在一定的社会历史条件下,通过社会实践活动形成和发展起来的,是创造活动中所表现出来的优良的个性品质,它是发挥创造力的重要条件和保证。

二、创造力的发展特点

关于创造力的发展,在 20 世纪 30 年代,就已经有研究者开始研究了。由于创造性想象和思维是创造力的核心内容,所以当时的研究也是从这一方面出发的。安德鲁斯等采用图画、不完全物体图片和墨迹图对幼儿的创造性想象进行了研究。结果发现,4 岁儿童创造性想象得分最高,5 岁后逐渐下降。托兰斯则通过对 15 000 多名儿童进行观察研究,发现 3~5 岁儿童的创造性随着年龄增长而升高,5 岁后有下降趋势。此外,很多研究还表明,幼儿的创造性发展主要表现在他们的动作、言语、感知觉、想象、思维及个性特征等各方面的发展之中,尤其是幼儿的好奇心和创造性想象的发展,是他们创造力形成和发展的两个最重要的表现。

进入小学后,个体已有明显的创造性表现:一方面,小学生的想象获得进一步发展,有意想象逐步占据主要地位,想象的目的性、概括性、逻辑性都有了发展;另一方面,想象的创造性也有了较大提高,不但再造想象更富有创造性,而且以独创性为特色的创造性想象也日益发展起来。我国学者林崇德教授对小学数学学习中儿童创造力的培养和发展问题进行了研究,发现数学概念学习中的变换叙述方式、多向比较、利用表象联想,计算学习中的一题多解、简化环节、简便计算、计算过程形象化、发展估算能力,初级几何学习中的注意观察、动手操作、运用联想、多求变化、知识活用,应用题学习中的全面感知和直觉思维、发现条件和找出关键、运用比较和克服定势、补充练习、拼拆练习、扩缩练习、一题多变练习、自编应用题等,不仅对掌握数学知识、提高数学能力极为有利,而且也是小学生创造性的重要表现。

从儿童期向成年期过渡的阶段被称为青少年期,随着生理发育和知识经验的不断积累,青少年的创造力又有了进一步发展,跟早期发展相比,青少年时期学生的创造力发展主要表现出了以下几个显著特点。

第一,开始带有一定的现实性。儿童的创造力更多带有幻想性的特点,而进入青少年时期后,学生的创造力更多地带有现实性,他们的创造想象和思维多是由现实中遇到的问题或困难情境激发的,努力创造的目的也是为了解决这些现实问题。

第二,带有更大的主动性和有意性。青少年常常在解决问题的进程中,能主动和有意地提出新的问题,并进一步运用自己的创造力努力寻求新的解决办法,不像儿童那样遇到困难与问题,更多的是寻求他人的帮助,或者干脆放弃。

第三,创造性思维品质有了极大的提高。随着年龄的增长,青少年的经验和智力也在不断增长,这使他们的思维逐渐转变为以发散思维为主,聚合思维和发散思维协同发展;抽象逻辑思维逐渐成熟,辩证思维开始发展,抽象概括能力大大提高;独立意识增强,思维的深刻性和批判性有很大发展,已能够独立地分析问题和解决问题,思维的独创性有了明显的提高。这些都是创造力发展的重要特点。

到了成人阶段,创造力的发展也有一个明显的发展特点,即25～40岁是创造力发展的高峰时期,40岁以后,创造力逐渐变弱。美国学者罗斯曼对711名发明家进行研究后发现,在25岁之前就已有发明的占总数的61%,而在40岁以后才有发明的只有3.6%,他们首次发明的平均年龄是21.3岁。①

---

① 甘德安.知识经济创新论[M].武汉:华中理工大学出版社,1999:280.

三、扼杀创造力的主要因素

影响一个人创造力发展的因素有很多,主要受知识、智力、个性与环境的影响。不过,要说能够扼杀创造力的因素,主要是以下几个方面。

(一)知识无活力化

这是指学习者对所学的知识很少或不能在实践中加以运用,最终使人学非所用、"学用脱离",最后变得越学越迟钝,越学越呆板。无疑,知识的无活力化会阻碍一个人创新思维的发展,继而扼杀一个人的创造力。

(二)知识传授权威化

这是指学习者对所学过的知识深信不疑,完全没有批判意识,这种对知识的崇拜、对知识的绝对服从化,会让学习者扭曲对知识真正价值的认识,会导致其思想的僵化和禁锢。这无疑也是扼杀创造力的重要因素。

(三)思维标准化

这是指学习者的思维方式规范化与模型化,追求的是思维的准确性和逻辑性。美国的一项调查表明,一般人在 5 岁时可具有 90% 的创造力,在 7 岁时可具有 10% 的创造力,而 8 岁以后其创造力就下降为 2% 了。这种现象的出现在本质上是因为儿童在接受教育的过程中,不断被知识的经验性和规律性所束缚,丧失了独立思考和想象的能力。我国的应试教育也存在使学生思维标准化的情况,在不断的测验与考试中,学生的创造力也往往被消磨殆尽了。

(四)功能固着化

这主要是指个体将某种事物的功能或用途看成是固有不变的。在学习中,功能固着化的突出表现为学生总是持有"一题一解""一问一答"的惯性思维,缺乏"一题多解""一问多答"的思维灵活性。思维缺乏灵活性、独创性,自然难以拥有创造力,所以学习者应当打破惯性思维。

(五)不良的环境

不良的环境尤其是不良的家庭环境和学校环境会对个体的创造力产生极为不利的影响。就家庭环境来说,父母专制,对孩子过于溺爱,喜欢包办代替,不支持或简单粗暴地处理孩子的好奇心、求知欲和探索行为,等等,这些都会阻碍孩子的创造力发展。就学校环境来说,专制型教师教学态度生硬,过分强调顺从和循规蹈矩,过分看重分数等,很容易扼杀学生的创造力。

四、个体创造力的培养

(一)实施创造性思维训练活动

对于培养一个人的创造力来说,最为关键的是培养其创造性思维。因此,可以通过一些有计划、有目的的创造性思维训练活动来培养个体的创造力。

1. 发散思维训练

这类训练可通过用途扩散、结构扩散、方法扩散与形态扩散来进行。用途扩散即让受训者以某件物品的用途为扩散点,尽可能多地设想它的用途,如尽可能多地说出竹签的用途。结构扩散即以某种事物的结构为扩散点,设想出利用该结构的各种可能性,如尽可能多地画出包含"△"结构的东西,并写出或说出它们的名称。方法扩散即以解决某一问题或制造某种物品的方法为扩散点,设想出利用该种方法的各种可能性,如去油灵、防油净等都是沿着去污的思路思考问题,设想其可以完成的所有事情。因果扩散是以事物发展的因或果为发散点,设想出因及果或果及因可能性的思维活动,如尽可能多地写出造成玻璃杯破碎的各种可能原因。

2. 推测与假设训练

这类训练的主要目的是发展受训者的想象力和对事物的敏感性,并促使受训者进行深入思考、灵活应对。比如,让受训者听一段无结局的故事,鼓励他们去猜测可能的结局,或读文章的标题,去猜测文中的具体内容。还可以让受训者进行各种假设、想象。

3. 头脑风暴训练

头脑风暴原意是用暴风雨似的思潮以撞击问题,实际应用中主要是指采用座谈会形式组织人们通过集体讨论,使思维相互撞击,迸发火花,达到集思广益的效果。具体运用此训练方法时,应注意以下几点:一是让参与者畅所欲言,对所提出的方案暂不作评价或判断;二是鼓励标新立异、与众不同的观点;三是以获得方案的数量而非质量为目的,即鼓励多种想法,多多益善;四是鼓励提出改进意见或补充意见。通过集体讨论,可以拓宽思路,

第四章 智力、创造力的发展与培养

激发灵感,进而提高创造力。

4. 自我设计训练

考虑到受训者的兴趣和知识经验,训练者可给受训者提供某些必要的材料与工具,让他们利用这些材料,动手去制作某种物品,如贺卡、图画、各种小模型等。受训者通过实际的操作活动,完成自己的设计。这项训练最好是先确定所设计的课题,然后给受训者完成设计提供各种形式的帮助。

上述几种训练方法是实际中常用的典型方法,它们彼此之间也有一定的交叉,训练者可以根据受训者的实际情况选择恰当的训练方式。

(二)创设有利于培养创造力的环境

要想培养学生的创造力,应注意给学生创造一个支持、容忍标新立异或偏离常规思维者的环境,让学生充分体会到"心理安全"和"心理自由"。唯有如此,才能够真正激发学生学习的积极性和主动性,促进学生的认知功能和情感功能的充分发挥,从而提高学生的创造力。

学校要努力给学生营造一种民主、宽松的教学环境,要改变教师全能的传统观念,尊重学生的观点、想法,要改变原有僵化的教学内容、模式和评定标准,鼓励学生独立思考,并尝试探索。教师在可能的条件下,一定要多给学生一些权利和机会,让有创造力的学生有时间、有机会干自己想干的事,为创造性行为的产生提供机会。比如,可以使学生有机会选择不同的课程来学习,给学生呈现应用创造性思维才能解决的问题等。

此外,在应试环境难以改变的情况下,要努力使考试真正成为选拔有能力、有创造性人才的有效工具。在考试的形式、内容等方面,应考虑如何测评创造性的问题。比如,在学业测试中,可以增添少部分无固定答案的问题,让学生有机会发挥其创造性;在评估学生的考试成绩时,也应考虑其创造性的高低。

(三)塑造个体富有创造力的个性

创造力除了与一个人的知识、智力有关外,还与一个人的个性品质有关。具有较高创造力的人往往伴有许多良好的个性品质,如自信心强、求知欲高、独立性强、有较大的自主性和坚持性等。因此,从个性入手来培养学生的创造力,也是一条有效的途径。

首先,应注意保护学生的好奇心。好奇是创造活动的原动力,可以引发个体进行各种探索活动。对学生的好奇心应给予鼓励和赞赏,不应忽视或讥讽。为了培养学生的好奇心、求知欲,可以不断创设变化的、能激起新异感的学习环境,多创设适当的问题情境,或组织、引导学生去观察大自然、考察社会生活,启发他们自己发现问题和寻求答案。

其次,解除学生对答错问题的恐惧心理。有很多学生本来有发表意见的愿望,但是怕答错题,就选择了沉默。长此以往,他们的创造性思维更难以培养。所以,教师对学生所提的问题,无论是否合理,均应以肯定态度接纳。即便学生答错题,教师也不应全盘否定,也不应指责,而是要鼓励学生正视并反思错误,引导他们尝试新的探索。

再次,培养学生的独立性和创新精神。要尽量采取多种形式支持学生以不同的方式来理解事物,尊重学生与众不同的见解、观点,对平常的问题的处理能提出超常见解者,教师更是要给予鼓励。教师还要鼓励他们用超出书本的知识去创造性地解决问题,按照自己的设想去进行实验。

最后,要重视学生非逻辑思维能力的提高。非逻辑思维是创造性思维的重要成分,在各种创造活动中都起着重要作用,贯穿整个创造活动的始终。教师应鼓励学生大胆猜测,进行丰富的想象,而不被常规的答案所限制。教师可利用实物、图片、多媒体辅助教学手段,组织参观、访问,开辟丰富多彩的课外活动等,使学生头脑中的表象更为鲜明、完整。

(四)积极开展创造性活动

在学校中,教师可组织开展一些创造性的课外活动和比赛。不管是科学、数学,还是文学、艺术、计算机等,任何领域都可以,只要简单易行,能让学生积极主动地去参与即可。在各种各样的创造性活动中,学生的创造力必然容易得到提升。比如,组织学生办报纸、画刊,出诗集,亲自动手设计和制造各种模型与产品,撰写科技小论文等,都是非常有效的创造性活动。

第五章 基于素质教育的品德培养

在传统的应试教育模式下,学生的考试成绩成为家长、学校、教师对其进行评价的基础,导致教育进入只重智育不重德育的误区。在新时期,随着现代社会对德育的重视程度增加,以及现代教育改革的持续推进,德育成为现代教育的一个重要内容,并日益受到人们的关注。人是社会关系的总和,人的品德是社会经济、政治、文化的产物,是在一定的社会环境和物质条件下,通过教育和社会生活经验的积累,以及个人自觉锻炼和修养而逐步形成的。现实社会关系(环境)是品德形成和发展的根源和外部条件,社会实践是品德形成和发展的客观基础,个人的奋发努力和积极的思想斗争则是品德形成和发展的内在条件。在现代教育中,对学生个体道德品质的培养是改革现代教育思想观念,推动现代教育不断向前发展的重要路径,也是现代教育心理学研究的一个重要内容。

第一节 品德及其心理结构

一、品德的概念

品德是社会道德在个人身上的体现,所以要了解品德,必须首先了解道德。

道德是由社会舆论和内心驱使来支持的、反映一定群体共同价值的社会行为规范的总和。人是群性生物,为了满足个人需要,求得自身生存,必须结成一定的关系。在社会生活过程中,人们为了维护所在群体或个人的利益,规定了一些大家都要遵守的行为准则,以协调彼此在工作、学习和生活中的相互关系。人们不仅根据这些准则来评价一个人的行为,而且也依据这些准则做出相应的行动。当一个人按照其中的一些准则行动时,我们就认为他的行动是合乎道德的,他就会受到社会舆论的赞许,个人也会感到心安理得、问心无愧。否则,违反这些准则就会受到舆论的谴责,个人也会感到内疚、羞愧。这种由舆论力量和内心驱使来支持的行为规范或行为准则的总和便是道德。

品德即道德品质,是社会成员按照一定社会的道德准则与行为规范行动时所表现出来的稳定的心理特征。在我国品德又称为德行、品行或操行等,是社会道德在个体身上的具体表现。例如,热爱祖国、关心集体、遵守纪律、勤奋学习、助人为乐等都是我国要求青少年具备的品德。一般来说,品德具有以下几方面的内涵。

(1)品德不是指某个人一时一地的道德行为表现。只有当一个人在不同的时期、在不同的场合下都一贯地表现出良好的道德行为,我们才说他具有优秀的道德品质。例如,一个具有热心待人、乐于助人的良好道德品质的人,不但能帮助与其有特殊亲近关系的人,而且对与其仅有普通关系的人甚至素不相识的人也能伸出援助之手;不但在他人请求帮助时乐于助人,而且能够敏感地发觉他人的需要并主动地关心他人;不但在物质上经常为人解难,而且在思想上、精神上给他人以支持和鼓励。

(2)品德不是天生的,新生儿无品德可言。从个人的成长阶段来看,儿童时期最初的品德是在与社会的接触和与他人的交往过程中,通过自发的观察和模仿,在成人的肯定或否定的影响下形成。中小学学生品德的形成和发展主要是由学校和家庭通过有目的、有计划的教育把社会道德要求内化为学生自身的道德需要,并以此支配行为而实现的。

(3)品德是个人的道德面貌,具有个别差异。虽然同一个社会群体中的人,遵循着大体相同的道德准则,但他们的品德表现可能是千差万别的。例如同样是具有勤奋、敬业的道德品质的人,仅仅由于其气质类型不同,他们的道德面貌可能各有特点:多血质的人表现出极大的工作热情;黏液质的人表现出非凡的韧性;胆汁质的人表现出说干就干的冲劲;抑郁质的人表现出认真细致、一丝不苟的作风。

(4)品德不是口头说说,它需要从内在的认识转化为外在的行为。如果个体只有认识,没有行为,不能说该个体有良好的品德。反之,如果只有行为,没有认识,也不能说该个体有良好的品德。而且,品德是针对正常人而言的,是针对有基本认知能力的人来说的,如果是精神病人做出不符合社会规范的行为,并不能说他们是不道德的。

二、品德的心理结构

品德的心理结构是指构成品德的心理成分及其相互关系。一般认为,品德的心理结构分为道德认识、道德情感、道德意志和道德行为等四种心理成分。

(一)道德认识

道德认识也叫道德观念,是人们对道德行为准则及其执行意义的认识。道德认识包括道德观念、道德概念、道德信念的形成以及运用这些观念去分析具体的道德情境,对人、对事、对己做出是非、善恶、美丑等的道德评价等内容。其中,道德概念的掌握、道德信念的形成和道德评价能力的发展是衡量青少年学生道德认识形成和发展的主要标志。

在道德的心理结构中,道德认识是道德情感产生的基础,是道德意志产生的依据,对道德行为具有定向作用。古今中外的思想家都非常强调道德认识对于人的德行的重要性。例如,荀子在《劝学篇》中提到"君子博学而日参省乎己,则知明而行无过矣",即只有"知明",才能做到"行无过",这是强调道德认识对于道德行为的指导作用。又如,古希腊思想家苏格拉底曾提出"美德即知识"的命题,用以劝勉人们"把精力用在高尚和善良的事上",教育人们要"努力成为有德行的人"。人的社会行为、道德行为不同于动物的本能行为,它的实现往往要求个人放弃得之于自然的许多便利,限制自己的本能欲求,而这只有在理性的指导下才能完成。因而人的道德行为总体上说是一种理性行为,总要涉及"理由"或"意向"。

(二)道德情感

道德情感是伴随着道德观念而出现的情感。无论个体是在对自身的行为做道德判断,还是在对他人的行为做道德判断,都会出现与这些判断有关的情感,如荣辱感、自尊感、友谊感、集体荣誉感、责任感、爱国主义情感等。这些情感既反映了人们的道德需要,又表现出人们对客观现实是否符合自己的道德需要而产生的一种态度体验。

当道德认识和道德情感成为经常推动个人产生道德行为的内部动力时,它们就形成了道德动机。由此可知,道德情感是道德认识和道德行为的重要中介变量。一般而言,人们对符合自己的道德认识或自己所维护的道德观念的事物会产生积极、肯定的情感体验,否则就产生消极、否定的情感体验。例如,我们对英雄人物怀敬佩之情,对损人利己者怀厌恶之情,对自己乐于助人的行为感到欣慰,对自己自私自利的思想感到羞愧,等等。可见,道德情感是一种自我监督和自我调节的力量,因而对人们道德品质的形成具有重要作用。教师在对学生开展道德知识教育和道德行为训练的时候,要不断激发他们的道德情感,促使他们以鲜明的立场、积极的态度对言行做出反应。

道德情感的内容非常丰富,一般来说,道德情感主要包括以下三种形式。

(1)直觉的道德情感。它是由于对某种道德情感的直接感知而突然发生的情感体验。例如,个体处于地震灾区时,亲眼见到志愿者不怕牺牲、救人于危难之中的情景,并为之而感动。直觉的道德情感体验对人的行为具有迅速定向作用,在它的作用下可以完成高尚的道德行为,有时也给人的行为造成消极的后果。例如,迅即产生的同情心可能帮助一个遇到困难的求助者,也可以帮助一个正在做违法事情的歹徒。可见,要培养学生的道德感,在集体中形成健康的舆论以及帮助学生养成对待舆论的正确态度就显得非常重要。

(2)想象的道德情感。它是通过对某种道德形象的想象而产生的情感体验。例如,当今学生都没有见过雷锋,但当他们阅读《雷锋日记》的时候,会想象当年雷锋做好事的场景,会被雷锋精神所感动。想象的道德情感其具有生动性、具体性,所以能给个体以强烈的感染,甚至引起情感上的共鸣。通过对具体道德形象的效法,个体会逐渐理解形象身上所表现出来的道德品质,并逐渐内化成自我的认识结构。

(3)伦理的道德情感。这种道德情感往往以道德概念和道德规范为中介,它具有强烈的自觉性和清楚的意识性。例如,爱国主义情感、集体主义情感等就属于这类道德情感。

在教育活动中,要重视学生的伦理道德情感学习,培育学生对情感的自我调节能力。现在不少学生由于成人教育的失误,他们只懂得向别人索取爱与关怀,却不懂也不会去爱别人,长大成人以后,必定会自私冷酷,更谈不上爱祖国、爱人民了。因此,教师要引导学生过健康积极的情感生活,要让学生知道情感有好与坏、积极与消极之分,以及它们对人的影响,在此基础上启发学生了解自己情感的优缺点,用理智克服不良情感,逐渐提高情感的自控能力。

(三)道德意志

道德意志是为完成预定道德目的自觉地克服一定障碍,坚持或改变道德行为方式时所表现出来的意志品质,也是思想品德的心理要素之一。它是人们在履行道德义务的过程中,自觉地调节行为,克服所遇到的各种困难和障碍,以实现既定道德目的的心理过程。它体现在人们实现道德目标过程中的一系列行为中,离开了道德行为,道德意志就无从表现。但道德意志并不等同于道德行为,它是调控人们道德行为的内部力量。

道德意志是道德意识的能动作用,在促使人们的道德动机斗争和把道德认识、道德情感变为道德行为方面具有特殊作用。道德意志也是人们能

第五章 基于素质教育的品德培养

否达到一定思想品德水平的重要条件,是人们是否具备某种思想品德的重要标志,表现为对个人直接愿望的控制调节,用道德的动机战胜不道德的动机;表现出对自己情感的控制调节,与困难做斗争,抗拒不良因素的诱惑等不同水平。

道德意志的形成一般会经历三个阶段,即产生道德动机,确立行动目标,选择道德行为方式,执行道德决定。其培养锻炼的措施有:使学生获得意志的概念和榜样,产生锻炼意志的愿望;组织行动实践;针对学生意志类型,采取不同锻炼措施,进行不同方式的培养等。

(四)道德行为

道德行为是指个体在一定的道德认识、情感、意志以及道德内在信念的支配下所采取的对他人和社会有道德意义的行为。道德行为是衡量品德的重要标志,也是实现道德动机、达成道德目标的手段,也是评价一个人品德的客观标志。这里的"道德意向支配"很重要,如果没有道德意向,没有利他的动机,只是单纯符合社会准则的行为,是不能被视为道德行为的。另外,"道德行为"一语有时候在两种意义上使用,一是作为中性的概念,既包括符合道德要求的积极行为,也包括违背道德规范的消极行为;二是专指符合道德规范的良好的行为。为了区分,后者有时也被称为"道德的行为"。

从他人和社会利益的善恶方面进行考察和评价来看,道德行为可以划分为道德行为和不道德行为。其中,道德行为就是那些对社会和他人有益的行为,也即所说的"善行";而不道德行为就是对社会和他人造成危害的行为,即为"恶行"。学生们要学习道德知识,以提升自身道德素养、陶冶情操,并不断进行意志锻炼,这些措施的目的就是使其养成良好的道德行为习惯,并将自己所学到的知识运用到实践活动当中。

道德行为包括道德行为技能和道德行为习惯,他们与一般的技能、习惯并无本质的区别,只是在完成一定的道德任务时,他们便具有了道德的性质。道德技能的掌握有助于实现道德目的,它将指导道德行为做出对他人和社会具有道德意义的事情,不至于好心办坏事。道德行为习惯的养成则需要经过反复的训练和实践,使某种道德行为成为经常的、持续的、自然的、牢固的行为倾向。它是衡量人道德品质的标志,因此使学生养成良好的道德行为习惯是学校道德品质教育的重要目的。

道德行为的发展要经历一个从非意志行为到意志行为的过程。随着个体道德自我意识的不断发展和道德认识水平的提升,其道德行为被不断意志化,道德目的趋于自觉,并努力克服各种道德障碍。

应该注意的是,品德并不是道德认识、道德情感、道德意志、道德行为四种心理成分的叠加,而是在社会道德环境影响下,在个人的道德实践中,四种成分相互联系、相互制约而形成的复杂的、稳定的心理结构。其中道德认识、道德情感以及由它们结合而构成的道德动机通常居于核心地位。品德结构中的任何一种成分既不能代替另一种成分,也不能决定另一种成分。因此,良好品德的培养,需要道德认识、道德情感、道德意志和道德行为等协调培养,忽略任何成分都会对学生的品德形成造成不利的影响。

第二节 道德发展的理论阐释

现代教育心理学家认为,人类的道德观念和道德行为,都是个体在人格成长中经过社会化的过程而逐渐发展形成的,因此他们重视道德发展的研究而不过分强调道德教育,因为道德教育只有在配合学生道德发展的情况下才有效。在此过程中,形成了一系列关于道德发展的理论,这些理论大致上是从道德认知、道德情感和道德行为方面阐释的,因此这里也从这三个方面入手,对道德发展的理论进行阐释。

一、有关道德认知发展的理论

从认知的角度来思考道德认知的发展情况,其核心是分析从儿童初期到成年期人类发展的各个阶段或水平中的思想方式的结构。这种阶段性的发展既被认为是自然成熟的过程,又被看作是在周围环境因素的影响之下实现的。在这方面的理论观点上,皮亚杰和柯尔伯格的观点十分具有代表性。

(一)皮亚杰的道德发展阶段论

皮亚杰是第一个系统地研究儿童道德发展的心理学家,他设计了一些包含道德价值内容的对偶故事,要求儿童判断是非对错,从儿童对行为责任的道德判断中来探明他们所依据的道德规则以及由此产生的公平观念发展的水平。之后,他将自己的研究成果写在了《儿童的道德判断》一书中。这些观点就构成了皮亚杰关于儿童道德发展的理论。

皮亚杰把儿童关于社会关系的认识、道德认知和判断看作是道德品质的核心。他认为,儿童的道德发展是认知发展的一部分,儿童的逻辑思维能力和道德判断能力是一种蕴涵关系;儿童道德判断的发展与儿童认知发展的阶段相平行,儿童道德发展的进程可以在他们的认知发展中找

第五章 基于素质教育的品德培养

到依据。经过大量研究,皮亚杰总结出一系列儿童道德发展的规律,[①]这些规律包括:儿童的道德发展会经历从将规则单纯当成外在的东西去遵守到对规则意义的真正理解;从被动地遵守准则到自觉地遵守准则;从根据别人的价值标准做出道德判断到依据自己的价值标准做出道德判断,即从他律到自律。其中,他律是指儿童早期的道德判断只注意行为的客观后果,不关心行为的主观动机,是受自身以外的价值标准所支配的道德判断,具有客体性。自律是指儿童根据自己的主观价值标准所支配的道德判断,具有主体性。他律水平与自律水平是儿童道德判断的两级水平。儿童的道德判断从他律到自律的发展是贯穿皮亚杰关于儿童道德发展理论中的一条思想主线。

皮亚杰研究的主要目的是要弄清儿童道德判断的性质,为此,他把研究领域具体化为三个方面,即儿童对规则的态度、对正确与错误的判断以及对公正的看法。他采用的研究方法称作临床法,也就是主试围绕一定的主题与儿童直接交谈,并根据儿童的反应进行分析的一种方法。皮亚杰向儿童呈现的都是成对的故事。在这些成对的故事中,都包含两种类似的情况:一是良好的动机造成了不好的结果;二是不好的动机并没有导致不好的结果。根据故事让儿童进行判断。通过研究,皮亚杰将儿童的道德发展划分为三个阶段。

1. 前道德阶段

4～5岁之前的儿童一般处于前道德阶段,处于前道德阶段的儿童的思维是以自我为中心的,其行为直接受行为结果支配。因此。这个阶段的儿童还不能对行为做出一定的判断。

具体来看,这一阶段的儿童在游戏时,游戏规则或成人的要求对他们没有约束力。他们只按照自己的意愿去执行游戏的规则,并不理解游戏的结果。换言之,这一时期的儿童还没有产生真正的社会交往和社会合作的关系,他们还没有把主体与客体分离,不能把自己的事和别人的事真正区别开来。他们的游戏活动只是个人独立活动的任意行为,与成人、同伴之间还没有形成合作关系。

此外,由于认识的局限性,这一阶段的儿童还不理解、不重视成人或周围环境对他们的要求,有时看来他们似乎接受了成人的指导,但往往那些行为正是他自己想要做的;有时还表现为对成人或同伴要求的不服从、执拗、

---

① [瑞士]皮亚杰.教育科学与儿童心理学[M].傅统先,译.北京:文化教育出版社,1981:37.

反抗。因此，对待这一阶段儿童的活动不应多加干涉，而应耐心地进行指导。在皮亚杰看来，只有当儿童意识到在游戏活动中应该共同遵循的行为准则时，规则对儿童来说才能成为他的行为准则，否则，它只是一种单纯的规则而已。

2. 他律阶段

5~9岁的儿童在道德上一般处于他律阶段，以学前儿童居多。处于这一阶段的儿童的道德认知一般是服从外部规则，接受权威指定的规范，只根据行为后果来判断对错。

从道德认知的发展特点上来看，在这个阶段，儿童的道德生活几乎完全是以服从权威为特征的，服从权威的力量是一种约束的道德判断和道德品质。在儿童看来，一定要尊敬权威，绝对服从父母、老师等成人或年长者的命令。服从他们的命令就是正确的行为，就是好孩子，否则就是错误的行为，就是坏孩子。同时，儿童也服从周围环境对他们所规定的规则或提出的要求，并认为这些规则或要求是固定的，是不能更改的，必须绝对服从、不可违背。谁若违反或破坏了规则，就是犯了极大的错误，必须要接受惩罚。例如，妈妈不在家，一个小孩为了帮助妈妈做事，打碎了一盘玻璃杯；另一个为了偷柜上的糖果吃，打碎了一个玻璃杯。让这时期的儿童做判断，他往往认为前者错误更大。处在他律期的儿童一般认为前者更淘气，因为他打碎了更多的玻璃杯，而不考虑两个小孩的动机。有人称该时期为道德现实主义或他律的道德，这一阶段的儿童所提议的惩罚比较严厉。

3. 自律阶段

9岁以后的儿童在道德上一般处于自律阶段，大约相当于小学中年级。此阶段的儿童不再盲目服从权威。他们开始认识到道德规范的相对性，同样的行为，是对是错，除看行为结果之外，还要考虑当事人的动机，这称为道德相对主义。这个阶段儿童不再把规则看作是由成人规定、神圣不可侵犯的，而是认为规则是为了保障活动顺利进行而规定的。所以，只要大家同意，人们就可以制定和修改规则。他们已经能够理解规则的意义，并能用规则自觉地约束自己的行为。对善恶是非的判断已从单纯的重视行为的直接后果转移到考虑行为的主观动机。在对公正的看法上，已经能考虑到许多人的不同的情景和因素。例如他们一般都同意在分配食物时，给弱者、幼小者多分些是合理的。

在这一阶段，儿童由于自我中心主义的减弱，他们开始能从不同的观点观察行为，也能区分出个人的道德观念和道德行为之间的差别。儿童判断

第五章　基于素质教育的品德培养

一个人的道德行为时,更多的是根据一个人的意向,而较少考虑客观的行动及其结果。

按皮亚杰的观察研究,儿童的道德发展达到自律水平,是与其认知能力发展同步的。此时儿童进入形式运算阶段,他们的自我中心主义更弱,儿童能够理解各种道德观念,因此就能让儿童认识到不同社会有着各自不同的道德观念和道德原则。所以,一个人的行为应该根据他所属的社会道德观念来评定,而不是根据自己的社会观点来评定。

(二)柯尔伯格的道德发展阶段论

根据皮亚杰的道德发展阶段论,柯尔伯格对儿童的道德判断进行了全面的实验研究,并补充和发展了皮亚杰的理论。他采用"两难故事法",研究被试的道德推理。所谓道德两难故事,就是在一个故事中提出两个相互冲突而难以抉择的价值问题,让被试在自己的反应中"投射"内心的观念,从而反映出个体的道德发展水平。他共设计了九个两难故事,在实验过程中,研究者会要求被试做出选择。在听完两难故事之后,被试评论故事中人物的行为,研究者根据被试的评论来了解其道德发展水平。这些故事都包含两种尖锐对立的不同价值选择;所代表的冲突是青少年关注的;引发的问题对个体在较高的发展水平上有意义,因此在体现儿童道德认知的发展上具有一定的代表性。其中,最著名的一题便是"海因茨偷药"。故事是这样的,在欧洲有一个妇女患了癌症,生命危在旦夕。而医生认为,只有本城的一个药剂师最近发明的镭制剂才能救她,而且配制这种药的成本虽然只有200元,售价却高达2 000元。为此,这个妇女的丈夫海因茨到处借钱,但最终只筹到1 000元。于是,他恳求药剂师便宜一些将药卖给他或者允许他赊账,但药剂师都不允许。无奈之下,海因茨选择撬开这位药剂师的药店,偷走了药,终于及时挽救了妻子的性命。

讲完故事后,主试向儿童提出一系列的问题:海因茨应该这样做吗?为什么说应该?为什么说不应该?法官该不该判他的刑?为什么?等等。对以上问题没有单一正确的答案,从不同观点看待将有不同的答案。柯尔伯格采用这类两难问题的目的不在于测验被试回答的对错,而在于了解他们回答时采用的不同观点。对其回答方式及对自己所做回答的解释可以认定被试的道德发展水平。

柯尔伯格依据儿童是遵从规则还是服从需要的行为选择,将其道德发展划分为六个不同的阶段,这六个阶段又属于三种水平,这就是三水平六阶段道德发展阶段论。

1. 前习俗道德水平

前习俗道德水平又称前因循水平。在这一水平上,儿童已经能够区分文化中的规矩和好坏,懂得是非的名称。对正确与错误、好与坏判断的基础是行为产生的具体后果,而不是人们习俗上的一般标准。这一水平又可分为以下两个阶段。

阶段1:避免惩罚服从取向阶段。这是人类道德发展的最低水平,从行为的后果判断行为对错,服从是为了避免惩罚。处于这一阶段的儿童,一般认为海因茨先生偷药会受到惩罚,因此是不对的。即使有一些儿童支持海因兹偷药,推理性质也是同样的。如有的儿童说:"他可以偷药,因为他先提出请求,又不偷大的东西,不该受罚。"

阶段2:相对功利主义取向阶段。处于这一阶段的儿童,往往为了获取奖赏或满足个人的目标而对规则进行遵守,因而其这一时期行为的主要动机是获得回报。他们认为如果行为者最终取得成功,获得奖赏、满足相互间的需要,就是对的,否则就是坏的。好与坏均以自身利益为根据,带有浓重的互利交换的实用主义色彩。儿童也不再把规则看成是绝对的、固定不变的东西。他们能部分地根据行为者的意向来判断过错行为的严重程度。比如有的孩子认为:"海因兹妻子常为他做饭、洗衣服,因此海因兹去偷药是对的。"也有的认为:"偷药是不对的。因为做生意是正当的,这样药剂师就赚不到钱了。"

2. 习俗水平

习俗水平又称因循理论,处在这一水平的儿童,能够着眼于社会的希望与要求,并以社会成员的角度思考道德问题,已经开始意识到个体的行为必须符合社会的准则,能够了解社会规范,并遵守和执行社会规范。规则已被内化,按规则行动被认为是正确的。这一水平也可分为两个阶段。

阶段3:好孩子定向阶段。处在这个阶段的儿童已经是十来岁的孩子,他们按照善良人应该怎样去行事,而其善行是按照动机和情感来规定的。这时的儿童认识到必须尊重他人的看法和想法。为了使互助日趋完善,人们应当合作。他们希望通过服从"诚实儿童"的规则和满足他人的希望来争取社会的赞许。他们认为与社会利益相一致的行为就是正确的。处于这个阶段的儿童一般以"挽救生命""他爱他的妻子"等作为海因茨偷药的理由,而认为药剂师的动机是"坏的",因为他"贪婪",这会使有些儿童感到愤愤不平。在这个阶段,儿童已开始从关心自己的需求发展到较全面地关心别人的需求,甚至有人把满足家庭、集团或国家的希望作为自己的指南。

第五章　基于素质教育的品德培养

阶段4：遵守法规的取向阶段。社会系统必须依靠法律和规章制度来维护，道德的基础是严守法律和履行责任。道德发展达到这一水平的人认同自己的角色，在行为上有责任心和义务感，他们会认为海因茨先生是错的，因为偷窃行为是违法的，无论他有什么样的理由，法律的权威必须维持，这样才能维护整个社会系统的稳定。

3. 后习俗道德水平

后习俗道德水平又称"后因循水平"，达到这一道德水平的人，其道德判断已超出世俗的法律与权威的标准，有了更普遍的认识，想到的是人类的正义和个人的尊严，并已将此内化为自己内部的道德命令。个人从自己的良心或价值观出发进行是非善恶的判断，是在合乎大众利益的基础上寻求更适当的社会规范。只有少数人能够达到这一水平，多数人的道德发展只能达到习俗水平，学校的道德教育中强调的学生要遵纪守法也是习俗的道德观念。这一时期按照发展水平的高低也分两个阶段。

阶段5：社会契约取向阶段。道德的基础是保护每个人的人权，关键在于维持一个能够完成这一任务的社会系统；法律用来保护人们的自由而不是限制人们的自由，可以时时加以改变。道德发展达到此阶段的人会认为海因茨先生的行为是对的，因为社会一向强调人的生命是最重要的，垂死者要求得到医药的权利重于药店老板牟利的权利，其行为虽然违法但是符合道德意义。处于这一阶段的儿童，已经认识到法律或习俗的道德准则仅仅是一种社会契约，也认识到社会契约是可以改变的。他们既强调遵守法律，也强调法律是社会一致同意的产物，其目的在于使人们和睦相处。如果人们感到法律不符合他们的需要，可以通过共同协商和民主的程序来改变法律。

阶段6：普遍伦理取向阶段。个人根据他的人生观与价值观建立了他对道德事件判断时的一致性与普遍性的信念；道德是关乎个人良心的事情，超越法律之上有普遍的道德原则，如人性的尊严、真理、正义与人权。道德发展达到该阶段的人已具有抽象的以尊重个人和个人良心为基础的道德概念，他们认为应运用适合各种情况的抽象的道德准则和普遍的公正原则作为道德判断的根据。背离了一个人自选的道德标准或原则就会产生内疚或自我谴责感。他们具有某种抽象的、超越法律的普遍原则的较确定的概念。这些原则包括对全人类的正义和个人的尊严；认识到了社会秩序的重要性，同时也领悟到不是所有有秩序的社会都能实行更完美的原则。处于这个阶段的被试都认为社会不可能存在一种为救妻子而让海因茨去偷药的法律，但他有一个更高的道德的权利。这时人们才把自己置身于所处的社会范围之外来发表自己的观点。人们的行为有时也已超越了某些规章制度,他们考虑的往往是道德的本质而不是具体的道德准则。

柯尔伯格认为这个道德判断水平是由低到高、顺序不变的。并认为这是儿童自发活动的产物,不同文化背景下的儿童都必须经历相同的阶段。柯尔伯格认为道德判断与道德行为有很高的一致性,即道德判断水平越高,行为也就有高的道德水平;且水平越高,行为与判断的一致性也越高。

二、有关道德情感发展的理论

道德情感是品德心理结构的动力机制,了解道德情感形成和发展的相关理论,有助于科学培养学生健康的道德情感,进而促进学生形成良好的品德。在学术研究中,有关道德情感发展的理论方面名气较大的是弗洛伊德的个性理论中有关道德情感的论述,以及霍夫曼的道德移情理论。

(一)弗洛伊德的个性理论中有关道德情感的论述

品德是个性的一个方面,弗洛伊德个性理论中就有关于道德情感的论述。弗洛伊德认为,个性是一个整体,由彼此相关的本我、自我和超我构成。

本我是个性中最原始、最模糊、最不容易把握的部分;本我信奉快乐原则,像一个任性的孩子;本我是个性中天然的部分,由一些与生俱有的冲动、欲望或能量构成。本我不知善恶、好坏,不管应该不应该,合适不合适,只求立即得到满足。然而,现实社会不会容忍、放任本我的人,于是,在个性中就有懂得约束自己的另一个我——自我。自我是个性中理智又现实的部分,产生于本我;自我按现实原则行事,像一个成熟的中年人;它应付外界现实、感受本我需要、接受超我监督。超我是个性中的良知部分,它超越生存需要,渴望追求完美;超我按道德原则行事,像个铁面无私的老法官。超我是道德化的自我,弗洛伊德称它为良心。超我是个性结构中最高的监督和惩罚系统,负责对本我和自我的行为是否符合道德标准进行监督和惩罚。这三部分相互作用形成的内在动力,对个体的道德行为进行支配。

从这一层面来说,个体的道德情感发展会经历一个逐渐内化的过程。在儿童时期,父母很早就开始向孩子提出各种社会化的需求,从而使孩子逐渐将父母的批评和社会的批评内化成超我(俗称"良心")。良心或超我代表了内化的父母,它是相当严厉的,具有惩罚性。良心的发展可以帮助儿童在父母不在眼前时也能让道德规范来行动,抵制外界的诱惑。如果个体的行为违反了超我的意向,就会感到自责和内疚。因此,在弗洛伊德看来,自拘作用、自我惩罚、内疚是儿童道德发展的强大推动力。

(二)霍夫曼的道德移情理论

移情就是对另一个人的情绪情感状态做出的情感反应,它能导致同情或"自身的焦虑",因而曾被一些人认为处于道德发展的核心地位。20世纪80年代,美国心理学家霍夫曼提出了儿童移情性道德感,即道德移情的问题。他从个体情感发展以及它作用于个体使之产生具有道德意义的行为动机的角度去探讨道德移情问题。在霍夫曼看来,道德移情对个体的道德发展有重要功能;移情倾向可以加强个体具有的公正道德价值取向或者关爱道德价值取向;在面临道德冲突时,唤起的移情可激活道德原则,进而影响判断;移情水平的高低影响着道德动机,进而决定了个体能否做出正确的道德抉择并完成道德行为。可以说,一个人做出的道德判断,例如"一个人应该帮助感到痛苦的另一个人,因为任其痛苦是错误的",可能会促使他去行动。差异表现在道德行为定义中的"倾向"这个术语上。此时,倾向指推动行为的情感反应。道德动机的主要来源是移情,移情被界定为一种情感反应,它不一定和另一个人的情感状态完全相同,"更主要的是对另一个人的境遇而不是对自己的境遇做出反应"。通过用情感动机来描绘道德,霍夫曼提出了这样一个问题:"人为什么会有道德行为?"他回答说,这是道德情感的需要促成的。

霍夫曼认为,道德的源头可从移情中去探索,而移情本身就是一种"亲社会动机",具有引发助人行为、抑制攻击性行为等亲社会功能[1]。近年来,在有关助人、转让、抚慰、合作和分享等亲社会行为的研究中,许多实验证据表明,移情与亲社会行为有显著的正相关关系,即移情水平高的人比移情水平低的人表现出更多的亲社会行为。

三、有关道德行为发展的理论

道德行为是人的道德认识的具体表现。也是个人道德品质的外显成分。在现实生活中,我们评价一个人的道德面貌,不只是看他已经达到了怎样的道德认识水平,也不只是看他具有怎样的道德情感表现,而是看他是否有履行道德的实际行动,以及履行了怎样的道德行动,因此道德行为是衡量人们道德品质的最重要标志。关于道德行为发展的理论,较具代表性的有班杜拉的社会学习理论和斯金纳的行为主义品德理论。

---

[1] Martin L. Hoffman. Empathy and Moral Development[M]. Cambridge :Cambridge University Press,2000:30—36.

(一)班杜拉的社会学习理论

美国当代著名心理学家班杜拉运用社会认知理论来解释儿童的道德行为。他主张的社会认知主要是一种观察学习,且儿童通过观察他人在相同社会环境中的行为,从他人行为获得强化的观察中来进行体验学习。观察学习是儿童学习的主要形式,可以说,儿童的大部分道德行为是通过观察学习获得和改变的。班杜拉认为,观察学习的过程一般要经历注意过程、保持过程、动作再现过程及动机过程(图 5-1)。

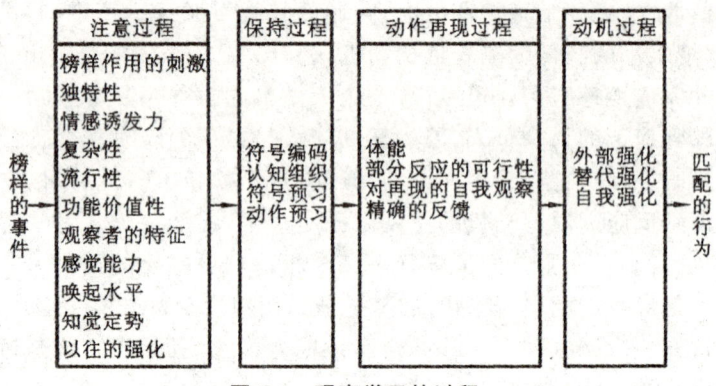

注意过程	保持过程	动作再现过程	动机过程
榜样作用的刺激 独特性 情感诱发力 复杂性 流行性 功能价值性 观察者的特征 感觉能力 唤起水平 知觉定势 以往的强化	符号编码 认知组织 符号预习 动作预习	体能 部分反应的可行性 对再现的自我观察 精确的反馈	外部强化 替代强化 自我强化

榜样的事件 → → → → 匹配的行为

图 5-1 观察学习的过程

其中,注意过程是观察学习的起始环节,它是指个体观察榜样的整个过程。这个过程决定着个体从大量的人物和事件中选择什么作为观察对象,以及从观察对象中获取什么信息。保持过程是个体在观察中将获得的有关观察对象行为的信息以符号表征的方式储存于记忆之中,在保持过程中,即时的、转瞬即逝的观察经验被转化成持久的、稳定的认知结构,被保存于记忆中。动作再现过程就是把记忆中的符号和表象转换成个体的行为,再现以前所观察到的示范行为。如果说从注意过程到保持过程是信息由外到内、由接收到储存的过程,那么运动再现过程就是信息由内到外、由概念到行为的过程。动机过程是一个强化的过程,外部强化、替代强化以及自我强化都有助于强化个体行为的动机,使得个体在特定的诱因之下产生行为。

在观察学习的过程中,班杜拉还提出了榜样模仿在个体道德行为发展上的引导作用。他认为,榜样的特点、示范的形式、示范行为的性质和后果等都会影响个体道德行为学习的效果。这一观点强调了榜样示范在儿童道德行为的形成、改变和发展中的作用,突出了榜样教育的重要性,对学校道德教育的实践有较大的启发意义。根据班杜拉的观点,我们可以看出,榜样示范多种多样,他们既可以善来教育人们,也可以恶来影响儿童,关键在于这种榜样的性质。在道德教育中要十分注意在一开始就为儿童提供好的榜样示范,并对不良的行为模式予以适当的惩罚,从而帮助儿童形成良好的道德行为习惯。此外,榜样模仿也有助于强调自我强化对行为的调节作用,对学校道德教育也有实际的指导意义。因此,在教育过程中,除了要利用外部评价,使学生掌握评价的标准以外,还应该鼓励学生通过实践把这些外部标准内化为他们的内部标准,使他们逐步实现自我强化和自我调节。

(二)斯金纳的行为主义品德理论

行为主义代表人物斯金纳的操作强化原理被广泛运用于解释行为的问题方面,其中也包括道德行为问题。在斯金纳看来,一切受到正强化的行为就是善或好的行为;一切受到负强化或惩罚的行为就是恶或坏的行为。儿童品德的形成是操作行为本身强化的结果,也就是说善的东西会对儿童产生正强化的作用,使其道德行为不断趋向于善;而恶的东西会对儿童产生负强化的作用,使其道德行为向恶的方向发展。因此,斯金纳坚持从强化理论来说明人的道德行为,认为强化有益于我们的行为,乃是人类的自然倾向。通过强化人们的行为建立了各种社会性的依随联系,而这些依随联系又反过来强化行为。

在斯金纳有关道德行为的强化理论中,他尤其重视外部环境对道德行为的强化作用,他指出环境之所以能影响人的行为,是因为它构成了满足人们基本需要的必要条件和活动条件。为此,他认为,道德教育就是通过环境的控制和改变而实现对道德行为的控制和改变。他对构成了千百年来人类控制行为的基本方式如自流放任法、指导法、依赖事物法和改变思想法进行了批评,认为这些方法都无法达到科学的层次,而只有他的行为控制技术才是最有效的方法。

斯金纳以科学事实说明价值判断,以外部环境规定道德行为,以行为分析技术作为道德教育方法,这些均对我们理解儿童的品德形成和进行品德培养具有一定的启发价值。但是,他简单地把道德行为归结为强化行为,忽视了道德行动中的认知和情感活动,显然是片面的。同时,他在人与环境的关系上最终陷入机械唯物主义的循环论之中:人创造环境,环境又决定人。但两者关系究竟如何,他仍旧没有解释清楚。

第三节 品德的形成与科学培养

学生的品德不是与生俱来的,而是在后天的社会道德舆论与教育的影响下,在学生从事的社会实践活动中逐渐形成和发展起来的。因此,要培养其良好的道德品质,必须按照学生的年龄特点及品德形成的规律,有目的、有计划地通过多种渠道施以教育影响。

一、品德的形成

(一)品德形成的实质

人类个体品德的形成过程即品德学习的过程,亦即社会规范学习的过程,其实质是个人在社会生活实践过程中,在家庭教育、学校教育以及社会道德舆论的影响下,内化社会道德规范和道德价值,形成个人社会行为的心理调节机制的过程。

品德形成虽然是社会道德规范与道德价值的内化过程,但内化不是对社会道德规范的直接接受,而是在人际交往过程中对个人道德经验进行积极建构的过程。由于品德结构的复杂性,品德学习和社会规范学习就其性质来说,是以情感学习为核心的知、情、意、行的整合学习过程。片面培养品德结构的任何一个方面,或孤立地培养品德的各个方面,都不能很好地达到目的。由于品德和态度都由包括情感在内的多种心理成分组成,故品德学习在布卢姆的学习目标分类中属于情感领域的学习,在加涅的学习结果分类中相当于态度的学习。考虑到儿童道德发展受到多种内外因素的影响,道德教育就应从最适合其阶段特征、最有效的方面入手,故道德教育可以有多端性。可以从提高道德认识着手,可以从激发道德情感入手,也可以从道德行为的训练开始。

(二)品德形成的影响因素

一般来说,影响个体品德形成的因素大致可归为外部因素和内部因素两类。

1. 外部因素

(1)家庭环境

家庭是影响学生成长的重要环境,家庭的教养方式,父母的价值观念、文化、经济、政治背景、道德修养等都对学生品德的形成和发展起着奠基作用。

首先,家庭教养方式会影响儿童品德的发展。按照家长对子女的控制程度的不同,家庭教养方式可以分为溺爱型、民主型和专横型。有人对学生的品德与家庭教养方式之间的关系做了研究,发现父母信任、民主、宽容的

第五章 基于素质教育的品德培养

作风与儿童的优良品德之间具有正相关关系,过分严厉、过分溺爱都不利于儿童良好品德的形成。

其次,父母是孩子的第一任教师,也是不可替代的终生教师。他们的人生观、世界观、价值观以及对待事物的责任感、待人处世的方式方法,都在潜移默化地影响着孩子的心灵。因此,家庭教育在孩子品德形成的过程中占有举足轻重的地位。如果家长能够以身作则,努力给孩子创造一个温馨、健康、积极向上的成长环境,便会收到潜移默化的良好效果。如果忽略了家庭教育这一主战场,特别是父母的榜样力量,就会对学生良好品德的形成起到阻碍的作用。

最后,父母的道德观念会影响儿童品德的发展。父母的道德观念会体现在他们待人接物的方式和态度中,而父母是儿童最早认同和模仿的对象,儿童会以观察学习的方式受到父母的影响。

(2)学校环境

学校的环境是指学生学习、生活的地方。在这个环境中,人们的一言一行、一举一动,无不对学生产生这样或那样的影响。如果一个学校或一个班级的主导因素不健康,将会影响到该集体的绝大多数人员。如果一个班级的学生有盗窃行动,老师放任不理,一段时间以后,班级中几乎人人都会染上盗窃的恶习。可以说,学校开展的各种教育教学活动,无不渗透着品德教育。校园环境的建设和布局、校园文化的营造等都影响着学生态度和品德的形成。此外,构建教师和学生之间良好的关系,对于学生的健康成长非常重要。教师的人格、教育方式、对待学生的态度等方面都需要教师注意。

(3)社会环境

人是社会性动物,人的一生都是社会化的过程。虽然学校和家庭是学生的主要学习和生活场所,但是,作为社会成员,学生不可能与社会完全隔绝,其品德形成自然也会受到社会环境的影响。例如,社会环境中的社会风气的好坏对新一代学生思想品德的形成有直接的影响作用。学生在社会生活中的所见所闻与学校、家庭的正确教育一致时,教师就容易达到教育的目的。如果学生观察到的现象和所感受的事物与教师的教育不一致时,学生就会迷惑不解,从而产生思想矛盾,甚至产生抵触情绪,严重影响学生良好品德的形成。

(4)班集体与同辈团体

良好的班集体对儿童的品德发展具有很重要的意义。如果一个班级内有良好的师生关系,同学和睦融洽,有凝聚力,有明确的纪律规范,那这种班风就构成了一种无形的影响力,对那些品德不良的学生构成了一种压力,同时又提供了很好的榜样。

另外,对于处于青少年时期的中学生来说,同辈效应非常明显,尤其是对于处于青春叛逆期的学生。这个时期的学生非常重视"哥们儿义气",并经常质疑父母、教师等成年人的观点。归属和安全是个体的基本需要之一,为得到同伴的认可和接纳,这个时期的学生会试图调整自己的言行和态度,使之与同伴保持一致。因此,学生态度和品德的形成和发展会受到同伴群体的很大影响。

2. 内部因素

(1) 自身的智力水平

智力水平与品德之间的关系非常复杂。研究发现,青少年罪犯的智商分布与随机抽样的儿童的智商分布很相似,但他们的平均智商低。而且,其中高智商罪犯数量较少。但在智商全距的各个水平上都有青少年罪犯,换句话说,一个智力较高的人,并不见得就有积极的道德取向,而且,一旦他们形成了不良的品德,高智力反而会促进其恶性发作,这说明个体自身的智力水平与其品德形成还是有一定关系的。

(2) 一般认知能力

认知心理学家认为,儿童逻辑推理能力是其道德判断能力发展的基础。儿童从单方面服从权威的他律道德转向双方互相尊重的自律道德,与其思维的去中心化能力发展有关。个人道德成熟要达到依据公正、平等、人的价值等抽象的道德原则,而不是依据具体的道德律令进行道德判断的水平,显然要以其抽象逻辑思维的发展为基础。

(3) 道德动机

道德动机是推动人们产生和完成道德行为的内在原因或动力。研究表明,当儿童的道德认识和道德情感成为个人道德行为的内部动力时,便转化为道德动机。儿童的道德动机一般由具体逐步发展为抽象与原则。学前初期儿童的道德动机往往受当前刺激的制约,只有在学前晚期儿童身上,才可以初步看到独立的、主动的社会道德动机,但这些动机基本上仍受具体的道德范例所支配。9岁以后的儿童已能把行为的社会意义和社会理由作为自己行动的道德动机,他们不再简单地听从成人的旨意或以外来权威作为行动准绳,其行动的道德动机已表现出一定程度的主动性和独立性,但水平仍不高。11~12岁儿童行为的社会理由和内心道德感的成熟的比重有较大幅度的增长,表明道德动机的主动性和独立性在向较高的水平过渡,中学阶段学生行为的社会理由已成为道德动机的主要成分,道德责任感已开始成为中学生道德动机中起积极作用的新成分。

(4)交往需要与合作经验

交往需要、归属需要是人的基本社会性需要。个人交往要获得成功,要得到他人的认可和团体的接纳,就必须学习和遵循道德规范。在与成人、同伴的合作中,儿童了解他人的观点和感受,减少了自我中心倾向,提高了角色采择能力。同时也有机会获得自己行动的反馈,增强自己对道德准则的意义的理解。与成人交往相比,同伴互动更有可能促进儿童道德发展。

二、品德的科学培养

考虑到品德的心理结构,进行品德的科学培养也主要从道德认识、道德情感、道德意志和道德行为四个方面入手。

(一)发展道德认识

道德认识是个体对道德知识的感知、理解、掌握的过程,发展学生的道德认识可从道德概念的掌握、道德信念的产生和道德评价能力的发展三个基本环节入手。

1.道德概念的掌握

道德概念是指社会道德本质特征的概括。道德概念是在丰富的道德表象的基础上,通过分析、综合、抽象、概括等思维活动而形成的。道德概念的掌握对道德认识的形成有着十分重要的作用。

道德概念的掌握是在个体发展的过程中完成的,并且存在着年龄差异。在小学阶段,低年级学生对道德概念的理解是一种比较肤浅的、具体的和表面的理解,只是从行动的后果和行动的外部现象上去理解道德概念,对是非、好坏的意义的认识与成人的禁止和赞许有关。高年级学生对道德概念的理解逐渐发展到比较精确的、本质的理解,能从概念内涵的各方面因素中加以概括,指出概念的本质内容,但具体性较大,概括性较差。到了中学阶段,随着学生抽象思维的发展,其思维的独立性、批判性不断增强,对道德概念的理解的正确率逐步提高,对道德知识的掌握在形式上更加概括、抽象,在内容上的认识更加深刻。研究表明,高中生对道德知识的理解水平已经基本达到对"道德行为规范与道德准则的本质"的掌握。但到青年后期才能真正掌握诸如"虚伪""谦虚"等更概括、更抽象的概念。

道德概念的掌握同一般概念的掌握一样,也是在丰富的表象的基础上,通过分析、综合、比较、抽象、概括等思维活动进行的。因此,在道德教育过程中,教师不但要进行伦理性灌输,而且要结合实例和具体形象进行榜样教育。此外,学生在掌握道德概念时,常常会出现一些糊涂认识或错误观念。如有的学生把尊敬老师看成是"巴结",把向老师汇报情况说成是"出卖"同学,把顶撞老师看成是"勇敢",把相互隐瞒错误说成是"讲义气"等。因此,在道德教育中,教师应注意运用变式的规律,使学生掌握道德概念的本质。

2. 道德信念的产生

当一个人坚信自己的道德观念正确,并使这种道德观念伴随着内心体验成为自己的行动指南时,就产生了道德信念。道德信念是坚定的道德认知,它是在已有的道德观念和道德概念的基础上产生的,同道德情感和道德行为密切联系的一种道德认知。

心理学研究表明,在年龄发展的不同阶段,学生的道德信念具有不同的特点。小学一、二年级的学生只有道德信念的某些因素,还没有真正形成道德信念;三、四年级学生开始有了道德信念萌芽,但不够明确和稳定;五、六年级学生开始表现出某种自觉的道德信念。从初中阶段开始,真正概括、深刻而坚定的道德信念才逐步形成,为高中阶段的人生观、世界观的形成打下一定的基础。因此,在教育教学过程中,教师可以利用集体舆论,强化教师的言语,正确引导学生提高道德认识,并且把它与自己的思想、情感联系起来,学生在情感上就会产生肯定的情绪体验和继续做好事的愿望,对道德准则坚信不渝、坚决执行时,道德认识才算完全发展成为道德信念。

3. 道德评价能力的发展

道德评价是应用已有道德知识对道德行为进行判断的过程。道德评价是一种智力活动的过程,它是一个人运用道德概念进行道德推理,确定合理行动,做出道德判断的思维过程。经常进行道德评价,可以帮助学生巩固和扩大道德经验,加深对道德意义的理解,提高辨别和评价是非的能力。

学生的道德评价能力是逐步发展起来的。一般来说,道德评价能力的发展一般具有以下几个规律。其一,从"他律"到"自律"。小学低年级学生往往是以成人或老师的评价为依据来进行道德评价,以后随着年龄的增长和知识经验的增加,才慢慢地学会依据自己的评价标准,独立地对别人进行评价。其二,从评人到评己。小学低年级学生还不会对自己做出评价,往往根据家长或老师对别人的评价来评价自己。随着自我意识的发展,中学阶段的学生开始关注自己的内心体验,并逐渐学会了自我评价。其三,从效果到动机。小学低年级学生在评价时,只是注重对行动的直接结果和外部原因的分析。中学生则逐渐趋于将行动效果和内部动机联系起来加以评价。其四,从片面到全面。小学低年级学生容易根据个体行动表现中的某一点,就对其道德品质做出全面肯定或全面否定的结论。随着年龄的增长和道德知识的丰富,到了高中阶段,他们才逐步学会对自己和别人进行比较全面、客观、公正的评价。

学生的道德评价能力同他所掌握的道德知识水平密切相关,也直接受到他们的心理发展水平的影响。为了培养学生的道德评价能力,教师要注意为人师表,经常利用教材中或学生日常生活中的典型事例做出简明而正确的评价。有意识、有步骤地来提高学生的道德评价能力,使他们的道德评价能力逐渐由现象到实质、由别人到自己、由片面向全面发展。教师应当特别注意学生自我评价能力的培养,有意识地引导学生由对别人的评价过渡到自我评价,这对学生道德信念的形成起着重要的作用。

(二)激发道德情感

从个体的发展来看,人的感情总是经历由情绪到情感再到情操的过程。

情绪是个体心理活动的组成部分,是个体对外界刺激是否满足自己的生理和心理需要而引起的一种主观体验,是一种原始的、简单的情感。它与生理需要相联系,持续的时间比较短暂,外部表现特别显著,如喜、怒、哀、乐等都是最基本的情绪状态。

情感是一种比较高级、复杂的情绪,是人的需要是否得到满足时所产生的一种内心体验。当客观事物能够满足人的社会需要时,就引起积极的肯定的情感;相反就会引起消极的否定的情感。和情绪相比,情感持续的时间比较长些,外部表现不甚显著。

自律性和他律性的辩证统一,会衍生为一种更为高尚的情怀约束,这就是情操。情操是一个人道德品质的操守,也是一个人做人的准则和价值标准。情操是一种更加高级的、更加复杂的情感,它是与人的社会需要相联系的一种深厚的、稳定的、坚定的高级情感。例如,理智感、审美感和道德感。我们平常所说的培养高尚的情操,就是指培养道德情操。情绪、情感和情操是密切联系的,有时还交织在一起。情感和情操有时以鲜明的、迸发的形式表现出来的一种情绪。由于情感具有调节的职能,因此高尚的情操可以控制其不适当的情绪和情感。

道德情感是道德行为的内部动力之一,也是一种自我监督和自我检查的力量。品德的形成,就其最基本的心理过程来说,是一个从知到行的过程(即从道德认识到道德行为的过程)。从知到行并不是一条直线,而是要经过复杂的中间环节,必须有道德情感和道德意志的参与。因此,在品德形成的过程中,激发道德情感也是其中重要的一环。一般来说,激发学生的道德情感可从以下几方面入手。

1.激发学生的移情能力

移情是个体由真实或臆想的他人情绪、情感状态引起的并与之一致的情绪、情感体验,它是维系积极的社会关系、促进亲社会行为的重要因素,是人们在内心世界相互沟通的桥梁。当看到他人处于困难、痛苦境地时,移情能力会在很大程度上决定个体是否会对他们进行帮助,而这实际上也是个体道德情感的一种体现。因此,激发学生的移情能力是激发其道德情感的一种典型做法。

一般来说,激发学生的移情能力可通过表情识别,如通过对方的表情、照片、图片等来判断对方的态度、需求和情绪、情感体验,也可以引导学生理解当事人的处境,从他的处境去感受他的情绪体验,考虑他需要的帮助。这可以采用故事讨论的形式,让学生分析故事中的人物的处境和体验。但不论采取哪种方式来激发学生的移情能力,都应注意不要将自己的看法强加于学生。在激发学生移情能力的过程中,当教师和学生对某一事物有不同的看法时,不要迫使学生按照自己的理解方式去思考,更不要强求学生一定要接受自己的观点和看法,在没有经过实践检验之前,任何人都没有理由将自己的观点视为对,而将别人的观点视为错,或是将自己的观点强加于对方。而且,世界上的很多事情是不能简单地以好与坏、是与非来划分的。

2.重视教师的情绪感化作用

教师对学生的爱是学生获得积极情感体验的源泉,如果一个教师对一名后进生的错误行为进行严厉批评的同时,能在生活上关心他,在学习上给予切实的帮助,对他所表现出的微小进步感到由衷的喜悦。当学生认识到老师的善良愿望后,就会产生温暖、感激、信任等积极情感体验。

3.丰富学生道德情感

一方面,教师可以将学生道德观念与一定的情绪体验结合起来。这就要求教师在讲解道德知识时,要注意运用具体、典型的实例,以生动的、带有情绪色彩的言语表述,使学生在领会道德要求的同时,产生情绪体验。另一方面,教师也可以引导学生将道德认识付诸行动,从事道德实践。如帮助社区的孤寡老人解决生活困难,与贫困地区学校学生开展心连心协作活动,从中获得直接的道德情感体验。此外,教师还可以引导学生对道德情境做出正确评价。现代情绪心理学研究表明,人的情绪是通过对刺激因素、认知因素和生理因素三方面的信息进行整合而产生的。故在道德教育中,提供有关的背景信息,帮助学生对道德情境、人物、事件做出解释和评价,可以影响

第五章　基于素质教育的品德培养

其道德情绪体验。

(三)锻炼道德意志

道德意志是指一个人自觉地确定道德行为目的,积极调节自己的活动,克服内外困难,以实现既定目的的心理过程。在具体情境中,个体能否有效地抗拒不良诱因的诱惑,战胜内外困难,采取道德行动并将这种行动进行到底往往取决于道德意志。道德意志在实现道德行为过程中的作用表现在两个方面:一是为实现道德目标积极进取,使道德动机战胜非道德动机;二是克服各种内外困难,战胜外部阻碍和内心动摇、厌倦等消极情绪,将道德行为坚持下去,直到达到目标。因此,道德意志是个人能否达到一定道德水平的重要条件,也是个人是否具备某种道德品质的重要标志。

在现实生活中学生某些不道德行为并非由于道德无知,而是与自我调节控制能力不强有密切关系。因此,道德意志在学生品德形成中具有不可忽视的作用,锻炼和培养学生的道德意志十分必要。一般来说,培养学生的道德意志,教师可以通过以下几方面进行。

(1)提供道德意志锻炼的榜样,激发学生锻炼道德意志的愿望。榜样具有浓厚的情感色彩和感人的精神力量,能深深陶冶学生的情操,鼓舞他们的意志,教师可以向学生介绍一些英雄模范人物的事迹,给学生提供道德榜样,有计划、有目的地进行道德教育,激发他们锻炼道德意志的愿望。

(2)提出严格要求,引导学生进行道德意志的自我锻炼。对学生提出严格的要求,使他养成良好的生活、学习和工作习惯,帮助他们分析自己的意志品质,拟订锻炼意志的计划,培养学生自我教育、自我评价、自我监督、自我控制的能力。

(3)组织道德练习,使学生获得道德意志锻炼的直接经验。道德意志始终是在道德实践过程中,为实现既定的目的,在与各种困难的斗争中逐步形成和发展起来的。因此,要创设一些特定的情境,组织学生参与道德实践活动,从中获得道德意志锻炼的直接经验。

(四)训练道德行为

道德行为习惯是青少年由不经常的道德行为转化为道德品质的关键因素。在日常生活的道德行为中,行为习惯起着特别明显的作用。在学校教育的影响下,小学生各种道德行为习惯逐渐发展起来,但水平偏低,不稳固,易变化,且呈"马鞍形"发展,即低年级和高年级的道德行为习惯较好,而中年级较差。中学生的道德行为有很大发展,形成道德行为习惯的人数逐年增加,道德行为习惯的稳定性逐渐增强,但随着年龄增长,中学生群体中具有良好的道德行为和不良行为的人数都在增加,两极分化现象十分明显。可见,青少年阶段是学生形成道德行为习惯的重要时期,因此,青少年应注意培养形成良好的行为习惯。在现代品德教育中,教师可通过以下三方面进行学生的道德行为培养。

1. 掌握道德行为方式

道德行为方式的掌握是产生道德行为的必要条件。指导学生掌握道德行为方式有多种形式。例如,通过课文或课外读物的阅读或讲述,使学生了解某项典范人物行为方式的合理性;组织学生讨论为完成某事所应采取的行动步骤,分析和总结道德行为的成功经验与失败教训;通过学生守则和中小学生"日常行为规范"的讲解与练习,使学生了解某种道德情境中典型人物行为方式的合理性等都是切实可行的办法。在此过程中,需要注意的是,教师一方面要让学生掌握一些道德行动的具体要求、规则、步骤,另一方面则要使他逐渐形成独立地、主动地和创造性地选择道德行为方式的能力。

2. 进行道德行为习惯的培养

道德行为习惯是一个人由不经常的道德行为转化为道德品质的关键因素。在日常生活的道德行为中,行为习惯起着特别明显的作用。作为一种动力定型,道德行为习惯是与一定需要、道德倾向联系的自动化的行为动作。它不仅可以使人获得易于实现道德动机的行为手段,而且还由它的受阻引起消极情绪体验,从而成为道德行为的一种反馈性的内部动力。因此,在道德教育中培养良好的行为习惯和改正不良的行为习惯是十分必要的。

良好的道德行为习惯的养成不是一朝一夕可以完成的事情,它需要有意识地、有组织地长期练习。为了有效地培养学生良好的道德行为习惯,应注意以下几点。

第一,创设良好的行为情境,避免重复不良行为的机会。

第二,激发学生形成良好道德行为习惯的意向。向学生讲清道德行为练习的目的、意义和必要性,激发学生参与练习的主动性和积极性。

第三,让学生了解练习的结果及成败的原因,及时强化与反馈。

第四,与坏习惯做斗争。要注意及时纠正学生中共有的某些坏习惯,同时要让学生了解其害处,增强其克服坏习惯的勇气和信心。

第五,提供良好榜样,鼓励学生进行模仿。

3. 纠正不良品德

在现代教育中,由于各方面因素的影响,一些学生不可避免地出现了某些不良品德,虽然这种问题只在少数学生身上存在,但其影响极大,教育者若不及时采取有效措施,积极进行挽救或矫正,不仅会直接影响他们的健康成长,甚至有人会走上违法犯罪的道路,而且会影响其他同学道德品质的健康发展,严重者可能影响到学校的秩序,甚至会危及社会治安、败坏社会风气。因此,对学生品德不良的充分关注和及时矫正在学校德育中有着极其重要的意义。

(1)学生不良品德的表现

第一,缺乏正确的道德情感,常常荣辱不分,贪恋低级趣味,看重江湖义气,缺乏真正的正义感。

第二,道德意志薄弱,缺乏自制能力。一些品德不良的学生,接受教育后也会后悔,一方面表示"决心改正",并在一段时间内有一定的改正,但他们常常缺乏自制力,不能用正确的思想约束自己的行动,因此常常经不住诱惑和煽动而重新做出某些不道德的行为。

第三,道德认识肤浅,道德观念模糊,是非、善恶不分,他们或者受到社会不良思想的影响,或者出于错误的"英雄主义"思想观念,把享乐看成是人生最大的动力,而且常以粗暴蛮横的行为发泄自己的烦躁与不满,甚至不惜扰乱课堂,毁坏公物等。

第四,具有一些不良的习惯,如说谎、抽烟、喝酒、赌博、好吃懒做、爱占小便宜等。

(2)学生不良品德形成的原因

学生的不良品德是社会环境、学校教育及家庭的不良影响通过儿童内部心理活动产生的,是外因通过内因起作用的结果。

①外因

首先,家庭的教育和环境中的影响,是造成学生品德不良的一个重要原因,如有的父母或其他家庭成员恶习成性,酗酒、赌博、偷窃等,致使孩子受到潜移默化的不良影响而形成不良品德。又如,家庭结构出现问题,像父母离异、重婚、夫妻不合等都会在一定程度上导致学生出现不良品德。

其次,社会文化中的不健康因素,如社会上不健康的报纸杂志、网络、影视节目等,对学生的品德发展都有不良影响。不法分子的引导、教唆也会使学生形成一些不良品德。

最后,学校教育中的某些失误也是导致学生不良品德形成的重要原因,如学校办学思想不端正,片面追求升学率。因此,忽视对学生的思想品德教育,智育第一,只注意抓少数尖子生,放弃大多数学生。又如,学校缺乏正确的教育观点、原则和方法。有的教师对学生不能一视同仁,对有缺点的学生不能客观公正,教育方法简单粗暴,或严惩、放任自流,使学生失去自尊、自信。

②内因

首先，从我国现行的教育体系来看，除大学生之外，大多数学生都处于青少年阶段，他们的道德认识肤浅，道德观念模糊，缺乏独立的道德判断能力，他们在复杂的社会面前，不能正确地自我定向，不能按照社会行为准则和道德规范来分析行为，认识行为的后果，调节和控制自己的行为。有的学生本意是想做好事，但由于他们没有正确的道德观念，分不清是非，便常常出现"好心办坏事"的现象。

其次，青少年心理发展中的某些特点也可能成为产生过错行为的一个原因，青少年具有极强的求知欲、好奇心，但对善恶、美丑的分辨能力较差，常常不加分辨地接受或模仿社会上的新鲜事物。这就会导致他们往往盲目模仿消极的东西，进而导致了不良品德的产生。

最后，青少年的意志力薄弱，自我克制与自我约束能力差，有的学生虽懂得道德行为规范，但是由于意志薄弱，不能用正确的认识战胜个人的不合理的欲望，不能抵抗"诱惑"，当二者发生冲突时不能自制，就会出现"明知故犯"、知行不一的情况。

(3) 学生不良品德的矫正

学生的心理发展尚处在不成熟到成熟的过渡阶段，思想还未定型，可塑性强。只要积极采取符合其心理活动规律和特点的教育措施，满怀热情地去关怀和引导他们，他们的不良品德是完全可以得到纠正或改变的。具体来说，矫正学生的不良品德可从以下几方面入手。

①提高道德认识，增强道德判断

从以上对学生不良品德产生原因的分析中可以看到，不少学生不良品德与学生道德认识肤浅，道德观念模糊，缺乏独立的道德判断能力具有密切的关系，因此矫正学生的不良品德，首先就要提高他们的道德认识，增强他们的道德判断能力。为此，教师要坚持疏导教育，摆事实，讲道理，使学生心悦诚服地接受教育。教师可以通过组织班会、专题讨论帮助学生树立正确的道德观念，用现实生活中正反事例帮助学生认清不道德行为的危害。通过组织辩论、开展批评与自我批评、严格要求、赏罚分明、树立榜样等方法，帮助学生明辨是非，认清真、善、美和假、丑、恶，从而提高他们辨别是非的能力，形成正确的是非观念。

②培养深厚的师生感情，消除师生之间的疑惧心理和对立情绪

品德不良的学生由于本身的不良品德行为危害了他人或集体，而遭到斥责、惩罚与嘲笑，由此在熟人中感到一种社会压力，使他们产生疑惧心理与对立情绪。他们常常对老师和进步同学存有戒心和敌意，并保持一种对

第五章 基于素质教育的品德培养

立情绪,甚至对待真心实意帮助、教育他们的老师,也常常持以沉默、回避或粗暴无礼的态度。因此,教师必须满腔热情地从多方面关心他们,诚心诚意地帮助他们,教师要亲近他们,关心他们。同时,要教导班上的同学用正确的态度对待他们,要从多方面帮助他们,以满腔热情去融化他们"冰冷"的心。俗话说,"精诚所至,金石为开"。长期坚持这样做,就会使他们相信教师的真心诚意,体验到集体的温暖,增强对周围人的信任感,从而把教师看作是知心人,进而与教师培养出深厚的情感。只有感受到老师的爱,他们才会愿意接近老师并接受指导,才会乐于参加集体活动,并从中得到教益。

③善于发现学生的"闪光点",培养他们的自信心

人们都希望能得到他人的尊重、信任和温暖,这是人类最基本的社会需要。它使人珍视自己在集体中的合理地位,保持自己在集体中的声誉,这是个人努力改正缺点、积极向上的内部动力。具有不良品德的学生既有自卑感,也有自尊心,两者交织在一起,使其情绪复杂多变。教师如果无视他们的自尊心,一味地批评指责,很容易产生负面效应。因此,教师要善于发现他们身上的积极因素和各种闪光的苗头,多鼓励、勤表扬,使他们看到自己的长处和进步,从而点燃自尊的火种,获得克服缺点与错误的勇气和信心,达到长善救失的目的。

④锻炼学生与诱因斗争的意志力,巩固他们新的行为习惯

学生的不良品德,一般是由学生自身不正确的道德观念和外部的一些诱因共同影响形成的。因此,要矫正学生的不良品德既要提高学生的道德认识,加强道德观念的培养,也要锻炼学生与诱因做斗争的意志力,让他们学会自制,以养成新的道德习惯。在教育过程中,教师要加强监督管理的力度,切断外界不良诱因,如不良书刊、影视、同伴等。但更重要的是,教师要通过创设各种问题情境,锻炼学生的道德意志,提高学生的自我约束能力,使他们在充满诱惑的环境下,具有抗拒诱惑、坚持正确方向和行为的能力。

⑤根据学生的年龄特征和个别差异,采取灵活多样的教育措施

由于学生年龄、性格、所犯错误的性质及严重程度不同,其表现方式不同,矫正的方法也应灵活多样,"对症下药"才能收到好的教育效果。年龄较小学生的某些不良行为,常常是由于他们不了解或不理解道德行为规则,或出于好奇心而产生的,对他们应采取正面诱导的方法,指出其行为不当之处,并且指导他们应该怎样行动。对年龄较大的学生,由于他们已经具备一定的道德知识和道德评价能力,采取必要的比较严厉的教育方式是可以的。但也应区分不同情况,对初犯而又自尊心强的学生,可以采取个别警告的方式,不要在集体面前公开他们的过错;对重犯而又缺乏自尊心,不接受别人意见的学生,可以采取群众性说理的方式,公开批评他们的错误,并指出其

错误的严重性,同时采取必要的组织措施。此外,对于品德不良的学生,要做到具体问题具体分析,既要考虑学生的年龄、性别和个性特征,也要依据错误的性质和严重程度,区分初犯和屡犯、男生和女生、态度的好坏等不同情况,选择不同方式进行教育,做到因人、因事制宜。总之,在矫正学生不良品德时,教师要进行深入的调查研究,细致全面地了解学生的个性特点,善于发现和利用他们的积极因素,克服消极因素,采取灵活多样的措施进行教育。

第六章　基于学生良好发展的教学设计与教学评价

科学灵活的教学设计和客观与人性化并行的教学评价是科学发展视域下的教育心理学研究的重要内容，对于学生的发展有着举足轻重的影响力。科学合理的教学设计可以有效地帮助学生提高学习成绩，而客观与人性化并行的教学评价则有利于对教学的效果进行检验，也有利于后续的教学改进工作。本章我们将围绕基于学生良好发展的教学设计与教学评价展开论述。

第一节　科学灵活的教学设计

一、教学设计的内涵

(一)教学设计的含义

教学设计并不是现代才有，它作为教学实施的一项重要的准备性活动，在教学出现的时候就出现了。经过不断的发展，教学设计的理论与方法体系逐渐得到了进一步的发展和完善。但是目前为止，人们对于教学设计的概念界定仍然存在一些分歧，在实践领域和理论界的分歧尤其大。在实践领域，许多教师把教学设计看成是备课，也就是制订教学环节、安排教学内容、选择教学方式的过程，而忽视对教学的主体即学生的分析。在理论界，研究者基于不同视角和研究取向，对教学设计提出了不同的界定。比如，有的侧重从教学设计的形态描述出发，提出了"计划说"与"方案说"，认为教学设计是系统规划教学、形成教学方案的过程；有的则着眼于对教学设计的功能和本质判定，提出了"方法说""程序说"和"技术说"，将教学设计视为预先筹谋教学的系统方法、操作程序或技术。

事实上，在界定教学设计时，只有综合考虑多种因素，从多学科多视角出发，才可以探寻到教学设计的本质。综上可以对教学设计的含义有一个大概的了解：教学设计是教师在教学活动进行之前根据社会要求和学生特点,对教学的目标、内容、方法、媒体、程序、环境以及评价等要素进行系统谋划,形成教学思路和方案的导教、促学过程。

(二)教学设计的原则

教学设计需要保证其科学性,同时也要灵活一点,要符合教学的规律与特点,具体而言,教学设计需要遵循以下几点原则。

1. 最优化原则

从理论上讲,教学设计是一项系统工程,诸子系统的排列组合具有程序性特点,即诸子系统有序地成层级结构排列,且前一子系统制约、影响着后一子系统,而后一子系统依存并制约着前一子系统。根据教学设计的程序性特点,教学设计中应体现出其程序的规定性及联系性,确保教学设计的科学性。

从实践上来看,每一堂课都承担着不同的教学任务和功能,由不同的教学环节组成。同时这些环节会因为学科的类型而灵活地进行安排。教师们在进行教学设计的时候,需要妥善地对各个教学环节进行安排,让自己的教学规划尽可能的具有逻辑性和科学性,最大限度地提高教学效率、减少教学资源的浪费。此外,教师还要注意活跃教学的气氛,调动学生的学习热情。

2. 系统性原则

上面我们提到,教学设计是一项系统的工程,因此,在进行教学设计的时候,一定要遵循系统性原则。教学设计的子系统包括教学目标和教学对象的分析,教学内容、方法和媒体的选择,教学环境的创设和教学评估与反馈等,这些子系统在相互独立的同时,又是相互依存相互制约的关系,它们共同构成了一个有机的整体。

要在教学设计中贯彻系统性原则,要求教师在进行教学设计的时候考虑两个方面的内容。一方面,教师需要考虑如何系统地安排教学环节和程序,具体而言,就是从分析和设置教学目标开始,到选择教学方式、方法及媒体,最后转而对教学目标进行检测和评价,这些步骤必须是相互呼应的,上一个步骤的完成要有利于下一个步骤的实施。另一方面,除了教学环节的系统安排,教师也要考虑一切会对教学产生影响的因素,比如要考虑学生的身心发展特点,社会和国家的要求,教材、教具和独特的施教环境等,只有将它们和谐地统一于教学设计整体之中,才能达到最优化设计的要求。

第六章　基于学生良好发展的教学设计与教学评价

3. 可行性原则

教学设计要成为现实,必须具备两个可行性条件。一是符合主客观条件。主观条件应考虑学生的年龄特点、已有知识基础和师资水平,客观条件应考虑教学设备、地区差异等因素。二是具有操作性。教学设计应能指导具体的实践。

可行性原则要求在进行教学设计的时候,教师所确定的教学目标应符合学生心智发展水平,其教学内容的难度和呈现形式应以学生的现实发展水平为基础,其跨度要适中,应落于学生的最近发展区。学生在接受新的学习任务之前,教师可通过设计先行组织者为其提供适当的经验支柱,使其即将学习的新知识具有"固定点",促进学生积极地使新旧知识发生相互作用,在辨别、发现新旧知识的异同中建构出新知识的独特意义。

(三)教学设计的类型

教学设计是一项多因素、多侧面、多层次的复杂的系统工程,其类型并不固定,根据不同的分类标准,可以将其划分为不同的类型。

1. 从广度和范围划分

教学设计可被看成是一个解决问题的过程,根据教学情境中所需设计的问题范围大小,它可分为宏观设计和微观设计两大类型。

宏观设计解决的是教学的宏观方法问题,其着眼于教学的总体规划,对教学体系的远景蓝图进行制定。主要内容有四个方面,即制定教学计划、制定各门课程的课程标准、编选教材以及制定教学成效的考核方法。宏观设计因为涉及的层面很广,所以设计有一定的难度,要保证其科学性,一般都需要由专门的人员组成小组共同设计完成。

微观设计则是任课教师根据课程标准的要求,针对一个班级的学生,在固定的教学设施和教学资源的条件下,对教材单元教学所进行的预先筹划。当然,有时这种设计也可能包含任课教师所在专业教研组集体筹划的成分或学校教务部门的协调、评估和干预成分。与宏观设计所不同的是,在进行微观设计时,教师的工作重点是充分利用已有的资源,选择或编辑适宜的教学材料和活动程序。

2. 从时间幅度划分

从所涉及的时间幅度上看,教学设计可分为长期、中期和短期三种。长期设计是教师依据课程标准和学科教学要求所制订的年度和学期教学计划,中期设计是指教师把年度和学期教学计划分摊到不同的教学阶段或教学单元的计划;短期设计则指教师为进一步分解落实长期、中期计划所制订的每周、每日乃至每节授课的课时计划。在具体的教学设计实践中,长期、中期和短期三种设计需要协调一致,衔接紧凑。图 6-1 描述了长期、中期和短期教学设计之间的关系。

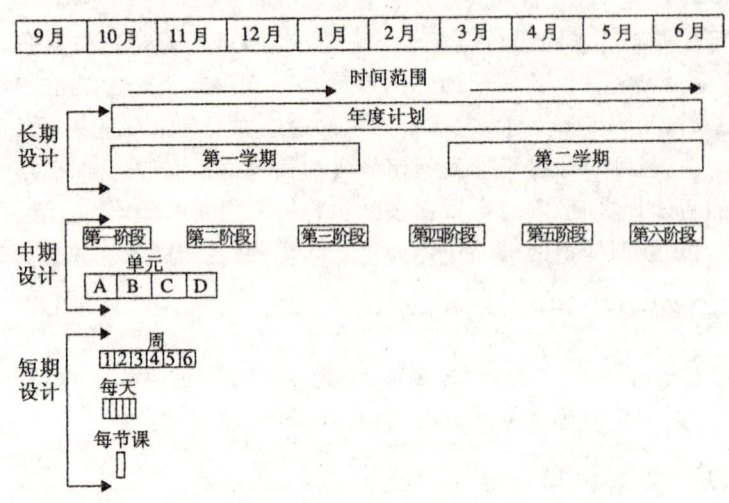

图 6-1 不同阶段的教学计划

最后,教学设计的结果可能以不同的形式呈现出来,既可能是教师上课用的教案、教材,也可能是某种现代化的教学媒体,如教学电影、电视、录像、教学软件等。

(四)教学设计的作用

追求教学的最优化历来就是教学理论研究者和教师孜孜以求的一种理想境界。教学设计的意义主要在于它对实现教学最优化过程的促进上,其作用主要体现在以下几个方面。

1. 教学设计是促进学生学习和发展的直接手段

系统的深思熟虑的教学设计必须立足于对学生的起点知识、兴趣、需要、智能和习惯状况的全面分析。因而,经过精心策划的教学设计更有可能切合学生的发展需求,吸引和维持学生的注意力,引导和促进学生的学习,提高他们对教学目标和学习内容的满意度。具有诊断功用的教学设计还能针对学生的个别差异,帮助个别学生解决学习问题,使他们在有效的学习过程中,与其他同学一样达成教师预设的教学目标。因此,从这个意义上讲,教学设计是落实素质教育,提高教育的针对性和实效性,促进每个学生最大程度学习和发展的有效途径。

2.教学设计可以最大限度地优化课堂教学

教学设计是教师用来确定如何最好的选择、组织和传递学习经验的过程。阿特金森曾于20世纪70年代初,就教学中最优化的处理过程提出了四项基本要求:一是要有适当的教学模式;二是要有明确的教学目标;三是要有详尽的教学活动;四是有相应的经费和效益[1]。这些要求正是教学设计所要解决的问题。

教师在课堂上考虑学生应该学习和掌握的内容,再延伸到需要用哪些方式方法来教会引导学生进行学习的时候,需要充分发挥其创造性和想象力。而且要从自己固有的习惯和偏见中脱离出来,尽量避免没有价值和效率的教学行为。提高教学自信心、安全感和将教学计划付诸实施的热情。与此同时,通过教学设计和教学反馈,教师可以对学生学习的初始状态和最终结果有一个比较准确完整的把握,进而可以有效地监控学生的学习情况,也可以对教学过程有很好的了解,从而不断地进行教学反思,提高自己的教学水平。教学设计是开展教学活动的前提和基础,是成功教学的必经环节和基本保障。

3.教学设计是教学评价和教学交流的载体

教学设计不仅在教学过程中充当教师教学和学生学习的向导角色,而且是学校管理者评价教师教学成效和教师之间交流、切磋教学技艺的桥梁。学校领导、教务部门和年级组通常要定期检查、考核教师的教学设计产物——教案,以发现教师教学中的优点和不足。新手型教师通过学习专家型教师的教案,揣摩专家型教师的教学设计理念,可以加快其成长进程。

二、教学设计的理论依据

(一)现代教学理论

教学理论是在一定的教学实践基础上,对教学规律的客观总结和反映。根据教学理论来设计教学方案,能使教学方案更具有科学性和合理性。即使有经验的教师,如果对教学理论不加重视,将教学局限于经验化的处理而不使用科学的理论进行指导,也会导致教学效果的不理想。因此,教师在进

---

[1] 李伯黍,燕国材.教育心理学[M].3版.上海:华东师范大学出版社,2009:181.

行教学方案设计时,要自觉地运用教学理论来指导教学设计,减少随意性和完全依靠以往经验的可能。

(二)系统科学原理

教学活动中的各种要素相互联系、相互影响,而且综合地发挥效力。因此,为使教学活动能够达到理想状态,在进行教学设计时,需要依据系统科学的原理和方法,分析教学系统中各要素的地位和作用,运用这些原理和方法将这些因素有机地综合起来。这样,使各个要素得到最佳的组合,从而使教学效果实现最优化。

(三)传播理论

在教学过程中,学生所接受到的教学信息并不完全取决于教师所传授的信息输出量,还有来自其他途径的。也就是说教学信息在传输与转换过程中会受到诸多因素的影响。

传播理论研究的是自然界一切信息传播活动的共同规律,通过对传播模式、传播者和受播者、传播的信息、传播的符号、传播的媒介、传播效果的研究,使人们认识到教学过程也是信息传输过程,而且是信息的双向传播过程,包括信息从教师或媒体传播到学生和信息从学生传播到教师这两个过程。

由于教学过程遵从传播学的规律,所以教师可以利用传播理论来解释教学现象,找出其中的教学规律,使其教学设计更为科学合理。

三、教学设计的具体步骤

(一)设置教学目标

1.教学目标的含义

传统教学理论认为教学目标有广义和狭义之分。

广义的教学目标是指教育宗旨和教育目的。教育宗旨是学校教育完成特定社会要求的指导原则,是对特定学校的办学方向和育人基本要求的笼统规定,如"为国家培养德、智、体等方面全面发展的高素质人才",较为宽泛,其陈述相当含混。教育目的是指国家、地区和社会对学生在校学习生涯中应达到的教育水平的总括性要求,如"提高学生的阅读技能"。教育目的往往通过教育专门小组、教材编写组或地区教育机构统一编制并下发给学

第六章 基于学生良好发展的教学设计与教学评价

校和教师的教学计划体现出来,它虽然比教育宗旨更具体,但仍然没有明确教师应完成的具体任务或学生应达到的学业水平。

狭义的教学目标是教师将国家和地区的教育宗旨以及学校教育计划分解到具体的教学单元和课时的过程中产生的课堂教学目标,是教师对学生在接受教学之后将产生哪些认知、技能或态度变化的理性预期。现代教育心理学主张,教师在制定教学目标时,首先必须明确教学应该具有哪些目标,即教学目标的内容;其次应尽量避免教学目标陈述的模糊性和抽象性,力求用一定的数据、行为或情景表示学生在接受教学之后所产生的学习经验的发展水平,以此来衡量学生学习的质量及教师教学的情况。

2. 教学目标的功能

作为规定教学活动的重要指标体系,教学目标对教学活动发挥着导向、激励和检测等方面的作用。教师能否制定出明确、具体、规范、可操作的教学目标,对教学成败具有相当重要的作用。首先,教学目标对教学方法、技术和媒体的选择具有统摄定向作用。其次,教学目标可以指引学生学习。再次,教学目标可以引导课堂行为和交流。最后,教学目标可以指导教学结果的测量与评价。

3. 教学目标的表述

明确了教学活动应达到哪些目标之后,教师将面临的问题是如何明确、具体而有效地表述目标。在传统的课堂教学中,教师多倾向于借用描述内部心理状态的词语来表述教学目标,但有含糊不清,不能充分发挥目标的导教、促学和检测功能的弊端。针对这一弊端,教育心理学家提出了三套新的目标陈述技术。[1]

(1)行为目标表述技术

基于行为主义的心理学思想,1962年马杰提出了教学目标的行为目标表述技术。马杰主张,教学目标应陈述"学生能做什么以证明他的成绩和教师怎样能知道学生能做什么",而一个陈述得好的行为目标应具有三个要素:一要表述行为;二要表述条件;三要表述标准。

表述行为,即用可观察的、具体的行为来表述教学目标,以便教师能了解学生是否已经达到了要求的目标。

表述条件,指学生在什么情况下表现行为,也就是评定学习结果该在什么情况下进行。

---

[1] 张大钧.教育心理学[M].北京:人民教育出版社,2005:324.

表述标准,指衡量学习结果的行为的最低要求。

一般来说,行为表述是基本的部分,不能缺少,而行为产生的条件和标准则可据教学对象或内容,省略其一或两者全省。

(2)内外结合表述技术

为弥补行为目标的不足,格伦兰提出了一个折中的目标陈述技术,即采用描述内在心理过程与外显行为表现相结合的方法来陈述目标。格伦兰主张在陈述教学目标时,教师首先需用描述记忆、理解、创造、欣赏、热爱或尊重等内部过程的术语陈述概括的教学目标,然后用可观察的行为作为例子使这个目标具体化。

格伦兰提出的目标陈述技术既强调了学习的实质在于内在心理状态的变化而非具体的行为变化,防止了行为目标引发教学的机械性与局限性;又提倡用具体行为实例作为评价教学目标的依据,克服了用传统方法陈述目标的含糊性。所以,这一观点赢得了许多心理学家的支持。

(3)表现性目标表述技术

许多高级的教学目标并不是参加一两次教育活动就能达到的,教师也很难预期在一定的教学活动后学生的内心将会发生什么变化。为此,艾斯纳提出了表现性目标。表现性目标只要求教师明确规定学生必须参加的活动,而不必精确规定每个学生应从这些活动中习得什么。

根据现代教育心理学的研究,教学目标的表述无论采用哪种表述技术,都应符合下列基本要求。

第一,目标应描述经由教学后学生所达到的学习结果而非教师的教学过程。教师在陈述教学目标时,应重点描述经过一定的教学活动之后,学生在言语信息、心智技能、认知策略、动作技能和情意态度上所产生的学习结果的类型与层次,应避免用描述教学过程、教学要求或具体教学行为的术语代替对学生学习结果的表述。

第二,目标要反映学生的发展水平。教师所陈述的教学目标应是对学生学习经验变化的适宜预期——在规定学生"该干些什么"的同时,准确表述学生"能干什么",即阐明学生在不同层次或难度水平上要达到的心智水平和完成的行为操作。

第三,陈述目标必须明确、具体、可以观测,尽量避免用含糊的和华而不实的语言描述教学目标。要发挥教学目标的导教、促学和检测功能,就必须增强教学目标的明确性和可测程度。

4. 教学目标的设计

首先,列举学习内容和行为。在为某一个教学单元设计目标时,可以采用行为—内容矩阵表的设计方法。行为—内容矩阵表就是将所期望的学生行为和课程内容整合起来的表格,教师借助它可以使学生达到具体目标。其具体的做法是,首先确定课程的一般目标,用广义的术语加以表述。然后,将每一个一般目标化为两个维度。第一个维度是学生的行为,如获得知识、理解、分析以及概括,等等;第二个维度是课程内容,即覆盖该课程的各个课题。

其次,进行任务分析。当确定了某课程的所有教学目标之后,就要对每一个教学目标进行任务分析。所谓任务分析,就是将目标转化成各级任务、再将各级任务逐级划分成各种技能和子技能的过程。

通过任务分析,教师能搞清实现最终目标的各个步骤的逻辑顺序,这将有助于教师在给学生布置作业前确保学生具有必需的技能。通过对学生所犯错误的分析,可以了解学生要成功完成任务需要具备的某项技能。教师可以利用从学生的错误中得来的信息进一步分析整个任务,给下一年级做准备。每年积累经验将使教学变得越来越好。

(二)设计教学内容

教学内容是教学目标的具体化,是实现教学目标的基本保证。教学内容设计是教学设计的重要一环。一般来说,教学内容的设计总是依据一定的理论观点,对教学内容从宏观和微观两个层面来进行设计,其中,教学内容设计的理论是教学内容设计的前提。教学内容的宏观设计就是确定教材内容的取合和排列顺序的过程;微观设计就是在教学对象和教材固定的情况下,科学谨慎地分析教材,重组并改选教学内容。

1.教学内容设计的理论

(1)教学内容的认知同化组织

奥苏贝尔依据认知同化理论,提出了教学内容的渐进分化和综合贯通式组织理论。渐进分化指按概括性和包容性大小的顺序依次呈现教材,即首先呈现某学科的最一般和最概括的观念,然后按细节和具体性逐渐分化,使学生能将下位观念类属于原有的上位观念。综合贯通是强调学科本身的特定结构、方法或逻辑的整体性,注意学科中处于同一包容水平的概念、原理和章节的异同,清晰地指出它们之间的联系与区别,从而消除学生认知结构中原有知识之间的混淆与模糊,帮助学生真正理解这门学科。可利用"组织者"的编排技术,贯彻渐进分化和综合贯通的组织原则。

(2)教学内容的累积式层级组织

加涅把人类学习分为八类:信号学习、刺激—反应学习、连锁学习、言语联结学习、多重辨别学习、概念学习、原理的学习和问题解决的学习,它们依次按"简单——复杂"程度组成一个"层级"系统,该系统中每一个简单层级的学习都是复杂层级学习的先决条件,复杂层级的教学都必须以简单层级的教学为基础。教材内容的组织可采取累积层级方式进行,先安排简单层级的教学,然后在此基础上进行相应的复杂层次的学习。

(3)教学内容的螺旋式组织

布鲁纳认为,教材应该把反映该学科发展水平的最基本的概念和原理作为主体,以达到较强的迁移。在学习的早期阶段就应该使用这样的教材,让学生尽早有机会在不同程度上去接触和掌握某门学科的基本结构,但这样的教材只有与学生的智力发展水平相适应,才能使基本概念和原理的教学顺利进行。学生的智慧发展有表演式再现表象、映象式再现表象和象征式再现表象三种水平或三个阶段。学科的基本概念和原理,均可分别从动作的、表象的、符号的三种不同智慧发展水平出发,加以编撰和组织。年龄不同的学生,其智慧发展阶段也不同,对他们就应该使用不同水平的教材。随着年龄的增长,教学涉及的基本概念和原理可能相同,但教材的具体直观程度逐渐降低,而抽象程度不断提高,从而体现了教材的"螺旋"式上升的特点,使学生一步步地在较高的认知层次上掌握教学的内容。

2.教材的内容分析

(1)从宏观上驾驭教材的内容

第一,要钻研课程标准,准确把握教学内容在课程体系中的地位和作用。第二,要了解教材的组织方式,分析教学内容的编排意图和特点。第三,要紧扣学科核心概念,确定教学中的重难点。

(2)教材内容的重组与改选

第一,依据学生的知识准备和认知发展水平,灵活调控教学内容的深度与广度,力求使新知识的教学既要有利于发展学生的"潜在水平",又要与学生的"现有水平"相衔接。第二,增强教学内容的新颖性和多样性,克服教材内容的陈旧性和单一性。第三,突出重点,化解难点。第四,教学内容的组织、排列、呈现方式要恰当。第五,在注重知识与技能传授的同时,充分挖掘教材中蕴涵的有利于学生智力开发、良好情意品质培养的因素,培养学生的能力和非智力因素,实现传道、授业与育心育德的有机结合。

(3)教材内容结构的微观研析

面对具体的教材单元,为确定适宜的教学目标,选择合适的教学方法,教师需要对教材内容的类型和性质进行准确的判断和层次分析,弄清教材的内容和逻辑结构。这种结构分析可以依据加涅关于学习结果分类体系的论述,灵活采用归类分析、图解分析、层级分析和信息加工分析的方法。

(三)选择教学策略

教学策略指教师采取的能有效达到教学目标的一切活动计划,包括教学事项的顺序安排、教学方法的选用、教学媒体的选择、教学环境的设置以及师生相互作用设计等。在教学中,需要根据实际的情况选择不同的教学策略。

1. 以教师为主导的教学策略

指导教学是以学习成绩为中心,在教师指导下使用结构化的有序材料的课堂教学。指导教学包括:教师向学生清楚地说明教学目标;在充足而连续的教学时间里给学生呈现教学内容;监控学生的表现;及时向学生提供学习方面的反馈。由于在这种教学中,是由教师设置教学目标,选择教学材料,控制教学进度,设计师生之间的交互作用,所以这是一种以教师为主导的教学策略。

2. 以学生为中心的教学策略

(1)发现教学

发现教学又称启发式教学,指学生通过自身的学习活动而发现有关概念或抽象原理的一种教学策略。一般来说,发现教学要经过四个阶段:首先,创设问题情境,使学生在这种情境中产生矛盾,提出要求解决和必须解决的问题;其次,促使学生利用教师所提供的某些材料及所提出的问题,提出解答的假设;再次,从理论上或实践上检验自己的假设;最后,根据实验获得的一些材料或结果,在仔细评价的基础上引出结论。

(2)合作学习

合作学习是指学生以主动合作学习的方式代替教师主导教学的一种教学策略。合作学习不仅能培养学生主动求知的能力,而且能发展学生合作过程中的人际交往能力。合作学习在设计与实施上必须具备五个特征:第一,分工合作,指以责任分担的方式达成合作追求的共同目的;第二,密切配合,指将工作中应在不同时间完成的各种项目分配给各个人,以便发挥分工合作的效能;第三,各自尽力;第四,社会互动,指大家在态度上相互尊重,在认知上集思广益,在情感上彼此支持;第五,团体历程,指由团体活动以达成预定目标的历程。

(3)情境教学

情境教学是指在应用知识的具体情境中进行知识的教学的一种教学策

略。情境教学的主要内容包括以下几个方面。

第一,教学的环境是与现实情境相类似的问题情境。

第二,教学的目标是解决现实生活中遇到的问题。

第三,学习的材料是真实性的任务,这些任务未被人为地简化处理,隐含于现实问题情境之中,并且由于现实问题往往同时涉及多方面的原理和概念,因此这些任务最好能体现学科交叉性。

第四,教学的过程要与实际解决问题的过程相似,教师不是直接将事先备好的概念和原理告诉学生,而是提出现实问题,然后引导学生进行与现实中专家解决问题的过程相类似的探索过程。

情境教学具有极大的优势,学生解决问题所需要的原理和概念往往隐含在问题情境之中,学生为了解决当前问题而学习它们,通过解决问题而深刻理解它们,并把这些知识的意义与应用它们的具体问题情境联系在一起。对学习结果的测验将融合于学生解决问题的过程之中,学生在解决实际问题过程中的表现本身就反映了其学习结果。

3. 个别化教学

个别化教学是为了适合个别学生的需要、兴趣、能力和学习进度而设计的教学方法。教师如果要适应个别学生,就需要调整学习活动,实施个别化教学。下面简单介绍几种经典的个别化教学策略。

(1) 程序教学

程序教学是个别化教学的典型代表,它是一种能让学生以自己的速度和水平自学,以特定顺序和小步子安排的材料的个别化教学方法。对程序教学贡献最大的是斯金纳,他于1954年发表了题为《学习的科学与教学的艺术》的论文,这篇论文描绘了在学校环境中促进人类学习的自动教学的方法。这篇论文的发表为程序教学提供了理论基础。

程序教学以精心设计的顺序呈现主题,要求学习者通过填空、选择答案或解决问题,对问题或表述做出反应,在每一个反应之后出现及时反馈,学生能以自己的速度进行学习。

(2) 掌握学习

掌握学习是在学习新内容之前,确保所有的或者几乎所有的学生对某项确定技能都达到预定的掌握水平。

掌握学习是由布卢姆等人提出来的,其基本理念是:只要给了足够的时间和适当的教学,几乎所有的学生对几乎所有的学习内容都可以达到掌握的程度(通常要求完成80%~90%的评价项目)。学习能力强的学习者,可以在较短的时间内达到对某项学习任务的掌握水平;而学习能力差的学习者,则要花较长的时间才能达到同样的掌握程度。但无论其能力如何,只要花相应的时间,他们都能获得通常意义上的 A 等或 B 等,达到掌握的标准。

布卢姆提出有助于掌握学习的良好条件如下。

第一,学习者必须清楚地理解教学目标即学习任务。

第二,学习者必须具备能顺利地进行该项学习任务所必要的知识与技能。

第三,学习者必须具有掌握该项学习任务的意愿,不惜花费时间和精力。

第四,教师对于学习者要学习的材料提供有关线索,保证他们主动积极地投入学习过程,对他们的成绩给以强化、反馈和校正。

第五,鼓励学习者互帮互助,互教互学。

(3) 计算机辅助教学

计算机辅助教学(简称CAI)是指一种使用计算机作为一个辅导者,以呈现信息、给学生提供练习机会、评价学生的成绩以及提供额外的教学。随着多媒体技术、通信网络技术的发展,人们把以计算机为核心的所有个别化教学技术都称为信息技术在教育中的应用。与传统的教学相比,CAI具有这样几个优越性:首先是交互性,即人机对话,学生可以根据自己的学习情况选择学习路径、学习内容等;其次是即时反馈;再次是以生动形象的手段呈现信息;最后是自定步调。

第二节 客观与人性化并行的教学评价

一、教学评价的内涵

(一)教学评价的含义

教学评价是指系统地收集有关学生学习行为的资料,参照预定的教学目标对其进行价值判断的过程,其目的是对课程、教学方法以及学生培养方案做出决策。具体而言,教学评价是一种系统化的持续过程,包括确定评价目标、搜集有关的资料、描述并分析资料、形成价值判断以及做出决定等步骤。

教学评价不是简单地做出是或否的判断,而是要求教师在收集了有关学生学习的充分信息之后做出的判断。对教学评价的含义可以从如下几方面来进一步阐释。

第一,教学评价是对学生是否达成教学目标所做的判断。教学目标通常是指在教学之前为学生设立的、期望他们习得的学习结果。教学评价就是对教学之后学生是否达成了预设的目标所做的判断。在英语里通常用"assessment"一词来表达这一思想。我们在使用"教学评价"一词时,除了上述的含义,通常还有另一种含义,即对某种教学方案、教学模式、教学方法的评价。这时评价的对象从学生转向了提供给学生的教学上,即收集有关的信息来对某种教学是否有效促进学生达成教学目标所做的判断,判断的结果可用于确定是否采用某种教学。在英语里通常用"evaluation"一词来表达这一思想。

第二,教学评价是对学生内在能力或倾向是否发生相对持久的变化所做的判断。学习是指学生内在能力或倾向的相对持久的变化,而教学的目的是要促进学生的学习。教学评价要对学生在教学的帮助下是否发生了学习进行判断,就要根据学习的定义,看学生的能力或倾向是否发生相对持久的变化。在教育领域,判断学生身上发生的变化是否是相对持久的,主要是通过保持和迁移测验来进行的。因此,教学评价可理解为根据保持和迁移测验所收集的有关学生学习状况的信息,对其能力或倾向是否发生相对持久的变化所做的判断。

第三,教学评价是一种标准参照评价。在对学生的学习状况做出判断时,判断的标准主要有两种:一是预设的教学目标,二是学生所处群体的平均水平(称之为常模)。根据预设的教学目标对学生是否达成了教学目标所做的判断叫标准参照(或目标参照)评价;根据学生群体的常模对学生在群体中的相对位置所做的判断是常模参照评价。

(二)教学评价的分类

从不同的标准划分,教学评价的分类可以有多种方式,下面简单介绍几种常见的教学评价的分类。

1.形成性评价和总结性评价

从实施教学评价的时机看,有形成性评价和总结性评价之分。形成性评价通常在教学过程中实施,一般是由学生完成一些与教学活动密切相关的测验,也可以让学生对自己的学习状况进行自我评估,或者凭教师的平常观察记录或与学生的面谈而得到。总结性评价也称终结性评价,通常在一门课程或教学活动(如一个单元、章节、科目或学期)结束后进行,是对一个完整的教学过程进行测定。

2.配置性评价和诊断性评价

从教学评价的功能看,有配置性评价与诊断性评价之分。配置性评价也称准备性评价,一般在教学开始前进行,目的是摸清学生的现有水平及个别差异,以便安排教学。通过配置性评价,教师可以了解学生对新学习任务的准备状况,确定学生当前的基本能力和起点行为。诊断性评价(有时与配置性评价意义相当),指了解学生的学习基础与个体差异,有时也指对学习困难的学生所做的评价,多半是在形成性评价之后实施。

3.正式评价和非正式评价

根据教学评价的严谨程度,有正式评价与非正式评价之分。正式评价指学生在相同的情况下接受相同的评估,且采用的评价工具比较客观,如测验、问卷等。非正式评价则是针对个别学生的评价,且评价的资料大多是采用非正式方式收集的,如观察、谈话等。有时,教师可以采用非正式评价作为正式评价的补充。

4.常模参照评价和标准参照评价

根据教学评价资料的处理方式,有常模参照评价和标准参照评价之分。常模参照评价是指评价时以学生所在团体的平均成绩为参照标准,根据其在团体中的相对位置或名次来报告评价结果。标准参照评价是基于某种特定的标准,来评价学生对与教学密切关联的具体知识和技能的掌握程度。常模参照评价常用来区分、选拔学生,其目的是尽可能地将能力水平不同的学生区分开来,很多入学考试、选拔考试通常被用来对学生进行常模参照的评价;而标准参照评价只关心学生是否达成了目标,不关心学生在群体中相对于平均水平的位置。常模参照评价所期望的学生的成绩分布为正态分布,即大部分学生成绩处于中等水平,成绩很好和很差的学生都占少数,这样便于根据常模对学生进行甄别、选拔;而标准参照评价所期望的学生成绩分布为负偏态分布,即大部分学生的成绩水平都很高,只有少部分学生成绩较差,这种分布说明大部分学生达到了教学目标的要求,表明教学效果良好。

(三)教学评价的作用

1.反馈作用

为了实现教学目标,不管是教师还是学生都付出了相应的时间和精力,教学评价实际上就是对他们付出效果的一种有效反馈。对于教师来说,要对学生的学习结果有一定的了解,而教学评价就可以对学生的学习结果进行反馈,继而为教师提供其教学有效性的反馈。对于学生而言,他们需要知道自己付出的努力是否得到回报,自己在学习过程中采用的学习策略是否能有效改善他们的学习,他们还想知道自己在学习中的优势与不足,以便在后续学习中扬长避短。这些问题都可以从评价结果中得知,这就是教学评价的反馈作用。

2. 信息作用

教学评价的信息作用表现在以下两个方面。

一方面,评价学生的结果提供了对学生进行分类的信息,可以使学校和教师有针对性地发展学生的特长,弥补学生的不足,并为学生的升学、就业、选课提供指导。此外,对学生的评价有时会被用作评价教师、校长、学校、学区的教学、管理和办学质量的信息。

另一方面,对学生学习结果的评价,为父母提供了学生在学校学习情况的信息。父母可以从教学评价中了解学生学习的具体情况,进而根据学生学习的情况给学生以奖励、惩罚或督促,配合学校共同促进学生的学习。

3. 动机作用

对学生的评价可以作为一种诱因,激发学生努力学习的动机。在评价中取得好的评价等级或分数,可以赢得家长和老师的看重以及同学的羡慕,这可以成为激发学生进一步努力学习的动力。有时评价结果如被用来决定升学、评奖时,也会激发一部分学生努力学习的动机。虽然这些动机都是外部动机,但对学习有推动作用,不应被忽视。

(四)教学评价和教学测量、测验的关系

教学评价不等同于教学测量和测验。测量主要是一种收集资料数据的过程,是根据某种标准和一定的操作程序,将学生的学习行为与结果确定为一种量值,以表示学生对所测问题了解的多少。而测验是测量一个行为样本的系统程序,即通过观察少数具有代表性的行为或现象来量化或描述人的心理特征。为了减少误差,测验在编制、施测、评分以及解释等方面都必须遵循一套系统的程序。

测量和测验是对学习结果的客观描述,教学评价则是对客观结果的主观判断与解释,但这种主观判断和解释必须以客观描述为基础,否则就是主

第六章 基于学生良好发展的教学设计与教学评价

观臆想。测量与测验所得到的结果,只有通过教学评价,才能判断这种客观描述的实际意义,否则,所得数据或结果就毫无实际价值。

二、教学评价的方法技术

(一)标准化成就测验

1. 标准化成就测验的含义及特点

标准化成就测验是指由专家或学者们所编制的,适用于大规模范围内评定个体学业成就水平的测验。这种测验的命题、施测、评分和解释,都有一定的标准或规定。由于测验条件的标准化,测验的结果比较客观一致,适用的范围和时限也较宽广。其特点大致为:测验是由专门机构或专家学者按一定测验理论和技术,根据全国或某一地区所有学校的共同教育目标编制的;所有受试人做的试题、时限等施测条件相同,计分手段和分数的解释也完全相同。

2. 标准化成就测验的优点和缺点

标准化成就测验的优点有三个:第一,客观性,在大多数情境下,标准化成就测验是一种对学生的测验更加客观的测量工具;第二,计划性,专家在编制标准化成就测验时,已经考虑到所需的时间和经费,因此标准化成就测验比大部分的课堂测验更有计划性;第三,可比性,标准化成就测验由于具有统一的参照标准,使得不同考试的分数具有可比性。

标准化成就测验的缺点有两个。第一,与学校课程之间的关系很不协调。在我国,每个地区的教学状况还存在着一定的差距,一个年级或地区的教学内容可能不同于另一个地区。因此,可能不少地区的学生所学到的内容与标准化样本所学的东西有差别。这就要求教师在选用标准化成就测验前,仔细查阅内容效度,使得测验的目标与评价的目的相匹配。第二,测验结果的不当使用。我们通常利用标准化成就测验对学生分类或贴标签,这对个体造成了不良影响。它们的使用对得低分的学生伤害尤大。

(二)教师自编测验

教师自编测验是教师根据具体的教学目标、教材内容和测验目的而编制的测验,是为特定的教学服务的。教师自编测验通常用于测量学生的学习状况,而标准化成就测验则用来判断学生与常模相比时所处的水平。

1. 测验前的计划

测验前的计划包括以下几点内容。

(1)确定测验的目的。

(2)确定测验要考查的学习结果。

(3)列出测验要包括的课程内容。

(4)写下考试计划或细目表。这是最重要的将考试具体化的工具,能使测验与教学的目标和内容保持一致。细目表的形式是两维表,一般纵栏表示学习结果,横栏表示课程的内容或范围。中间的栏目,由教师填上计划在测验中测量多大比例的学习结果和课程内容。

(5)针对计划测量的学习结果,选择适合的题型。自编测验包括客观题和主观题两种类型,教师使用哪一种类型的题目是由测验的目的、内容和时间决定的。由于这两种题型各有优点和不足,最好是能加以综合使用。

2. 自编测验的类型

(1)客观题

客观题具有良好的结构,对学生的反应限制较多。学生的回答只有对、错之分。这类题目包括选择题、完形填空、匹配和是非题等。

(2)主观题

主观题要求学生自己组织材料并采用合适的方式表达出来,这类题型包括论文题和问题解决题。教师在评分时,需要对学生的回答给出不同的分值,而不仅仅是满分或零分。

3. 有效自编测验的特征

(1)信度

信度是指测验的可靠性,即某一测验在多次施测后所得到的分数的稳定与一致程度。它既包括在时间上的一致性,也包括内容和不同评分者之间的一致性。例如,采用性格量表测量学生,如果他们这次测量得到的结果与六个月前、三个月前的结果基本相当,那么我们就认为测验的信度较高。

(2)效度

效度是指测量的正确性,即一个测验能够测量出其所要测量的东西的程度。效度考虑的问题是:测验测量什么?测验对测量目标的测量精确性和真实性有多大?就一个测验的优劣而言,效度是一个比信度更为重要的指标,因为一个低效度的测验,即使具有很好的信度,也不能获得有用的资料。例如,用磅称量体重,连续多次都会得到相同的值,而且准确地反映了个体的重量,信度和效度都很高。如果使用它来测量身高,虽然测量值之间总是保持一致,即信度很好,但是并没有说明个体的高度,因而不是适宜的测量身高的工具。

(3)区分度

区分度是指测验项目对所测量属性或品质的区分程度或鉴别能力。它是根据学生对测验项目的反应与某种参照标准之间的关系来估计的。例如,可用年级或教师评定的等级作标准,看测验的项目能否把不同年级或不同水平的学生区分开来。

(三)非测验的评价技术

在实际教学评价中,前述纸笔测验并不是收集资料的唯一途径,教师还可使用许多非测验的评价技术。

1. 案卷分析

案卷分析是一种常用的评价策略,其内容主要是按照一定标准收集起来的学生认知活动的成果。例如,学生的家庭作业或课堂练习、论文、日记、手工制作的模型、绘画等各种作品。对学生的作品进行考察分析,并形成某种判断和决策的过程就是案卷分析。

2. 观察

通过教学过程中的非正式观察,教师也能够收集到大量的关于学生学业成就的信息。这种观察不只限于智能的发展,还包括学生生理、社会和情绪的发展。为了确保观察的有效性,教师应自然地对学生进行全面、系统的观察,然后客观、详细地记录下观察信息。

3. 情感评价

许多时候,教师有必要针对学生的情绪、学习动机、个人观点等进行评价。固然,我们可以借助已有的量表,但是学校也鼓励教师自己编制评价量表。为了获得这类信息,教师可以自行编写开放式问题、问卷等。而在对结果评价时,教师也需要写一份详细的报告,形式类似于观察报告。

三、教学评价结果的报告

学生学习成效的测评其实包括两个部分:一个部分是对学生的学习成效进行测量,主要方法包括上面我们谈到的标准化成就测验、教师自编测验和非测验的评价技术。另一个部分是对学生的学业成效进行评价,对于测评的结果,不仅测评人员要了解其含义,还要向有关人员比如学校管理者和家长进行揭示,这就需要将教学评价结果形成报告。

(一)教学评价结果报告的作用

1. 与家长协调学校教育

将教学评价的结果向家长进行解释,让他们知道自己的孩子在学校里的具体表现和进步状况,有助于家长理解学校的教育教学目标,并对自己孩子的发展有大概的了解。

2. 有效地督促教学

对教学评价结果中涉及的各种信息资料进行分析,可以对学生的进步状况和教学目标的达成状况有一个清晰的了解,这对于教学而言是一种重要的督促。同时,这种报告可以让学生了解自己的进步状况,激发起学习动机。

3. 有助于教学管理的完善

对教学评价进行报告可以用于确定学生是否可以继续升学以及获得相应的奖励,此外还可以为教育管理部门监控学校教育教学的状况提供信息,有助于教学管理工作的完善。

(二)教学评价结果报告的方法

1. 评分

在对学生进行评分时需要有一定的比较标准为依据,评分的标准可以分为绝对标准和相对标准两种。绝对标准是以学生所学的课程内容为依据,一个学生的分数和其他学生的回答情况没有关系。绝对标准强调,由于不同学生的学习起点和背景情况的差异,他们的学习结果也是不可比较的。它对应的评价方式,是标准参照评价。相对标准是以其他学生的成绩为依据,对应常模参照评价。相对标准的评价不仅与学生自己的成绩有关,还与其他同学的成绩有关。

在评分过程中,常常存在计分主观性问题,即教师往往会受一些无关因素的影响,使得评分的信度较低。因此,评分标准一定要与测验的编制计划、实际的编制工作保持连续性,确保整个评价活动是根据统一的标准进行的。这样,评价结果才可能是教师所预期的信息,具有较高的信度,能够对教学活动发挥积极作用。

合理的评分过程应包括如下步骤:

(1)搜集有关学生的信息,信息可以来源于不同类型、性质的测验甚至观察的评价方式。例如,教师对学生期末学习成绩的评价,通常是期末考试成绩占70%,平时作业和考试成绩占20%,课堂表现占10%;

(2)系统地记录下评价的结果,并随时保持最新的结果;

(3)尽量将搜集的资料量化,用数据来表示学生的学习情况;

(4)为了把评价的重点放在最终的学习成就上,教师需要加大最后测验得分的权重;

(5)评价应该以成就为依据,其他特征的评价,不要和成就的评价混杂起来。

2. 评语

评语是用相对简洁的评定性语言叙述评价的结果,其优点在于可以弥补评分的不足。对于那些难以用分数反映的问题,就可以用评语来进行评述。现在的评语报告主要包括两种形式,一种是"优点+希望"型评语,另一种是"个性+期望"型评语。

第七章　课堂管理的原理与技术

课堂管理是有效教学的重要成分，也是教师最关心的领域之一。即使是学生，也比较关心课堂管理问题，他们期望教师是一个好的课堂管理者。如果课堂时间被管理问题耗掉了，真正的学习时间就相对减少了。课堂是学校工作的主要场所，也是教育教学活动的主要途径。良好的课堂管理，不仅关系着教学任务的完成情况，更对学生的全面发展有着潜移默化的作用。因此，做好课堂管理工作是一个教师必备的能力。在教学过程中，教师为了能更好地将知识传递给学生，就要管理课堂的整体纪律，营造良好的课堂氛围。本章就课堂管理的原理与技术的相关问题进行阐述。

第一节　课堂管理概述

有人提出，广义的教学工作可分成三种主要的活动模式：第一种活动模式是具体的教学；第二种活动模式是评价；第三种活动模式是管理。无论是作为活动模式还是实现教学任务的手段，课堂管理与教学的关系都是难以分割的。其实，教学生管理和控制自己的行为与教学生管理和控制学习同样重要。在教学过程中，教师并不是简单地将知识"讲"给学生听就可以了，教师在教学过程中除了有"教学"这一任务，还有一个"管理"的任务，也就是说教师在教学的同时，需要控制和协调教学中的各种因素，使之成为一个有序的整体，以完成相应的教学任务，实现教学目标。

一、课堂管理的概念

近年来，中外学者已提出了众多的课堂管理概念，我们可从中窥到课堂管理的实质与内涵。

古德等人认为，课堂管理是为了实现教育目标而处理或指导课堂活动所特别涉及的问题，如纪律、民主方式、教学资料、环境布置及学生社会关系。[1]

---

[1] C. V. Good. *Dictionary of Education*[M]. New York: MaGramhill Book Company, 1973, p. 102.

第七章 课堂管理的原理与技术

莱蒙齐认为,课堂管理是一种提供能够开掘学生潜在能力和促进学生学习进步的良好的课堂生活,使其发挥最大效能的活动。

斯滕伯格将课堂管理定义为,帮助教师有效控制学生的一套方法和技巧,目的是为所有的学生创造一个良好的学习环境。[①]

我国学者对课堂管理的概念提出如下看法。课堂管理就是教室管理,指的是"在师生互动的教学活动中,教师对学生学习行为的一切处理方式,包括消极地避免学生违规行为的发生与积极地培养学生遵守团体规则的习惯,借此以形成良好的教学环境"[②]。课堂管理是"教师通过协调课堂内的各种教学因素而有效地实现预定的教学目标的过程"[③]。课堂管理是"鼓励课堂学习的教师行为和活动"[④]。课堂管理的任务就是"维持良好的课堂纪律、营造和谐的课堂心理气氛、协调师生之间的人际关系"[⑤]。学者孙智提出课堂管理是"一个积极的活动过程,不只是简单地维持课堂纪律,约束学生的不良行为,而是充分调动学生的学习积极性和主动性,把学生的个体行为纳入课堂教学行为,以保证教学活动有效地开展和进行"[⑥]。

《国际教育百科全书》对课堂管理的界定是,课堂管理是为学生参与课堂活动创造有利环境的过程。

上述定义总体上体现出两种取向,一是维持课堂,监督和控制学生;二是促进课堂,引导和激励学生。其共同之处在于:课堂管理是为更好地"学"与更好地"教"、实现预定目标而存在的。在基础教育课程改革下,课堂管理理应从控制与维持走向引导与激励,从学生服从走向学生参与。因此,课堂管理可以这样界定:"课堂管理是建立有效的课堂学习环境、保持课堂师生互动、促进课堂生长和目标实现的管理活动"[⑦]。

课堂管理一般包括课堂人际关系管理、课堂环境管理、课堂纪律管理等方面。课堂人际关系管理指的是对课堂中的师生关系、同伴关系的管理,包括建立良好的师生关系、建立群体规范、营造和谐的同伴关系等;课堂环境管理是指对课堂中的教学环境的管理,包括物理环境的安排、课堂教学氛围

[①] [美]斯滕伯格,威廉姆斯.教育心理学[M].张厚粲,译.北京:中国轻工业出版社,2003:350.
[②] 张春兴.教育心理学——三化取向的理论与实践[M].杭州:浙江教育出版社,1998:510.
[③] 田慧生,等.教学论[M].石家庄:河北教育出版社,1996:332.
[④] 陈琦,刘儒德.当代教育心理学[M].北京:北京师范大学出版社,1997:297.
[⑤] 张大均.教学心理学[M].重庆:西南师范大学出版社,1997:570—571.
[⑥] 孙智.新课程中课堂管理的目标与建构.文教资料,2006(10).
[⑦] 张大均.教育心理学[M].北京:人民教育出版社,2005:599.

的营造等;课堂纪律管理指的是课堂行为规范管理、学生不良行为的应对等方面。

在教学过程中,教学和课堂管理通过许多变量而相互发生影响。一方面,课堂管理水平的高低影响教学的质量与效果。例如,不同的管理风格会对学生的学习动机产生一定的影响。在专制型管理风格下,学生表面屈从于教师;在放任型管理风格中,学生不知自己究竟该做什么;如果采用民主型管理,学生不但喜欢学习且学习质量较高。另一方面,教学会影响课堂管理。教学设计时如果能考虑学生的个人差异,就可以预防一定的课堂问题的发生。良好的课堂管理可以使学生全身心投入学习,使整个教学过程流畅地进行,获得满意的效果。

二、课堂管理的目标、类型

(一)课堂管理的目标

传统的课堂管理如同纪律训练,要求学生彻底服从、绝对安静、不准讲话、不准乱动;对于违规学生则以严厉的批评和惩罚加以矫正。现代教学中,课堂管理更注重促进学生学习的行为,即课堂管理不只是简单地维持课堂纪律,约束学生的不良行为,而是充分调动学生学习的积极性和主动性,把学生的个体行为纳入课堂教学行为,以保证教学活动有效的展开和进行。新课程背景下,学生是教育过程的终端,是教育的本体。因此,课堂管理的着眼点和着力点应放在学生身上。要正确地评估学生,形成发展性的课堂管理目标。

课堂管理目标有两种取向:维持性目标(关注课堂纪律和秩序的维持,从而保证课堂活动的顺利进行)和发展性目标(关注创造条件满足教师和学生的需要,不断推进课堂的生长和学生生命的发展)。课堂管理偏向于哪种目标,取决于教师对学生的估价。如果教师对学生持正向估价,相信学生在课堂上的能力和行为表现,则课堂管理偏向于激励和促进;如果教师对学生持负向估价,认为学生被动、懒惰、无能,则课堂管理就偏向于控制和维持。维持性目标和发展性目标是相辅相成的,前者是课堂管理的前提和基础,后者是课堂管理的最终追求。现代课堂管理要从维持性目标转向发展性目标,并通过发展性目标来达成维持性目标。

传统的课堂管理以实现教学目标、提高教学效率为目的。课堂管理本身只是手段,如果教师一味追求教学秩序和安静而妨碍了学生学习,是一种本末倒置的做法。例如,教师因为学生偶尔不守秩序,就唠唠叨叨、长篇大

第七章 课堂管理的原理与技术

论地训话,耗掉整节课时间;或采取严厉的体罚来营造安静服从的教室秩序,使学生感到紧张害怕。这些做法都可能影响学生的学习或身心发展,应该加以避免。

课堂管理的具体目标就在于促进学生产生有助于学习的行为,减少或清除学生的课堂问题行为,使教师能顺利进行教学,学生能专心学习,以达到教学的目标。

(二)课堂管理的类型

长期以来,人们进行了一系列课堂管理的实践与探索,总结出丰富的课堂管理经验,形成了很多课堂管理类型。但是,由于"每个人有他自己看待事物的方式……因而也不可能有一种为大家所共有并且对一切领域都有效的真理"[①]。下面说的几种较为普遍的课堂管理类型,也需要教师依据特定的条件做出相对合理的选择。

(1)权威型管理。权威型管理认为,教师对整个课堂完全负责,因而他们有责任控制学生的课堂行为,而教师常常通过建立和强化课堂规则和有关规定来实现这一目的。权威型课堂管理强调规则、指令与要求,注重惩罚和控制。

(2)放任型管理。放任型管理强调学生自己的选择与自由,让学生自己做出决定,并对自己的行为负责。在此,教师的作用就是促进学生自治,促进学生的自然发展。因此,此管理模式要求教师尽可能少地干预学生行为,同时,不宜有过多的课堂规则。

(3)行为型管理。该管理类型认为,任何行为都是通过学习获得的。学生要形成良好行为,一是消除其已经习得了的不良行为,二是培养其尚未习得的良好行为。行为型课堂管理强调榜样力量、行为强化和心理辅导。

(4)社会型管理。这是一种建立在社会心理学和群体动力学原则基础上的课堂管理模式,强调人际期望、领导行为、真诚接纳和课堂内聚程度。

(5)教学型管理。这种管理模式认为,有效的行为管理是高质量教学的必然结果,为此应重视课堂教学的设计与实施。教学型管理注重教学设计与学生的能力兴趣,注重课堂环境及教师明确而积极的指导。

(6)沟通型管理。此管理模式侧重于塑造良好的课堂心理氛围,认为有了健康的课堂气氛,学生的学习便会自动产生,也就不会出现问题行为。沟通型管理强调真实、民主、交流、信任与理解。

---

① [德]鲁道夫·奥伊肯.生活的意义与价值[M].万以,译.上海:上海译文出版社,1997:58.

当前的趋势表明,现代课堂要在不断变化的环境中有效地发挥其完整的作用,需要灵活而民主的课堂管理,课堂管理由此呈现出从刚性向柔性转变的走向,在管理议程上强调方向和目标,在形式上注重互动与合作,在过程上强调引导和激励,在结果上表现为课堂的运动性和生长性。这种模式强调课堂中的平等性、灵活性、适应性、创造性。

三、课堂管理的特点、功能

(一)课堂管理的特点

1. 整体性

影响课堂管理的因素是多种多样的,主要包括人的因素和环境因素两大类。人的因素包括师生的人格特征、态度、文化与经历、身心状况等,甚至包括家长、学校领导以及社会相关人士的态度、认同与鼓励等。环境因素则包括硬性环境因素和软性环境因素,其中硬性环境因素主要指物理环境(如学生活动空间、座位的安排等)、社会环境(如学生来源、课堂规范、师生行为等)、教育环境(如活动类型、难度及方法等);而软性环境因素则指师生的感情、情绪活动与价值判断等心理环境。课堂管理受到这众多因素的影响,因而显得极为复杂多变。课堂管理必须综合考虑这些因素,从整体上把握才能收到课堂管理的真正效果。

2. 协作性

课堂既然是由教师、学生和环境共同组成的小型社会,就不应只由教师独自主宰,而应该让教师和学生共同参与,共同建构。课堂只有在教师和学生协作建构的基础上才能得以发展与完善。在课堂管理过程中,教师应为学生提供充分表达意见和参与活动的机会,在师生合作和生生合作的基础上形成良好的学习环境。

3. 自律性

真正有效的课堂管理要求立足于长远的行为目标,让学生在不同的课堂情境、面对不同的教师时都能持续地表现出适当的行为,并使之内化为他们的自觉行动,最终发展学生的社会性,实现学生的自我控制、自我调整和自我管理。

第七章　课堂管理的原理与技术

4．创新性

课堂是多样的，也是变化的。课堂中来自不同环境的学生，他们的观念、思维方式、经历等都各不相同，因而必然有着各不相同的兴趣与需求。同时，课堂中的学生正处于发展之中，他们在不断地成长、完善，而这一过程总会发生这样或那样的一些变化。为了适应这些课堂变化，课堂管理的方式方法、管理的内容也就必然具有创新的性质，只有这样才能使动态的课堂管理获得真正的成功。

（二）课堂管理的功能

良好的课堂管理是保证课堂活动顺利进行和促进课堂不断生长的动力；不良的课堂管理则会阻碍课堂活动的顺利进行，影响课堂活动的质量。具体而言，课堂管理的功能主要体现在以下三个方面。

（1）创立良好的课堂环境，维持有效的课堂秩序。课堂既是学生获得知识与技能的场所，也是学生人格社会化的主要场所。为使各种活动有计划、有效率地开展，课堂必须维持一定的秩序与常规。但在课堂活动过程中，常常会发生干扰与冲突，使课堂活动难以正常进行。此时，及时预见并排除各种干扰课堂活动的不利因素，有效维持正常的课堂活动秩序，无疑成为课堂管理过程中的重要任务。

（2）促进成员间有效交流，保持积极课堂互动。课堂作为一种师生生活和成长的互动情境，一直处于动态发展之中。多勒等人提出了课堂的生态系统观，认为"教师和学生就是生活在这个环境里的'居民'，因而课堂乃是由'居民'和'环境'交互作用而形成的生态系统"[①]。可以说，课堂中人与人之间、人与环境之间的相互作用或相互影响构成了课堂情境中的互动，它是有效课堂的基本标志。但课堂交流是课堂互动的前提，只有实现了课堂中人与人之间、人与环境之间自由的信息交流，课堂才会迈出僵化走向生机。因此可以说，真正意义上的课堂管理就是一种不断激发课堂交流、保持课堂互动的历程。

（3）激发课堂的生命活力，促进课堂持续生长。课堂活动的最终目的是促进师生的持久发展。对于学生而言，课堂的质量直接其影响其当前及今后多方面的发展。对于教师而言，课堂的质量直接影响其对职业的感受、态度和专业水平的发展、生命价值的体现。因此，课堂活动对于师与生均具有

---

① W. Doyle. Classroom Organization and Management. In M. C. Wittrock (Ed.), *Handbook of Research on Teaching* [M]. New York: Macmillan, 1986, pp. 392—431.

个体生命价值,蕴涵着巨大的生命活力。只有生命活力在课堂中得到有效开掘,才能有真正的课堂生活,课堂中人的成长才能真正实现。

四、课堂管理的方法

在教学过程中,每个教师都会根据自己的经验和班级情况进行课堂管理,有的教师通过个人的智慧、经验、知识能够把学生的注意力维持在课堂当中,营造良好的课堂氛围,顺利地进行教学活动,并有效地提升学生的学习积极性。这样的课堂管理就是有效的课堂管理。然而,也有很多教师费尽心力去管理学生和班级,却出现了班级越管越乱、学生越来越不听话的情况,这样的管理明显失去了应有的作用。对此,教师要根据班级情况和学生特点,采用合适的方式进行有效的课堂管理。具体来说,可采用的方法有以下几种。

(一)利用正式群体和非正式群体

学校班级中存在正式群体和非正式群体,教师在进行班级管理时,对正式群体应注意选择好群体的领导者,如班级的班长、学习委员、纪律委员等,好的班级正式群体的领导者会营造和谐、有序的班级氛围,对于课堂教学及学生的发展都非常有利。教师在面对非正式群体的时候,如果能根据非正式群体中的"潜在领导者"的表现和特点,对积极的非正式群体给予鼓励和帮助,对消极的非正式群体进行针对性的教育和引导,将会促使非正式群体对班级作出贡献,同时也能促进非正式群体中其他成员的发展。因此,根据班级的正式群体与非正式群体的状况,合理进行引导和管理,将对课堂管理起到良好的作用。

(二)利用群体约定形成班级规范

已有的研究表明,群体规范会对群体成员产生一种压力,迫使其按照群体目标和准则调节自己的行为。学生在群体活动中通常会遵守所在群体中约定的纪律、行为规范,否则就会感受到压力。一旦个体在群体中形成了这样的行为规范,教师在管理过程中就相对轻松一点。而且由于是通过群体约定形成的,对学生的效用相对来说会更高一些。因此在课堂管理过程中,如果能够充分发挥学生的主体性作用,通过与班级学生的良好互动和沟通形成教师和学生都认可的班级规范,在实施过程中学生会更容易遵守。

第七章　课堂管理的原理与技术

(三)利用强化

学生不良行为的形成可能是由于教师不当的强化造成的,也有可能是学生从不良行为中获得了自我强化而形成的。已有的研究发现,在教学活动过程中,教师关注的重点学生往往是学习较好或者学习不好且纪律比较差的学生,而学习不好但在课堂上比较听话、遵守纪律的学生往往会被教师忽略。有的学生在课堂上偶尔会出现不遵守纪律的时候,教师为了维持整个课堂的秩序很可能会点名批评这个学生,其实从强化的角度来说,这个时候教师的关注可能就成了这个学生捣乱行为的强化物,这个学生可能会为了继续引起教师的注意而继续捣乱。因此,教师在课堂管理的过程中,应该学会采用多样化的提醒方式约束学生的行为,当学生有良好的课堂行为时应该及时进行表扬或者关注,以强化其积极行为。强化得当,学生在课堂纪律行为、课堂参与行为方面都将会有明显的提升。

(四)利用言语与非言语暗示

在课堂教学过程中,教师可采用以下言语与非言语暗示方法进行课堂管理。

1. 目光提示法

在教学过程中,教师应与学生有目光交流,应通过对学生表情和行为的观察时刻关注学生的听课状态,如果学生有不理解的地方,教师可以通过学生的表情和目光了解,继而在教学中稍作停顿,耐心讲解;如果学生有思想游离现象,教师也可以通过目光警示,让学生的思想回到课堂中来。

采用目光提示法,教师不必有任何打断教学过程的行为,也不会影响其他学生的学习过程,相对简单易行,但前提是当教师在看某个学生时,这个学生也是在看老师的。

2. 邻近控制法

教师在课堂教学过程中,可以采取邻近控制的方式对学生进行提示。具体做法:在教学过程中,如果看到某位学生正在捣乱或者没有认真听课,教师可以一边讲课,一边不动声色地走下讲台,走向捣乱或不认真听课的学生。如果学生看到教师走下讲台,而且已经注意到自己了,便规范自己的行为,教师可从容地走过学生身边,不作停留。如果此学生没有任何改变,教师在讲课过程中走近此学生后,可稍作停留。此时,如果发现学生依然没有规范自己的行为时,教师可以用手轻敲其桌子示意其应该认真听课。邻近控制法不易引起被批评学生的反感,对课堂秩序的影响较小。

3.突然沉默法

如果教师在课堂教学过程中发现说话的学生比较多,而且说话的声音已经影响到教学,就可以在教学的过程中突然噤声。这种方式最容易引起学生的注意,从而使其停止说话。但是此方法往往是治标不治本,如果不能对整个班级的课堂纪律进行有效管理,教师在噤声之后再开始讲课时,学生也会接着开始说话。

4.直接提醒法

教师在讲课过程中发现学生私下说话的人数比较多,学生的自觉性不高,或者故意和教师唱反调的时候,可以采用直接提醒的方式进行课堂管理,如直接对学生说:"请大家不要说话",或者"请大家保持安静"等命令性的语言。

其实在课堂管理过程中,教师可采用的方法还有更多,"教无定法"同样适用于课堂管理之中。

第二节　良好课堂秩序的建立

当教师面对一群刚入学的儿童或新接一个班级时,其面临的首要任务是为班级所有成员建立一个有助于课堂学习的秩序。作为课堂管理的一项重要任务,维持正常的课堂秩序能够为课堂教学的顺利进行打下基础,这也是有效教学必不可少的条件。要使课堂秩序保持良好的状态,必须要制定制度化的课堂规则,对学生的课堂行为进行管理,同时教师要将维持课堂秩序的责任担负起来。

一、课堂秩序的概念和结构

这里的课堂秩序主要是指教学常规和规范。教学常规主要是指在课堂教学活动中教师与学生、学生与学生之间进行相互作用时所要遵循的一系列步骤。例如,刚开始上课时师生相互问好的程序,学生进行分组讨论(如按四人小组讨论)的程序,课堂上分发、收集作业或试卷的程序等。这些程序往往规定了课堂上师生相互作用的最有效率的方式,使学生能较快地进入学习状态。在课堂上,师生具有熟练的教学常规是开展有效教与学的重要条件之一。对教学效果良好的专家教师的课堂观察研究发现,专家教师

第七章 课堂管理的原理与技术

的教学常规通常都达到了熟练化的程度,如同样是课堂上分发试卷,新手教师完成这一任务需要 4 分钟,专家教师则用了不到半分钟;同样是当堂改正学生前一天的作业,新手教师要用 15 分钟,专家教师仅用了 2~3 分钟。

规范描述的是课堂上期望学生表现出的行为和禁止做出的行为。例如,课上认真倾听别人的发言;上课铃响后要坐在自己的座位上;上课过程中有问题要先举手,得到教师允许后才能发言等。研究发现,清楚、明确并予以公平实施的课堂行为规范,不仅有助于减少学生在课堂上做出干扰学习的行为,还有助于提升学生的班级荣誉感。

建立良好的课堂秩序的目的是为学生营造一个良好的学习环境,让学生将有限的课堂教学时间尽可能多地用于学习。以前,课堂秩序被理解为"教师控制+学生服从",而现代课堂管理则赋予课堂秩序以新内涵,即师生平等,共同参与教学,共同制订并遵守规范。

课堂秩序的基本结构可划分为三个部分:秩序的建立、秩序的维持、秩序的完善(图 7-1)。

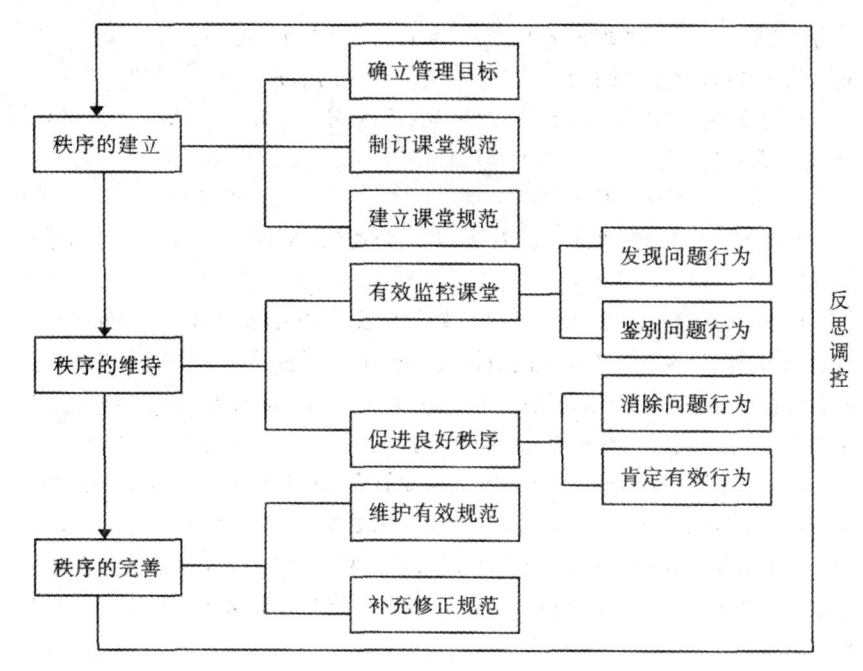

图 7-1 现代课堂秩序基本结构图

课堂秩序的这三大部分经过师生双方的反思与调控而构成一个闭合回路。管理学观点认为,完备意义的管理应该是一种有灵活调控机制的全过程的回路管理,并且经过不断的有效重复和沉积,形成一种可供模拟的运行模式,其一经形成将会使课堂管理的目标的实现得到根本保证。

二、课堂秩序的建立

建立良好的课堂秩序并不是教师单方面的期望,更不是教师单方面的任务。在课堂中,还须取得学生的支持与合作,使师生、生生之间对课堂秩序规范达成共识。在建立课堂秩序时,可遵循三个步骤:确立管理目标、制订课堂规范和建立课堂规范。

(一)确立管理目标

教师要明确课堂管理的意义及重要性,进而明确课堂管理的目标。在确定管理目标时要考虑以下因素。

(1)学生的年龄与成熟水平。随着年龄的增长,学生的成熟水平在不断提高,其理解周围世界变化的方式也随他们认知能力、推理能力等的发展而成熟。因而,适合小学生和中学生的秩序规范就会完全不同,即使同为中学生(小学生),低、中、高段也有不同的秩序规范。

(2)学校氛围。学校的总体氛围也是确定管理目标时要考虑的要素。有些学校的氛围基本上是许可型的,有些学校的氛围是严格要求型的。建立的秩序规范一定要与学校总体氛围相一致。

(3)学生的特点与来历。确定管理目标时考虑上课学生的特点与来历亦非常必要。例如,城乡学生对秩序的理解会有所不同;来自少数民族群体的学生或者来自某些地理区域的学生,与其他学生相比,也会表现出不同的特点。在由不同背景、特点的学生构成的课堂群体中设立秩序规范时,一定要对不同群体的学生的期望和需求保持敏感。

无论何时,只要教学环境有所改变,在设立新的课堂目标和教学计划前,教师必须仔细审视新的情境,确保秩序具有极强的情境性和针对性。

(二)制订课堂规范

在课堂管理目标确定后,教师就可根据课堂管理目标,确定期望的学生行为和不期望的学生行为,将其转化成课堂规范,并确定违规行为的后果。在确定所期望的学生行为时,不要仅凭自己的教学经验作决策,最好观察别人课堂中的有效秩序,同时要注意针对课堂活动的多样性,因为不同情景下,学生的行为表现是不相同的。

将期望的学生行为转换成课堂规范要注意以下问题。

(1)规则和程序是两个不同的方面。规则是一些确定所期望的行为和非期望的行为的条文,与程序相比,规则的数量较少,但更明确。实际上,有

第七章 课堂管理的原理与技术

效的课堂管理往往将课堂规则以书面形式呈现出来。规则可被认为是对学生行为设立的必要限制,它会促使一个面向全体学生的最佳学习氛围的产生。但要提醒的是,制订规则时一要明了学校的一般规则;二要明确、合理、必要与可行。在呈现方式上,一个简洁、明晰的规则简表更可取一些。程序是以有序的方式完成课堂活动的步骤。程序要向学生详细说明应该怎样做事情、怎样完成学习要求的活动。程序的呈现方式,采用口头解释或书面形式均可。

(2)在制订规范时,内容表述应坚持正面引导为主,多用积极的语言,如"做……",少采用"不准或严禁做……"之类的词语。

(3)制订规范应通过师生的充分讨论,达成共识后共同制订。学生参与讨论,与教师共同制订课堂规范,一则可使学生自觉遵守并乐于承担责任,二则可促进学生综合思维能力与社会性认知的发展。

另外,确定违规行为后果也非常必要。这一步就是与学生讨论遵守或者无视课堂规则与程序的后果。

(三)建立课堂规范

课堂规范并不是一经制订出来,就会被学生自动地接受,它还需要一个逐步建立的过程。为此,一要确保每个学生都清晰地理解规范,以免发生误解;二要在课堂规范确立后的几周内不断予以强化;三要不断调整课堂规范。课堂规范不可能一开始就尽善尽美,在实施过程中需要根据各方面具体情况,不断加以补充、修改或调整。通常,可采取活动式的规范,即每过一两个星期,与学生共同讨论,在学生共同参与的情况下对课堂规范予以更新。如需要调整或修改的规范较多时,可分次进行,先从最重要的一两项开始。这一步的关键是将制订好的课堂规范公布呈现,使学生了解、掌握这些规范,并逐步在头脑中建构起对外在的课堂规范的认知结构。

在建立课堂规范时,可以考虑如下一些建议:首先,一次让学生学习的课堂规范数量不宜过多,每一条规范要简洁易记,在学生熟练执行一些规范后再教新的规范。其次,要给学生解释清楚规范是什么、怎么做,还要让学生知道为什么要这样做的道理。这些道理就在于要掌握的规范是为了保证课堂上每个学生都有较多时间用于学习。

三、课堂秩序的维持

课堂秩序一旦建立,就要设法予以维持。教会学生在课堂上正确执行相应的常规和规范并不一定能保证有良好的课堂秩序。学生习得了有关的常规和规范,还要在以后的课堂上不断地练习并一贯地执行,这时教师关注的焦点已由学生"会不会"执行常规和规范转向"愿不愿"执行常规和规范。只有学生既有执行课堂常规和规范的能力又有主动自觉执行的意愿时,良好的课堂秩序才有可能建立并一直维持下去。

课堂秩序的维持即预防、消除问题行为的发生,它包括有效监控课堂、促进良好课堂秩序两个部分。监控课堂的目的,一是防微杜渐,免得一些不适行为逐步演化成主要的行为问题,二是要澄清学生对教师的期望所作出的任何误解。因此,有效监控课堂又包括发现问题行为、鉴别问题行为两方面。一般来说,促进良好的课堂秩序包括消除问题行为、肯定有效行为两方面。消除问题行为不仅指对性质轻微的问题行为的消除,也包括对性质严重的问题行为的矫正。肯定有效行为方面,通过鼓励和强化良好行为,可达到对问题行为的控制,并可塑造和发展新的良好行为。

学生"愿不愿"执行的问题实质上是态度问题,因而学生还要习得针对课堂常规与规范的态度。根据态度学习的规律,结合一些研究者的建议,如下一些措施有助于维持良好的课堂秩序。

第一,要为学生树立遵守课堂秩序的榜样。这类榜样最好是学生班上的同学,因为榜样与学生类似易于为学生所效仿。对于为学生树立的榜样,教师还要注重对其进行表扬和奖励,以便让学生看到遵守常规和规范的效果。

第二,当学生违反课堂规范时,要让学生知道违反的是哪一条。学生在课堂上表现出违反课堂秩序的行为,有时是因其对有关的规范不熟悉所致,即在态度学习的认知成分("是什么")上还不是很清楚,这时教师应结合学生的具体行为,让其认识到自己的行为违反的是哪一条规范。这既可以加深学生对规范的认识,又可以让学生对其行为的后果有所知悉,这有利于学生树立遵守规范的正确态度。

第三,课堂上要让所有学生都有事情可做。在课堂上组织教学活动时,教师有时会让个别学生成为活动的主角,如让某个学生上讲台表演、回答问题、汇报小组讨论的情况等,这时教师如对其他的学生没有明确要求,他们就有可能"无事生非"而做出破坏课堂秩序的行为。因此,让其余的学生有事可做是维持课堂秩序的关键,具体的做法因事而异。比如,在让个别学生上讲台表演时,可以要求其他同学在练习本上演算;在个别学生回答问题时,要求其他学生判断他回答得是否正确、充分。

第四,在处理课堂上出现的违反课堂秩序的学生时,所用的时间要尽可能短。教师花大量时间来处理个别学生的纪律问题,这不仅会占用教学时间,也会让其他学生无所事事而引发更多的课堂问题。

第五,在课堂规范的执行上,要对学生进行一致的奖惩。如果教师为学生执行课堂规范制定了相应的奖惩措施,就要在课堂上予以连贯一致地实施。

第三节 课堂心理气氛与学生问题行为处理

一、课堂心理气氛

课堂教学中由师生的相互作用而产生的某种占优势的态度与情感的综合表现,就是课堂心理气氛。课堂心理气氛是教学活动赖以发生的心理背景,它的存在直接影响着教学的效果或效益。课堂心理气氛的心理成分主要有教师和学生的注意状态、知觉状态、思维状态、情绪状态、意志状态和定势。这些心理成分随着师生的个性差异而表现出不同的状态,由此而产生的课堂心理气氛也各不相同。有的课堂心理气氛积极而活跃,有的拘谨而刻板,有的协调而融洽,有的冷漠而紧张。即使是同一课堂,也会形成不同教师的心理气氛区。例如,当某位教师上课时,气氛和谐活跃,而另一位教师上课时则可能气氛压抑沉闷。当然,这并不否定课堂心理气氛的相对稳定性。一种课堂心理气氛形成后,往往能维持相当长一段时间,而且不同的课堂活动也会被同样的课堂心理气氛所笼罩。

(一)课堂心理气氛的类型及特征

根据师生相互作用的方式不同,可以将课堂心理气氛分为积极的课堂心理气氛、消极的课堂心理气氛、对抗的课堂心理气氛。

积极的课堂心理气氛是恬静与活跃、热烈与深沉、宽松与严谨的有机统一。也就是说,课堂情境符合学生的求知欲和心理发展特点,学生注意力高度集中,思维活跃,课堂发言踊跃,课堂纪律良好,学生时刻注意听取教师的讲授或同学的发言,并紧张而深刻地思考。师生之间、同学之间关系和谐融洽,师生双方都有饱满的热情,配合默契。积极的课堂心理气氛的形成,有利于教学过程顺利进行,能促进学生健康成长、形成完美的性格,调动学生和教师的积极性,提高学习的效率。

在消极的课堂心理气氛里,课堂纪律问题较多,师生关系疏远;学生无精打采、注意力分散、反应迟钝,多数学生处于被动应付教师的状态,不少学生做小动作、情绪压抑等。有时学生害怕上课或上课时紧张焦虑。师生关系不融洽,学生之间不友好,学生产生了不满意、压抑、烦闷、厌恶、恐惧、紧张、高焦虑等消极的态度和体验。

在对抗的课堂心理气氛里,课堂纪律问题严重,师生关系紧张;学生随心所欲、各行其是,注意力指向无关对象;教师无法正常上课,时常被学生打断或不得不停下来维持课堂纪律;基本上是一种失控的课堂状态。

(二)课堂心理气氛的影响因素

课堂心理气氛是在课堂活动中由师生相互作用而产生的,它主要受到教师、学生、课堂内物环境三个方面因素的影响。

1.教师的因素

教师是课堂教学中的引导者和设计者。教师的领导方式、教师的移情、教师的期望、教师的情绪状态、教师的教学能力,是影响课堂心理气氛的重要因素。

(1)教师的领导方式

教师的领导方式是教师用来行使权力与发挥其领导作用的行为方式,直接影响着课堂心理气氛的形成。研究发现,当教师采用民主式的领导方式时,学生在活动中表现出极大的兴趣和主动精神,善于合作,活动效果很好。

(2)教师的移情

教师的移情是教师将自身的情绪或情感投射到学生身上,感受到学生的情感体验,并引起与学生相似的情绪性反应,由此产生和谐的心理互动。教师的移情体验有熟悉感、和睦感、理解感、依赖感等,学生的移情体验有接近感、安定感、共鸣感和依赖感等。师生双方彼此的移情体验和心理换位会促进师生感情的沟通,并对良好的师生人际关系产生积极的影响,进而促使和谐愉快的课堂心理气氛的形成。

(3)教师的期望

教师的期望往往反映在其外在行为上,从而给学生造成某种特定的心理环境,影响学生的自我概念和学业成绩。教师的期望通过四种途径影响课堂心理气氛。第一是接受。教师通过接受学生意见的程度,为高期望学生创造亲切的课堂情绪气氛,为低期望学生制造紧张的课堂情绪气氛。第二是反馈。教师通过输入信息的数量、交往频率、目光注视、赞扬和批评等向不同期望的学生提供不同的反馈。第三是输入。教师向不同期望的学生提供难度不同、数量不等的学习材料,对问题做出程度不同的说明、解释、提醒或暗示。第四是输出。教师允许学生提问和回答问题,听取学生回答问题的耐心程度等,都会对课堂心理气氛产生不同的影响。

(4)教师的情绪状态

教师常常对教学能力和知识水平进行自我评估,并在评估中产生情绪体验。如果教师对自己的评估过高,会使自己产生优越感,导致教学准备不足,课堂表现随意性大。如果教师对自己评估过低,就会产生焦虑感,在课堂上忧心忡忡,唯恐教学失去控制,缺乏教育机智以致做出不适当的反应,造成不良的课堂心理气氛。只有当教师的自我评估适中,才有利于教师能力和水平的充分发挥,并激起教师的教育创造能力和教育机智,进而使教师不断努力,以谋求最佳课堂心理气氛的出现。

(5)教师的教学能力

课堂心理气氛与教师的教学能力密切相关。安排有效的课堂教学,采用多种教学方法和技巧,激起学生学习的热情并且使课堂生动有趣,对于保持课堂心理气氛是十分重要的。教师的言语表达能力也在很大程度上制约着课堂心理气氛。研究表明,学生的学习成绩同教师表达的清晰性有显著的相关。因此,教师的语言应清晰准确,使学生听得清;教师的语言应简洁明白,使学生听得懂;教师的语言应鲜明生动,使学生听得有趣。教师应巧妙地调节和控制语言的节奏和音量,使之快慢适度、高低适宜、抑扬顿挫、轻重缓急、声情并茂、娓娓动听。教师的体态语言也影响着师生的情感交流和心理距离,进而制约着课堂心理气氛。教师的眼神、面部表情、手势、身体姿态、服饰等体态语言同一般语言符号一样,可以作为信息传递的媒介,具有不可忽视的信息沟通作用。

2. 学生的因素

课堂心理气氛是师生共同营造的,学生是课堂活动的主体。因此,学生的一些特点也是影响课堂心理气氛的重要因素。如果学生之间彼此团结、心理相融、凝聚力强,就易于形成良好的课堂心理气氛;如果学生之间钩心斗角、离心离德、各行其是、凝聚力低,则很难形成良好的课堂心理气氛。此外,学生课堂纪律,课堂中学生的集体舆论、角色期待以及学生之间的合作与竞争等,都会影响课堂心理气氛。

3. 课堂内物环境的因素

课堂内物环境包括教学时间的安排、班级规模、教室内的设备、教具、乐音或噪音、光线充足与否、空气清新或污染、高温或低温、座位编排方式等。这些因素虽然不是决定课堂心理气氛的主要原因,但是它们的优劣会对课堂心理气氛的形成起着促进或阻碍的作用。

(三)课堂心理气氛的营造

教师是良好课堂心理气氛的创设者和维护者。营造良好的课堂心理气氛包含创设和调控两层含义,通常采取以下策略。

1. 了解课堂心理气氛的现状

了解课堂心理气氛的现状是营造良好课堂心理气氛的前提和基础。教师可以从课堂敢为(课堂上学生是否敢于讲话、不怕出差错的倾向)、课堂不适(课堂上学生是否产生焦虑及其焦虑程度)、课堂交往(课堂上学生与他人交往的愿望、交流学习的情况)、课堂态度(学生基于对课堂学习目的的认识而产生的情绪反应)四个方面了解课堂心理气氛的现状。

2. 具备较高的业务素养

教师要学识渊博,能深钻教材,课前做好充分准备,弄清有关知识的来龙去脉,采取优化的形式和方法传授教学内容,使学生一听就懂、一学就会,这是教师能动地与学生互动的先决条件,也是有效地控制课堂心理气氛的关键所在。

3. 更新教学内容,改革教学方法和教学手段,激发学生的学习积极性

教师在教学过程中采用的教学内容不新颖、教学方法枯燥、教学手段单一,那么学生就会缺乏学习兴趣,无法唤起学生强烈的学习动机,学生的注意力就不能集中于课堂学习,经常分心、搞小动作,课堂秩序混乱;学生的情感就会淡漠、压抑、厌烦;学生就会不动脑筋、思维僵化。因此,要想创设积极的课堂心理气氛,教师必须注重教学内容的更新,采用生动活泼、灵活多样的教学方法,激发起学生的学习兴趣和学习动机,使学生全身心地投入到课堂学习活动中,与教师的教学积极而愉快地互动。

4. 了解学生,尊重、信任、热爱学生

教师不了解学生,就不可能产生对学生真正的爱。要了解学生,教师就要努力使自己成为学生的知心朋友。只有这样,教师才可以获得学生的信任,听到他们的心声,进而全面、深刻地了解学生。此外,渴望得到教师的尊重和信任,是学生的一种普遍需要;学生如果能够得到教师的尊重和信任,也会更尊重教师。对此,教师首先要尊重学生的人格、自尊心和正当的兴趣爱好,其次要充分地信任学生,对每一个学生都寄予厚望,以唤起学生的自

信心和对美好前途的进取心。学生都渴望得到教师的关怀和爱,因此,教师要克服偏见、公正无私,把爱奉献给每一个学生。

5. 加强课堂教学中的多向交往,建立良好的班级人际关系

师生关系融洽,教师热爱、信任学生,学生尊重、敬仰教师,可以形成积极、健康、愉快、活跃的课堂心理气氛;不和谐、僵化、紧张的师生关系则容易形成消极、沉闷甚至一触即发的紧张课堂心理气氛。同学之间团结友爱,容易使课堂形成互相尊重、体谅、友好的学习风气;同学之间如果不和睦,矛盾重重,钩心斗角,课堂上就容易出现嘲讽、攻击、紧张、压抑等不健康气氛。

6. 维持学生在课堂学习中的良好心理状态

在课堂教学中,教师要善于观察了解学生的心理状态,自觉激发学生良好心理状态的产生,有意识消除学生的不良心理状态。首先,教师应从学生非言语行为中了解学生的心理状态,即从学生在课堂学习时的表情、目光、动作、姿势等方面观察、了解其心理状态。其次,教师应满腔热情,激发学生产生和保持良好的心理状态。最后,教师在课堂教学中要不断消除和克服学生学习中出现的不良心理状态。

7. 注重师生的心态调整

师生双方要始终保持愉悦、振奋的心境,任何一方的心态不良,都可能导致不良课堂心理气氛的产生。教师应当努力地学会控制自己,不让自己不愉快的情绪在学生的面前表露出来。教师要十分敏感地把握学生的心态变化,要善于观察学生的面容、神态,善于捕捉学生的一举一动,以此作为洞察学生心态的重要渠道;把握学生在一定情境下想什么、做什么,遇到了什么疑难问题和障碍,然后采取恰当有效的方式及时给予指导和帮助,使其心态恢复到优化状态。

8. 采用科学的班级管理方法

教师在班级管理中既要讲究民主、尊重学生的独立性,又要严格要求、充分发挥自己的引导作用。

二、学生问题行为

问题行为是指偏离日常行为规范的不正常行为。学生的问题行为主要指学生在成长和发展过程中出现的阻碍学习、品德和性格健康发展以及形

成心理困扰等方面的不正常行为。这里特指学生在课堂上的问题行为。学生在课堂上的问题行为主要表现为漫不经心、感情淡漠、逃避班级活动、与教师和同学之间的关系紧张、容易冲动、上课插嘴、坐立不安、活动过度等。问题行为是一个教育性概念,主要是针对学生的某一行为而言的,其主体可能是后进生,也可能是班级中的优秀学生。

(一)学生问题行为产生的原因

学生在课堂中表现出来的问题行为受多种因素的影响,是学生的学习、生活环境、社会环境相互作用的结果,是各种问题的综合反映。综合起来,导致学生课堂问题行为产生的原因包括学生、教师、环境三方面的因素。

1.学生身心因素

课堂中大量的问题行为和学生的身心状况直接相关,是由学生自身因素引起的。具体来说有以下几个因素。

(1)生理因素。生理上的不健康,如视听障碍,发育期的紧张、疲劳、营养不良,神经发育迟缓或者神经功能障碍,均会导致学生出现问题行为。

(2)性别因素。学生的性别会对问题行为产生一定的影响。有数据表明,女孩子中粗暴无理、触犯校纪的现象比男孩子少得多,而且在学习方面,出现沮丧和逆反情绪的难题,女孩子也比男孩子少。

(3)心理缺失。它主要反映在焦虑、挫折和性格等方面。例如,焦虑会使学生灰心丧气、顾虑重重、徘徊不定;挫折会引起学生的情绪波动。学生性格方面的问题也会导致问题行为,过于内向的学生易产生退缩型行为,过于外向的学生易产生攻击型逆反行为,如和教师顶撞、和同学打架等行为。

(4)寻求关注。需要时刻获得他人的关注是人类的天性,课堂中的学生也会通过各种方式引起其他同学和教师的关注。通过努力能够获得成功的学生,会用自己学业的成功获得其他同学和教师的赞赏;而认为通过自己的努力不能获得成功的学生,则会以学习以外的其他方式获得教师和同学的关注。这种关注即使是消极的,也比忽视自己存在的结果要强。

2.教师方面的因素

学生的课堂问题行为与教师的教育失策有很大的关系,有的问题行为可能是教师直接造成的,因而绝不能把学生的问题行为完全看成是学生自

第七章　课堂管理的原理与技术

己的问题。教师的失策主要表现在如下方面。

(1) 教育观、学生观错误

教师教育观错误，片面追求高升学率，只看重学生的分数，而忽视学生的全面发展，学生面临着很大的学习压力，过度的压力可能导致学生的问题行为尤其是内向性问题行为，如学习动机下降、过度焦虑、心不在焉、极度抑郁、神情恍惚等。教师学生观错误也会导致学生课堂问题行为。教师不能够平等对待所有的学生，对优等生格外偏重和过度期待可能导致其压力过大，担心自己不能很好地满足教师的要求，出现一些内向性问题行为，如害怕提问、害怕与教师眼神接触等；对后进生、家庭困难生、品德不好的学生则采取厌恶、歧视的态度，会伤害学生的自尊心、自信心，使学生产生消极的自我概念和自我评价，由此引发问题行为。

(2) 个性缺失

教师应具备能让人喜爱的一些个性特征，如真诚、友善、快乐、情绪稳定等。同时，教师必须具备某些权威人物应有的能让人信服的个性，如自信、冷静地面对问题、不慌乱、主动倾听而不预设立场、遇事不退缩、失败不怪罪他人或情绪化等。此外，教师还应像父母一样，能接纳学生，无条件地关怀学生。反之，如果教师在课堂教学中，不具备以上的个性特征或较少具备以上的个性特征，就会使学生对教师产生畏惧、鄙视等感受，从而引发问题行为。

(3) 管理失范

教师在课堂中缺乏恰当的管理，也是引发学生课堂问题行为的重要因素。这主要表现为两种类型：第一种类型是独裁控制型，教师倾向于控制命令，不尊重学生，甚至滥用惩罚，学生的自尊和归属的需要得不到满足就容易产生问题行为；第二种类型是纵容型，有些教师对学生放任自流，使课堂未能形成良好的课堂气氛和教学环境，学生也因缺乏指正的机会而出现违反课堂规则的行为。

(4) 教学的偏差

所谓教学偏差是指教师在教学中出现的不正常的现象或者行为。具体而言，教学偏差主要表现在以下方面：教师不认真备课或者根本不备课；教学目标与学生的认知水平不相适应，教学目标要求过高或过低都将影响学生学习的积极性；教学内容枯燥；内容缺乏逻辑性；学习任务缺乏变化性和挑战性；教学方法和学生的学习方式不匹配；教学手段单一；教师表达能力差，教师缺乏活力，精神萎靡等。以上这些都容易导致教师在学生心目中的威信降低，引起课堂问题行为。

3.环境因素

影响学生课堂问题行为的环境因素主要包括家庭、大众媒体、学校等方面。

(1)家庭环境

研究显示,父母的惩罚程度与少年犯罪以及攻击型行为呈正相关。家庭结构、家庭气氛、父母的教养方式等,都会对学生的课堂问题行为有影响。心理学家的研究表明,父母不和,经常打闹的家庭的孩子,在课堂上也会经常表现出孤僻退缩、烦躁不安甚至挑衅滋事。而家长的教养方式也会影响到学生课堂上的行为。过度被家长娇纵的孩子易以自我为中心,放荡不羁;被家长经常打骂的孩子容易冷漠孤僻、情绪异常。所有这些都会增加孩子在课堂上的问题行为。

(2)媒体环境

当前社会各种信息通过多种信息媒体大量涌入学校,学生的知识总量中,有一半左右是通过学校以外的大众媒体获得的。大众媒体传播的信息并非都是积极的、正向的,也有很多诸如暴力、色情、凶杀等追求感官刺激等庸俗的、商业性的、低级趣味的内容。研究表明,在其他生活条件相类似的情况下,观看暴力电影的学生比其他学生有更多的攻击型行为出现。消极的媒体内容还会导致学生产生性格障碍。所有这些都会导致学生在课堂上出现问题行为。

(3)学校环境

学校的校纪校规、奖惩制度、全体教职工的素质和对学生的态度、学校的心理指导和咨询体系、校长和中高层领导人员的管理方式、学校的办学理念、校园文化等都会影响学生的行为。如果学生在一个没有爱心、态度消极、领导管理随心所欲、经常使用惩罚的学校里,很可能出现更多的不良行为。在学校因素里,更具体而言就是课堂内部环境会对学生的课堂行为产生一定的影响。课堂内部环境,诸如课堂内的温度、色彩、光线、座位的编排方式都会对学生的课堂行为产生十分明显的影响。例如,课堂环境恶劣、气氛紧张或者光线不足都可能使学生感到昏昏沉沉,形成懒懒散散的消极情绪,从而增加问题行为产生的可能性。此外,课堂座位的编排方式也会影响到学生问题行为的出现。研究表明,坐在前排座位的学生大多在学习上过分依赖教师,其中一部分也有可能是学习热情较高的;但坐在后排座位的学生,通常有捣蛋和不听讲等问题行为。可见,学生座位的编排方式对学生问题行为有一定的影响。

第七章 课堂管理的原理与技术

(二)学生问题行为的类型

学生问题行为按照不同的标准有多种分法,如奎伊等人把课堂学生问题行为分为人格型、行为型和情绪型三类。也可以依据学生行为表现的倾向,将课堂问题行为划分为外向性问题行为和内向性问题行为两种。

外向性问题行为,即学生品行方面的问题行为,是指学生在课堂上发生的容易被教师察觉,直接干扰课堂纪律,影响教学活动正常进行的行为,主要包括攻击性行为、扰乱课堂秩序的行为、故意惹人注意的行为以及盲目反抗权威的行为。对于这种问题行为,教师应迅速、果断地加以制止,并对行为主体进行批评,防止该行为在课堂上蔓延。

内向性问题行为,即学生人格方面的问题行为,是指学生在课堂上发生的不易被教师察觉的,不会对课堂秩序构成直接威胁的行为。这种行为更多的是学生个体的活动,尽管不会直接危害教学活动的正常进行,但是对教学效果和学生自身的成长有很大的影响。这种问题行为主要包括注意力涣散行为、对课堂活动的回避行为、对课业不负责任的行为以及抗拒课堂的行为。存在内向性问题行为的学生为了避免引起他人的关心和注意,还常常表现出依顺和服从,使人觉得他不存在困难,也无须外界的帮助。因此,这一类学生需要教师更多的关注。

(三)学生问题行为的预防

对课堂问题行为的管理应以预防为主,引导和促进学生端正学习态度,帮助学生适应学习环境,逐渐减少问题行为的产生。对此,教师都可以尝试以下方式。

(1)制订合适的教学计划,使学生通过学习能够获得成就感,缓解学生的焦虑情绪,提高其学习的自信心,使其更快地适应课堂环境。

(2)帮助学生调整学习的认知结构。教师在教授新知识、新内容时,应交代清楚其来龙去脉,把新知识整合到学生已有的知识结构中,使学生具备学习新知识的认知基础,从而减轻学生因学习新知识而产生的焦虑感。

(3)对于课业给予精确的指导。学生对于学习的盲目性容易导致问题行为的产生,而教师通过给予学生清晰的学习指导,使其了解要做什么,怎么做,如何得到帮助,可以减轻或消除学生因不确定性而产生的急躁、厌烦、焦虑等情绪,减少问题行为的发生。

(4)确立学生的行为标准。明确学生常规的行为标准,是一种有效的先行控制方法,因为这样可以事先确立起对学生在课堂中的期望行为,让每一个学生都明了什么行为是好的,什么行为是不好的,哪些行为是可以被接受的,哪些行为是不能被接受的。一般而论,确立学生的行为标准时,应考虑以下几个方面的问题。

第一,行为要求是否能够促进教学目标的达成和学生的身心发展。

第二,行为要求是否影响课堂秩序和学生的学习。

第三,行为要求是否体现了对课堂成员的尊重。

第四,行为要求是否具有改变或修正的可能性。

第五,行为要求是否具有切实可行性。

课堂行为标准确立起来之后,还要及时加以巩固,必要时还要予以修正。

(5)建立良好的教学秩序。良好的教学秩序能够营造愉快、和谐的课堂氛围,使学生情绪平静、思维活跃,从而减少问题行为的产生。

(6)促成学生的成功经验,降低挫折水平。学生的成功经验,通常会激发他们的愉悦情绪,降低挫折水平,从而避免或减轻问题行为。学生因失败而导致的挫折感往往是有些问题行为产生的原因。因此,教师要确保学生在课堂活动中有适当的成功率,即要将课堂活动规划在既不太容易也不太难的适度范围内。

(7)协调同伴间、师生间的人际关系。教师要帮助建立良好的同伴关系,同时,注意制止学生中存在的彼此伤害的行为,如讽刺、挖苦、嘲笑等。教师和学生之间只是角色的差别,师生在人格上是平等的。教师应该充分尊重学生的独立人格,对学生充满爱心,尤其要关心"差生"或"后进生",实现师生之间的情感互动。与学生建立和谐的师生关系,重要的是做到尊重和接纳学生,满足学生的归属需要。归属感是一个强大的动力因素,而接纳是最有效的激发方式之一,它能有效提高学生的自尊、自我接纳及其他健康品质。

(8)保持建设性的课堂环境。课堂行为与课堂环境直接相关,有效的课堂行为管理,很大程度上建立在良好的课堂环境基础之上,因为良好的课堂环境不仅可以减少产生问题行为的可能性,而且可以消解许多潜在的问题行为。保持建设性的课堂环境,教师可以从以下两个方面去努力。第一,保持课堂的整洁、秩序和幽雅,增强课堂成员的秩序感、责任感。一个杂乱无章和死气沉沉的课堂环境本身就为问题行为的产生提供了土壤。良好的课堂环境应该具备六个基本功能:保障安全,并增强心理安全感;促进师生之间、学生之间的交流;展示班集体的"个性";有助于完成教学任务;让学生和教师心情愉悦;促进学生成长。第二,要科学合理地安排、调整学生的座次。学生座位的分配,一方面要考虑班级秩序的有效控制,预防问题行为的发生;另一方面要考虑促进学生间的正常交往,形成和谐的师生关系,并有助

第七章 课堂管理的原理与技术

于学生形成良好的人格特征。因此,必须打破按高矮次序或学习成绩排位的简单方式,而要综合考虑学生的生理特点、个性特长、学习习惯、行为特征、认知水平、同伴关系等多种因素,做到优劣搭配、合理组织,达到以长补短、以优补劣、互相促进。

(9)建立家校联系。家庭环境是导致学生课堂问题行为产生的重要因素,因而在对学生课堂问题行为管理的过程中,教师应主动与家长联系,相互配合,采取有效措施来纠正学生的问题行为。

(四)学生问题行为的处理策略

1.忽视或提醒学生注意其问题行为

学生在课堂上表现出的问题行为中,有一类行为是由个别学生做出的,这类行为的影响仅限于该学生,而不会波及其他学生,且这种问题行为有时具有偶发性。例如,学生在课堂上把玩自己新买的铅笔而未专心听讲,或者在课堂上偷看自己喜欢的课外书,都属于这类问题行为。当课堂上个别学生表现出这类问题行为时,教师对其进行公开的批评教育,反而会吸引班上大多数同学的注意而破坏原有的良好秩序。因此,应对这类问题行为的一个重要原则是"最小干预原则",尽可能不破坏整个课堂的良好秩序。具体的措施主要是忽视学生的问题行为和提示学生注意自己的问题行为。例如,对于课上做小动作的学生,教师可用手势、面部表情、走近学生并在其身边停留一段时间等措施,让学生意识到教师已注意到其问题行为。在采用这些方式向个别有问题行为的学生传达信息的同时,教师仍可继续进行其原有的教学活动,这样处理不会把其他学生的注意引向有问题行为的学生身上,因而也不会影响整个课堂的教学秩序。当课堂上教师没有时间或不方便对有问题行为的学生进行提醒时,可以在下课后及时找学生谈话,以便让学生知晓他们在课堂上表现出的问题行为已被教师注意到了。

2.教给学生自己控制自己的问题行为的方法

有时,学生在课堂上表现出的问题行为影响了自身和其他同学的学习,而且学生自己也意识到了自己的错误行为并愿意改正,这时,对学生问题行为的处理要转向教给学生自己控制自己问题行为的方法。这些方法主要涉及让学生自己观察、记录问题行为的情况以便了解其问题行为的严重程度;让学生掌握控制自己行为的方法;自己为自己课堂行为上的进步提供强化,以便维持良好的行为。

3. 对学生进行行为矫正

当学生在课堂上表现出的问题行为不仅影响自己和别人的学习,而且这种问题行为经常出现,学生自己又不愿意改正或不能改正,这时就需要对学生进行行为矫正。行为矫正的技术是行为主义心理学家提出和发展的一种塑造和改变行为的技术。在行为主义心理学的理论和大量临床研究的基础上,行为主义心理学家提出了如下一些具体的矫正课堂上问题行为的技术。

(1)强化学生在课堂上表现出的良好行为,不要强化学生的问题行为

有问题行为的学生并不是在课堂上一直表现出问题行为的,他们有时也会表现出诸如专心听讲、不与其他同学随意讲话等良好行为。对于有问题行为的学生表现出的这些"闪光点",教师要及时对其进行强化,可以口头表扬、实物奖励或赋予活动的特权等,以便加强学生的这种良好行为。与此相对应的是,对学生在课堂上表现出的问题行为不要进行强化。学生在课堂上想要得到的强化物是多种多样的,不同年级、不同类型的学生想要得到的强化物也不尽相同。一些学生在课堂上想得到教师的表扬或奖励,另一些学生则想得到教师或同伴的关注(教师的批评、斥责也是这类学生想要得到的关注)。这样,如果某个学生在课堂上表现出问题行为是为了得到教师或同学的关注,而教师又对该生的问题行为当着全班同学的面进行批评教育,于是教师的批评教育及同学的围观,让该生渴求关注的需要得到了满足,这样教师对该生的批评教育表面看来是想抑制该生的问题行为,实际上却起到强化的作用,强化了该生表现出的问题行为。因此,不对学生的问题行为进行强化不能简单理解成不对学生的问题行为进行表扬,而是要教师结合学生的具体情况,判断自己对学生的问题行为所采取的措施有没有对学生的问题行为起到强化作用。

当我们想要塑造学生良好的行为而且这种行为在学生身上表现的频率又很低时,可以选择学生经常做出的高频率行为作为强化物来强化学生的低频率行为。对此,教师可以首先观察学生在空闲时最喜欢做的或经常做的行为,即识别和确定一些学生的高频率行为,而后让学生做出低频率行为(即教师想要塑造的良好行为),最后再允许学生表现出高频率行为,以此来强化学生的低频率行为。比如对某个学生而言,他喜欢看教室图书角里的故事书(高频率行为),为塑造该生课上不随便与同学讲话的良好行为(低频率行为),在该生一节课上未与其他同学随意讲话的条件下,教师可以允许他课后阅读图书角的故事书,以此强化学生课上不随意说话的行为。

第七章 课堂管理的原理与技术

(2)对学生一系列小的进步予以强化

在行为矫正技术中,强化是主要的手段。强化的运用并不仅仅是在学生表现出完全良好的行为之后施行的,在学生朝向良好行为的过程中,对学生点滴的进步也要进行强化。通过渐次强化学生不断表现出的新的、小的进步,最终达成塑造学生良好行为的目的。例如,一名学生在课堂上很难安静地坐在自己的座位上听讲,在对该生实施行为矫正时,不能等到该生一节课上都安静坐在位置上不干扰其他同学时再进行强化,相反,当学生在课堂上表现出 5 分钟的安静时,就要对学生进行强化;当学生能安静坐在位置上 5 分钟后,再对学生安静 10 分钟的行为进行强化……这样的渐进强化有可能会塑造学生在整节课上安静听讲的行为。

(3)采用代币经济来强化学生的良好行为

所谓代币是指本身没有价值但可以用来兑换有价值的东西的一种凭据,如游戏币、筹码、小红星、记录卡上的打孔等。在课堂管理方面,教师可以用代币来强化学生良好的行为,具体的方法是教师针对学生在课堂上表现出的良好行为给其相应数量的代币,学生赢得的代币可以累积,以后可用指定数量的代币从教师或家长那里兑换相应的奖品,如外出旅游、玩游戏、上网、零食等。当学生在课堂上表现出问题行为时,根据问题行为的性质和严重程度,教师还可以扣除学生相应的代币。研究表明,代币经济在减少学生课堂上的问题行为、提高学生学业成绩方面是非常有效果的。

(4)采用行为契约来塑造学生的良好课堂行为

行为契约是塑造学生良好课堂行为的一种技术,这一契约通常由教师和有问题行为的学生一起签订,有时还可以增加一名见证人。契约中对学生和教师的相应行为进行了规定,如学生表现出较好的行为,教师应对学生进行何种奖励;学生表现出问题行为,教师应如何对学生进行惩罚等。这种契约形式主要是将学生的行为与其行为后果之间的关系明确化,从而通过强化、惩罚等措施来改变学生的问题行为。

(5)对学生严重的问题行为进行惩罚

对于有些较严重而又难以制止的问题行为,可适当利用一些惩罚措施。惩罚运用得当,可起到制止问题行为的作用。但惩罚运用不当(如报复性或泄愤性的惩罚),不但不能制止问题行为,反而会造成逆反或对抗性行为。因此,必须慎用惩罚措施,不到迫不得已时最好不用。一般来说,当问题学生的行为不仅影响自己和他人的学习,还有可能对其他同学造成人身伤害时,才可以使用惩罚措施。对学生问题行为进行惩罚,具体有三种形式:一是给学生施加令其讨厌的刺激,如对学生进行批评;二是撤除或取消学生喜欢的刺激,如取消其原有的特权、荣誉等;三是对学生进行校内隔离,这种惩罚措施是在学生的问题行为会危及其他同学安全的情况下才采取的。在对学生进行惩罚时,同样需要教师明确所采取的惩罚措施对具体学生而言是真正起到惩罚的效果。

特别值得注意的是,教师不能因为学生个人的问题行为而惩罚小组或者整个班级,这样做只会使学生感到气愤。此外,在某个问题行为开始时使用惩罚,其效果远胜于将惩罚实施于问题行为之后。

第四节 促进教学效率提高的课堂管理策略

有效实施课堂管理,对于激发学生学习的积极性,增加教师自我效能感,保证教学顺利进行,提高课堂教学效率都有极其重要的作用。目前有关课堂管理策略方面的研究已有多个方面和角度的阐述,对于实际教学中提高课堂管理水平、推动课堂管理向纵深方向发展具有非凡的意义和价值。下面将阐述几种主要的课堂管理策略。

一、和谐沟通策略

和谐沟通理论是由托马斯·高尔顿于1974年提出的,他相信教师可以通过明确而友善的交流减少或控制不良行为,因而教师必须放弃其作为权威人物的角色,应以友善、自由的方式与学生讨论分歧,不宜以任何方式强迫学生。[1] 对于学生出现的不正当行为,教师应在"不迷失"的环境中与学生一起讨论。如果教师对学生表现出关心与爱护,学生也会相应地对教师表现出尊敬。当学生有问题时,教师决不要轻视,而必须主动积极地倾听学生的意见,对学生的问题做出反馈,甚至鼓励学生谈论他们的挫折、焦虑与恐惧,以帮助他们寻找解决办法。与此同时,教师也必须采取主动,向那些以不正当行为扰乱或困扰教师教学的学生发出明确的信息,以改变其行为。

美国教育心理学家季洛特是和谐沟通策略的积极倡导者。他曾经在其著作《师生之间》中详细论述了具体的沟通技巧和方法,主要包含以下几点。[2]

---

[1] 刘智,亢丽娟.中学政治学科课堂教学策略[M].广州:广东高等教育出版社,2015:207.

[2] 李新旺.教育心理学[M].北京:科学出版社,2011:289.

第七章　课堂管理的原理与技术

(1)理性的信息。理性的信息是指针对情景而非学生人品的语言信息。对于犯错误的学生,教师不应该将错误归结为学生的人品问题,而应该就事论事,针对具体情境描述学生所犯的错误。

(2)教师应表达自己的感受。受多种因素的影响,教师在课堂管理的过程中不可避免会体会到愤怒、烦恼等消极情绪。这时教师应该真实表达自己的感受,但要注意语言的使用,尽量用"我……"之类的话语,避免伤及学生的人格;避免使用侮辱和贬低学生的语句等。

(3)和学生合作。传统教学中,教师在课堂教学中起主导作用,要求学生绝对地服从教师的要求和指令。这样做通常会导致学生产生厌烦和抗拒情绪,不利于师生之间形成融洽的关系。在现代教学体系下,教师应该更多从学生的角度出发,融入学生群体中体会他们的想法、需求和情感;教学过程中也应该鼓励学生积极参与教学互动,关于教学内容和形式的制定也可以征求学生的意见和建议。下面重点说教学互动的策略。

教学互动贯穿于教学过程的始终,因此,教学互动策略就成为教师必须掌握的基本教学策略。从课堂教学任务的角度,教学互动策略可分为两个大类:以内容为主的互动策略和以条件为主的互动策略。

以内容为主的互动策略,首先把教学互动目标分为认知互动目标、情感互动目标和人格互动目标三类,这三种互动目标不仅体现了教学互动的基本目标,而且代表着不同层次的教学互动。认知互动目标是多元的,不仅包括各种科学知识的教与学,也包括自我认知、道德认识、技能性知识的教与学,还包括知识教学、能力养成与认知策略的获得等内容。情感是认知活动的动力与润滑剂,情感缺失的教学必然导致教育的失败。因此,在教学过程中要注重情感互动策略,如优化班级心理气氛、激发理智感、提高积极的教师期待。健康的人格、创造的个性只能在师生互动中形成,因此,教师应把对学生的人格培养放在首位。教学过程中的人格互动策略有以下两种:第一,引导自我评价与自我认同;第二,通过自身的人格魅力促进人格互动。教师的言行、处世方式与态度都对学生产生着深刻的影响,因此,教师可有意识地与学生接触,以影响、感化、鼓舞、启迪学生。

以条件为主的互动策略,包括教学互动的背景创设策略和互动调控策略。开展教学互动需要以特定的教学物质环境和心理环境为背景,为此教师需注意精心设置。就教学物质环境而言,从课桌椅的摆放到整个教室的布置,教师都要仔细思考,以创设有利于双向甚至多向沟通的互动背景。互动调控策略的应用,要求学生具有较强的主体参与意识和参与教学的能力。对此,教师可通过激发主体意识、合作学习、角色转换、与日常生活相结合进行培养。

总之,在具体教学过程中,以内容为主和以条件为主这两类互动策略是紧密联系、协同作用的。以内容为主的互动策略侧重于具体教学内容的实施与教学任务的完成;而以条件为主的互动策略则用以激发、维持、调控教学进程,它贯穿于教学过程的始终,又具体体现于各个目标教学互动过程中。二者相互影响,共同推进教学过程,促使教学活动的顺利进行。

(4)接受与承认学生的感受。学生由于认知及经验上的局限性,常常会过于夸大自己的感受,所呈现的情感与事实依据不相符。这时教师不要急于纠正学生的错误、否定他们对于自我的感受,而应该表现出理解和接纳的姿态,并向他们提供帮助。这会让学生感受到教师对他们的理解和尊重,增加相互之间的信任感。

(5)教师应避免直接诊断学生的缺点。教师在与学生的交流中切忌使用断言性质的评价,尤其是负面的评价。这会对学生形成一种强烈的自我暗示,学生会相信这些断言是真的,并逐渐丧失自信心。教师在教学管理中应注意这一点,要多多鼓励学生的进步和成就,积极启发,循循善诱。

(6)适当地赞美。赞美应该着重强调行为本身并最好能够指出进一步发展的方向,这样的赞美方式是具有建设性的;赞美如果带有评价的含义,侧重于对人格的赞许则可能会适得其反。教师在赞美学生时,也要充分注意这一点。例如,教师对学生说"这篇作文写得很好,在刻画人物性格方面描写得很细致和深入",这就是对行为本身的赞美,教师没有把作文的成功归于学生的人格特质。赞美的功能是支持、激励和鼓舞,而不是评价。

总之,和谐沟通策略注重学生的潜能与理性,强调温暖、支持和接纳的环境及教师关怀、理解和信任的态度,强调学生自制自律的品性,注重通过民主方式制定课堂规则,关注学生的参与和责任感,坚持良好的师生关系。

二、团体动力策略

团体会创造出自己的心理动力,并强烈地影响其成员的行为,这种心理动力亦可称为"团体动力"。它主要是指影响团体中个人行为的心理力量。[1] 这一策略是由美国学者雷德和华顿伯格提出来的,他们认为对于团体动力的觉察能够用来进行课堂管理。因为目前班级授课制是最主要的教学组织形式,课堂教学中教师面对的是学生团体,因此,教师很难有机会单纯从学生个人角度去处理学生的行为,他们必须从团体的角度来看学生。一个人在团体中所表现的行为可能与个人独处时的行为不一样,这意味着

---

[1] 李新旺.教育心理学[M].北京:科学出版社,2011:290.

第七章 课堂管理的原理与技术

教师不仅要对学生个别的行为有敏锐的观察力,对学生团体行为也要注意观察。

教师对于团体动力的成功把握会有助于课堂管理的顺利实施,雷德和华顿伯格提出了四种课堂管理策略:支持自我控制、提供情境协助、评价现实、诉诸"痛乐原则"。

(一)支持自我控制

学生在课堂上出现的不良行为多数是因为缺乏自我控制,有些情况下学生没意识到自己违反了课堂纪律,教师要做的就是帮助学生重新找回控制力。支持自我控制这一方法不主张运用暴力、强迫、惩罚的手段来对待学生,认为教师的任务是协助学生自我帮助。具体可以采用以下几种方法。

(1)信息提示。教师可以通过一些肢体语言,如眼神交流、摇头等方式向学生传递信息,让学生意识到自己正在犯错误,通常这一方法适用于不良行为刚刚出现的情况。

(2)趋近控制。这是指当教师利用传递信息的方式不能达到目的时,可以靠近违反纪律的学生予以警示,这样就可以促使学生停止不良行为,集中注意力。这也是一种默默暗示,无声批评。一味的、单调的言语批评,绝非教育学生的"万金油",过度的、不合时宜的批评,还可能会适得其反。在很多教育场景中,一些别出心裁的教育批评,可能在轻描淡写的师生互动中,将批评转化为对学生的鼓励和鞭策,从而更好地帮助学生明辨是非,尽快改善自己的不良行为。在真实的学校教育情景中,很多教师因材施教,根据学生特点,采取无声的批评教育方式。需要注意,还有一种与趋近控制相应的,即接触控制。接触控制指用于让学生继续学习的温和的、非侵犯性的身体接触,如把手放在学生的肩上让其安静。它表示教师不欣赏学生的行为,指导学生重新回到恰当行为。在决定是否和怎样运用接触控制时,教师应考虑行为的环境和学生的性格特征。

(3)表示兴趣。有些学生出现课堂违纪行为是因为对学习缺乏兴趣,这种情况下教师可以走进学生,激发学生的学习兴趣。

(4)幽默。对情况的幽默反应,或者自我解嘲能够缓解可能造成问题行为的压力。它能够消解矛盾,促进问题的解决。教师通过幽默放松气氛,使学生反思自己的行为。但教师要注意不能用带有讽刺意味的言语戏谑学生,应该运用支持性的语言。

(5)视而不见。依照行为主义的强化原理,当消除强化时,个体行为就可以被消除或降低。尤其当学生违反纪律的目的是吸引教师注意、试探教师的时候,教师的干预往往成为对其行为的强化。因此如果学生的问题行为不严重,或对其他同学没有造成干扰,教师可以选择漠视这种行为。但要注意,不能让学生误解为教师的行为是对他们的放纵。

(二)提供情境协助

学生在上课期间可能会分心,这种分心可能是问题行为的一种形式或者注意力涣散。无论哪种情况,教师都要提供情境协助。情境协助是指教师采取行动使学生回归任务,并尽可能减少干扰和中断。它不包括令人讨厌的非惩罚性或惩罚性的结果。教师应该留意学生在学习活动中参与度减少、注意力长时间不集中或者逃避学习等情况,以及明显违反课堂规则和程序的行为。对这些行为表现,可以直接处理,不需要过度反应。

对于自控力比较差的学生,教师需要进行外部协助,通常的做法有如下几种。

(1)跨越障碍。学生因为遇到学习中的困难而讲话,不是故意违反课堂纪律的情况下,教师不应当责罚学生,而应该积极帮助他们克服障碍。

(2)调整进度。在学生刚刚进行了剧烈活动,身体或心理无法平复下来时,按计划实施教学不会取得好的效果,这时教师可以适当调整一下教学进度,换个活动方式进行。

(3)固定的进度。固定的进度可以增加学生对于课程的预测性,也可以做好更充分的学习准备,否则缺乏稳定进度会让学生对于学习缺乏控制感。

(4)隔离。对于在课堂上扰乱纪律的学生,教师可以暂时将他们与其他同学隔离。例如,小明在上课时跟别人讲话,老师可以拉着他的手到教室后面跟他说:"等你决定好好听课时,就可以回到座位上。"教师要避免使用惩罚的方式解决问题。

总之,情境协助可以通过去掉使人分心的物体、强化适当的行为、激发学生的兴趣、提供暗示、帮助学生排除障碍、对行为进行再定向、转换课的内容等来实现。采用情境协助的方法时可以从学生的角度出发设置一个"原谅步骤",通过确认分心的行为是否是次要的或一瞬即逝的,使学生不受惩罚地回归任务。

(三)评价现实

当学生在课堂上表现出不良问题行为时,教师要帮助其分析行为可能产生的后果,对学生的行为做出客观中肯的评价,让学生认识到课堂上应该做什么、不应该做什么,为什么不能那样做等,修正学生对于自己行为的认识误区。此外,教师要注意在评价学生行为时的用语要客观真实、具有支持性,言辞不能带有侮辱或伤害性质。

（四）诉诸"痛乐原则"

痛乐原则是让学生认识到其不良行为之后必然会带来不愉快的结果。当学生认识到这一点，在进行行为选择的过程中就会趋利避害，趋向于选择能带来良好结果的行为。这一原则通常适用于以上几种方法都不奏效的情况下。

三、涟漪效应策略

涟漪效应理论是由J.库宁于1970年提出的，这一理论更加注重群体的动力特征，注重与群体的动力相关联的领导质量。库宁强调一种涟漪效应，他认为当教师纠正一名学生的不正当行为时，这种纠正常常会对周围学生产生一种涟漪效应，甚至对整个群体产生影响。当课堂中出现不良行为时，可以通过实践涟漪效应避免今后发生同样或类似行为问题。教师应对有行为问题的学生做出明确的辨认，而且清楚他们哪些地方错了，应该怎么做，而不是对问题行为给予简单的惩罚。

库宁提出了下列三种教师应关注的行为。[1]

（1）目击者行为，即教师亲自关注到的学生问题行为。目击者与有效行为管理直接相关，因为教师目击到学生的问题行为并加以纠正，会使学生减少问题行为的发生。当然，这需要教师必须具备在任何时候都能知晓教室内所有地方发生的事情的能力，并能对课堂混乱做出迅速而准确的反应。

（2）复合行为，即教师在特定时间内能注意到多个问题、活动和群体的行为。能在同一时间注意到不止一个问题或活动的教师，其课堂行为管理会更加有效。

（3）群体聚焦行为，即教师将目光聚焦在群体而不是某一学生个体身上的行为。这样的教师在促进学生目标指向的行为和预防学生问题行为方面会更加成功。

库宁还强调移动管理的重要性。也就是说，教师必须关心课业流程，具备促进课业顺利过渡的能力，学生因忙于课业就不大可能出现行为问题。

---

[1] 刘智，亢丽娟.中学政治学科课堂教学策略[M].广州：广东高等教育出版社，2015：206.

四、目标导向策略

目标导向策略是由著名心理学家德雷克斯提出来的,他认为人的一切行为都受到其内在需要的驱使,即使是不良行为也是如此。学生作为一类社会群体,有着强烈的归属和被认同的需要,如果这些需要得不到满足就会表现出问题行为。目标导向策略的提出,主要目的在于发展学生的自我纪律,教育学生对其自身的行为负责。德雷克斯的目标导向策略以四个主要思想为基础:第一,学生必须知道他们要对自己的行为负责;第二,学生必须形成自尊,同时学会尊重他人;第三,团体成员有责任影响其他个体成员来使其有适当的表现;第四,学生有责任了解正当行为规则及不正当行为的自然后果。德雷克斯认为,所有学生的行为都有其特定的基本目标,学生总想获得认可,其行为也倾向于达到这一目标。学生出现不当行为,主要是为了追求某种目标,或者是因为某种错误的目标。错误的目标主要有四种:一是寻求注意;二是寻求权力;三是寻求对他人报复;四是寻求独立的愿望。针对上述四种错误目标,教师可以采取下列步骤给予查明和纠正。

(一)确认学生的错误目标

既然课堂上学生的不良行为都是由错误目标引起的,那么确认具体错误目标就变得尤为重要。主要有两种方法:第一,教师可以通过记录自己对学生不良行为的反应来确认学生的需求和期待。如果学生的不良行为使教师感到烦恼,则显示这一行为是学生企图获得注意的行为。如果学生的不良行为使教师感受到威胁,这就是学生寻求权力的行为。如果学生的不良行为使教师感受到伤害,这就是报复。如果学生的不良行为使教师产生无力感,则显示学生想表现无能。第二,可以观察学生对于教师纠正其行为的反应。如果学生在教师制止他的行为后,停止了不良行为,但很快又重复其不良行为,则学生的错误目标是获得注意。如果学生在教师制止他的不良行为后,拒绝停止其不良行为或反而增强其不良行为,则学生的错误目标是寻求权力。如果学生在教师对其不良行为有反应后,变得敌视或有暴力行为,则学生的错误目标是寻求报复。如果学生拒绝参与课堂活动,拒绝合作,拒绝师生互动,则可能是表现无能。

(二)向学生解释错误目标及相应的错误逻辑

在确认错误目标之后,教师应该向学生阐明其行为目标的错误之处,

第七章　课堂管理的原理与技术

要注意不要直接指出学生的错误，可以采用"产婆术"的方法让学生自己认识到自己的错误，这样更有信服力。教师可以采取友好的、温和的方式，向学生提出一系列的问题，使学生在思考这些问题时，能检视其行为背后的目的。德雷克斯建议通过行为的自然结果来制止学生的不良行为，培养学生的良好行为。行为的自然结果即紧随着某一特定行为而出现的后果，课堂上，教师运用自然结果管理学生，必须持之以恒才能有效。教师要让学生相信，只要学生选择了偏差行为，就必须接受不愉快的结果。学生必须仔细考虑，采取这样的偏差行为是否值得。教师运用自然结果，可以让学生自由选择在课堂上应采取什么行为，培养学生自我控制的能力，并且知道教师尊重他们自己做决定的能力，了解到"不好的选择必然招致令人不快的结果"。自然结果强调"结果"应该尽可能与不良行为有密切的关联，学生才能知道两者之间的关系。例如，损坏学校财物的学生，必须赔偿；作业没有完成的学生，必须在放学后完成；休息时间打闹的学生，就没有休息的权利；对别人捣蛋的学生，就必须被群体孤立。但当教师施用自然结果时，应该心平气和地引导学生认识行为和结果之间的关系，不要表现愤怒或胜利。

（三）帮助学生改变错误目标，引发学生新的建设性行为

当教师了解了学生行为的错误目标后，就可以采取行动，纠正学生的错误目标。具体做法如下。

（1）"获得注意"目标的纠正。一般而言，寻求注意的学生是无法容忍被忽视的，只要别人能够注意他们，他们宁可被惩罚、轻视或羞辱，所以这类学生就会制造出许多引人注意的举止。因此，当教师觉察到学生正过度地要求获得注意时，就应该坚决地忽视其所有这些行为。但当学生的有些行为已经干扰了正常的课堂教学时，教师就不能忽视了。教师必须以非奖赏的方式对这些予以注意，如教师可以不加批判地叫学生的名字并注视他，或教师可以不带怒色地描述学生的行为。

（2）"寻求权力"目标的纠正。面对学生的"寻求权力"的行为时，教师不要卷入与学生的权力争斗，不要试图以权威的身份压制学生，一定要心平气和地对待学生；可以让学生参与决策或赋予他们一定的责任，改变他们追求权力的方向。当然，教师也可以公开地质问学生的不良行为，并要求该学生提出解决问题的方法。当课堂上出现学生扰乱秩序的行为时，教师可以说："在你捣蛋时，我无法继续进行教学，你能不能想出一个办法可让你做想做的事，而我也能继续教下去？"如果学生想不出办法，教师可提出一些建议。

(3)"寻求报复"目标的纠正。这些学生不在乎被惩罚,因为惩罚能给他们提供进行报复的理由,因此这类学生一般很难处置,教师也很难照顾想要伤害他们的学生。但事实上,这类学生最需要的是了解和接纳。教师可以在班级中选出一位品学兼优的学生去和这类学生建立友谊,并协助其发展出良好的行为。同时,教师也可以塑造一定的情境,使想实施报复的学生有展现其才华或长处的机会,说服他们,让他们以良好的表现在班上获得别人的接纳与其想得到的地位。

(4)"表现无能"目标的纠正。追求"表现无能"的学生,往往觉得自己是个失败者,毫无价值和能力。他们不想让别人发现自己的"无能",他们希望教师放弃他们。但教师不应该放弃这些学生,尤其是当这些学生犯错误时最需要鼓励,教师更应该重视他们的努力。因此,教师要与其他同学一起,尽一切努力使他们体验成功的感觉。

总之,目标导向策略主张纪律是一种内在控制而非外力的限制,反对强制性地制止学生的不良行为,重视从学生的内心滋生出责任感,让学生自己选择,强调相互尊重、鼓励学生自身的努力,倡导做民主型的教师。

五、需求满足策略

需求满足策略是由美国心理学家格拉塞提出的,他认为只有建立一个有意义的、真正能够满足学生需要的积极课堂环境,才能确保学生做出积极的、符合教学目标导向的行为。[①] 为此,格拉塞提出了三个基本主张:学校应有组织地满足学生在隶属感、权力、兴趣及自由等方面的需求;高品质的学习活动及评价工作可由学生自行完成;教师不能再采用只会用口语命令的"老板式管理者"的方式,而应采用以刺激及协助学生思考学习的"领导式管理者"的方式。

这三个主张中涉及两个主体,一个是学生,另一个是教师,教师想办法满足学生的需求。学生主要有下面五种需求:第一,生存的需求,也就是食物、免于受伤等;第二,隶属的需求,即安全、舒适、成为团体的一员等;第三,权力的需求,即学生希望自己的想法及地位受到重视,甚至被接纳、认同等;第四,兴趣的需求,即学生希望自己在情绪和理性思考上觉得有趣,而不是机械地接受知识;第五,自由的需求,即学生希望能自我决定、自我导向,且能为自己负责,萌生自我价值感。作为一个人,如果基本需求得不到满足,就会感到焦虑、悲伤、气愤、自责等,产生挫折感,从而表现出逃避责任或不

---

① 李新旺.教育心理学[M].北京:科学出版社,2011:293.

负责任的行为;反之,一旦基本需求得到满足,就能够产生自我价值感,表现出愉快的情绪。格拉塞认为,课堂活动、学校教育只有满足了学生的这五方面的需求,才能让学生积极的学习。为此,教师要正确认识学生,建立课堂常规,培养学生的责任感和自律的行为,对学生的行为给予及时的评价、反馈。

六、果断纪律策略

美国学者肯特根据许多优秀教师的行为模式,归纳出"果断纪律"的课堂管理策略,用来帮助教师以一种冷静而有力的态度与学生相处,提高课堂管理效率。肯特提出,课堂上教师有系统地给予表现良好的学生恰当的注意,可以增加学生的影响力,降低学生问题行为发生的可能性,使课堂气氛变得更积极。肯特认为,通常学生喜欢教师有下列的积极反应:教师对学生的个人注意,用积极的方式向家长反应,特别的奖赏,赋予学生特别的权利,物质的奖赏,集体的鼓励。教师的这些反应不仅可以增加对学生的影响力,减少课堂中的问题行为,更重要的是可以使课堂气氛变得积极。果断的教师通常有以下特质:第一,坚定而清楚地向学生表达其需要及要求。第二,在课堂上,要求学生能贯彻常规,但不伤害学生的学习兴趣。第三,照顾自己,不受其他人(学生)伤害;照顾学生,不使其做出伤害自己的事。第四,态度积极、坚定而一致,对学生不软弱无力、有敌意、大声咒骂或威吓。第五,以平稳积极的态度表示出教师关心学生的需要和行为,培养学生自我控制的能力。

教师在课堂管理中运用果断纪律策略时,可以遵循以下五个步骤。

(1)明确提出对学生的要求。

(2)学会使用果断的反应方式。果断的反应方式能够维护师生双方的权益,能够让学生了解教师对他们的期望,并按照这些期望做出相应的行为。

(3)确认对学生的期望行为和非期望行为的后果。

(4)"追究"学生行为的后果。当学生在课堂上表现出正当行为时,教师应及时给予鼓励;当学生表现出非正当行为时,教师应给予惩罚。

(5)实行一套积极、果断的制度。当学生的行为有所改善或取得进步时,教师也要做出积极的反应。

除了遵循以上五个步骤,教师还要注意以下几点。

(1)教师明确教导学生应有的行为方式,有具体的方向指导,而不仅仅是口头命令。这一过程包括了以下五个步骤。

第一，预先准备期待学生有什么行为。

第二，呈现学生应依循的方向。

第三，通过提问，确定学生都已明白。

第四，让学生进行角色演练。

第五，定期检查。

(2)强化学生的恰当行为。学生如果表现出教师所期待的行为，教师要随时使用重复肯定的语句鼓励学生。教师在课堂教学中应特别注意，赞美课堂表现良好的学生，促进学生形成正确的行为方式。

(3)冷静分析、处理学生的不良行为。教师常常会遇到有学生为寻求教师注意而违反课堂常规，企图干扰课堂教学的情形。此时，教师应冷静地分析、处理，或不予理睬。只有在该学生的行为有所改善时，才给予他适当的关注。有些时候，学生特别调皮，常常将教师的常规训练置于脑后。肯特建议教师运用一些控制技术，如"走进去"和"不许动"。

(4)教师要及时评价制定的常规。大部分的常规会随着时间的延续出现种种问题，而学生的问题行为又是经常与教师的常规措施相对峙抗衡的，因此，教师应该常常检查、反思课堂常规是否恰当。

七、行为矫正策略

行为矫正策略来源于行为主义心理学家斯金纳提出的强化理论，将强化作为控制或促进学生的行为的手段。行为矫正策略相当于强化，要求教师以积极的方式与学生共处，避免使用严厉的处罚，强调积极性、减弱消极性，该策略不仅可以促进学生形成良好的行为，还可以增进学生学习的速度。

强化是通过某种事物来增加某种行为的过程，可以分为正强化和负强化。在课堂上，正强化是指学生的行为受到称赞、鼓励、奖赏后会得到增强，从而使这一行为发生的频率和持续性也随之增加。负强化是指通过移开某些学生所厌恶的刺激，促进学生良好行为的发生。

行为矫正策略是一套有组织、有系统、连续不断的方法，教师要真正系统地以强化作为塑造行为的手段，才能获得理想的效果。建立行为矫正系统包含以下几种方法：强化目标行为、常规忽视——奖赏、常规奖赏——处罚、代币制等。关于代币制，前文已有相关表述，这里不再展开。

(1)强化目标行为。教师在课堂上要先确定学生必须具有的目标行为，一旦学生完成这些行为就及时给予奖赏，这不仅可以强化该学生的正确行为，也可以通过替代强化增加其他学生相似的行为。

第七章　课堂管理的原理与技术

（2）常规忽视——奖赏（RIP）。教师和学生首先共同制定简明、清晰、易于记忆和理解的课堂常规，然后教师密切注意学生的行为表现，当有学生出现违规行为时，不予注意，忽视其行为；当有学生遵守规则时，就立即给予奖赏。

（3）常规奖赏——处罚（RRP）。先建立课堂常规，对好的行为给予奖赏，区别在于不忽视学生的违规行为，当学生表现出不良行为时，给予惩罚。

第八章 教师心理与学生心理健康维护

教师是学校教育教学工作的承担者。教师的人格特点、教育能力、威信及心理健康水平等对教师自身和学生的发展,对教育教学质量的提高等都具有重要影响。加强对教师心理和学生心理的研究,不仅有利于促进学生的全面发展和教师的专业成长,而且还有利于提高教育质量、推动教学改革。

第一节 教师的职业心理分析

教师是专业的教育工作者,与其他各种非专职教育者,如孩子的父母亲相比,其角色的内涵和功能有着很大的差别,这也正是教师这一角色的重要特征。教师要根据不同年龄阶段儿童在心理发展水平和特点上的差异,对自己的角色行为进行调整,不断完善自身的职业心理品质,以完成社会赋予的教书育人的使命。

一、教师的职业角色

1966年,国际劳工组织、联合国教科文组织发表的联合建议《关于教员地位的建议》中明确写到:"教育工作应被视为专门职业(profession)。这种职业是一种要求教员具备经过严格而持续不断的研究才能获得并维持专业知识及专门技能的公共业务;它要求对所辖学生的教育和福利具有个人的及共同的责任感。"[①]

教师的职业角色是教师在教育系统中的特定地位及其相关联的行为模式。教师角色是社会对教师的要求,它不仅规定了教师的职业责任,而且规定了教师的职业行为方式。社会对教师角色的要求与期望称为教师角色期待。这种期望可以来自自身,也可以来自相关的他人。教师按照教师角色

---

① [日]筑波大学教育学研究会.关于教员地位的建议[M].钟启泉,译.上海:上海教育出版社,1980:443.

第八章　教师心理与学生心理健康维护

的要求规范自己的行为,履行自己职责的过程就是角色扮演。

教师专业教育者角色的特殊身份和与这个身份相适应的行为规范要求教师在他的角色行为方式上表现出与其他职业不同的特点。

第一,教师的工作在教学手段的选择、教学形式的组织等方面都具有很强的自主性。对于相同的教育目标,不同的教师个体可以采取各种不同的方式去达到。

第二,教师的劳动是复杂的脑力劳动,这种劳动只能是个体的,无论是在时间还是在空间上,教师的工作都是以个人活动为主;教师成绩的提高与自身的发展也主要是靠个体的活动来完成的。

第三,教师不仅要通过自己掌握的知识去影响学生,还要通过自己人格和道德力量,通过自己的言传身教去影响和感染学生,这要求教师注意自己的人格和道德方面的修养,并在实际的教育教学中注意自己人格因素对学生所起的影响作用。

第四,随着时代的进步和社会的发展,人们对教师的要求也在不断提高,教师的责任也随之加重,需扮演的角色也自然增多。教师既是社会的传道者、榜样和模范公民,又是学生学习的指导者、灵魂的塑造者、人际关系的协调者和心理保健者等,对此后文将有详述。

教育与社会的关系、教师与教育及教育与学生发展的关系决定了教师是专业教育者的角色,即教师是社会的代表,为社会培育下一代,使之成为社会所期望和需要的人。所以说,教师既是社会的传道者、学生学习的榜样,又是学生学习的指导者,人格、品德的塑造者,交往、行为的引导者,身心健康的保护者。

第一,在人类社会的发展中,教师处于承上启下的地位,起着传递人类文明的作用。教师是学生认识社会、适应社会并走向社会生活的重要领路人,是社会的传道者。在学生、家长及其他公民的心目中,教师是知识的象征,是一部活的教科书。教师的作用就是把知识和技能传授给学生,这一角色要求教师具有精深的专业知识和较高的教学业务能力。

第二,教师是教育者,人们理所当然地要求其成为学生和公民的榜样。在学生心目中,教师是知识的源泉,是智慧的化身与行为的典范,教师所有的言行举止都无疑会成为学生模仿和学习的表率。因此,教师不仅在学校教育情境中要严格要求自己,在日常生活中也应注意自己的行为修养。

第三,在教学过程中,教师要做"领航员",根据教育教学的规律和学生身心发展的特点,通过知识、学习过程背后所蕴含的意义、价值来引导学生,调动学生学习的积极性,以使他们牢固地掌握科学文化知识,发展多方面的能力。随着学生获取知识途径的逐渐增多,教师指导学生如何学习的功能日趋增强。同时,教师的任务还包括激励学生学习、思考;认识、掌握新的学习资源、学习途径、学习方法和学习方式;启发学生思维,发展学生的问题解决能力,以达到学会学习和促进思维。因此,教师应为学生创设主动学习、合作学习的环境与机会,使他们体验在新的学习方式中的收获与成就感。

第四,教师不仅要向学生传授知识,培养其能力,而且作为学生灵魂的塑造者,还要通过有效指导学生在与社会生活互动中引发的种种具体问题,培养学生正确的世界观、人生观和远大理想,培养他们丰富而高尚的精神境界,培养他们追求真理、热爱科学、热爱和平,促使他们不断完善自己的品质。

第五,教师还要帮助学生建立良好的同学关系,注意引导其正确择友,通过帮助他们建立积极的友谊,以良好的同辈力量影响学生的健康发展。除此之外,教师还要协调和处理教学过程中方方面面的关系,要加强沟通,促进彼此之间的相互了解。

第六,教师是学生的心理保健者,在学生遭受心理挫折后,教师要设法创造一种谅解和宽容的气氛,帮助学生减轻焦虑或紧张,并及时提供帮助和咨询,给学生以心理方面的支持,以增强他们克服困难、走出挫折的自尊心和自信心。此外,教师还应通过创造良好的课堂心理氛围,不断提高学生的心理素质。同时,教师还应承担起学生心理问题的解决与疏导工作。

二、教师的职业心理品质

教师的职业心理品质是指教师这一特殊职业所必需的心理品质,主要包括教师的教育能力和人格特点两方面的内容。

(一)教师的教育能力

教育能力是指教师成功地进行教育活动所必须具备的心理特征的总和。教师的教育能力是影响教育教学效果的最直接和最基本的因素。它主要包括以下几种能力。

1.教育预见能力

所谓教育预见能力就是教师在教育活动开始以前对自己进行该活动的能力、教育对象的身心状况、教育内容的适合性、各种因素的干扰性以及教育效果的估计能力。

教师的教育预见能力是学校教育的目的性、计划性和组织性所要求的。教师只有对自己、教育对象、教育内容、影响因素和效果有一个比较客观的、

第八章　教师心理与学生心理健康维护

准确的估计,才能最大限度地保证教育活动目的的实现。教师的教育预见能力影响着教师对学生的期待和指导,影响着教师对教育工作的努力程度,以及在遇到困难时的坚持程度。教师教育预见能力的核心是教育思维。教师只有对自己、教育对象和教育内容有足够的、充分的认识和了解,只有对各种影响因素的产生基础有充分的了解,才能对教育活动做出分析、判断,达到比较科学的估价。

2. 教育传导能力

教育传导能力是指教师将处理过的信息向学生输出,使其作用于学生身心的能力。教师的教育传导能力包括教师组织教学的能力和表达能力两个方面。

组织教学的能力主要表现在制订教学计划和组织课堂教学两个方面。制订教学计划是教师上好每一节课、对学生施加有效教育影响的前提。

表达能力是教师教育传导能力的核心,包括言语表达能力和非言语表达能力两种。言语表达能力是教师借助于社会约定俗成的符号系统向学生传递信息的能力,包括口头言语表达能力和书面语言表达能力。教师的非言语表达包括其面部表情、身体动作、空间和触摸、语音、语调、语速、言语中的停顿、服装及其他装饰品等,是言语表达的补充。

3. 教育监控能力

教师的教育监控能力是指教师为了达到预定的教育目标,在教育的全过程中将自己所进行的教育活动和行为本身作为意识的对象,不断地对其进行积极、主动、自觉的计划、监察、反馈、评价、反思和调节的能力。

教师的教育监控能力具体可以分为以下四个方面。

第一,计划与准备能力。教师在进行具体的教育活动之前,要分析所要面临和解决的教育任务及教育情境中的相关因素,结合自己的教育教学能力、风格、特点和经验,确立适宜的教育目标,制订教育计划,选择教育的策略,安排教育的步骤,预测可能出现的问题与可能达到的教育效果等。

第二,反馈与评价能力。在教育过程中,教师作为反馈的主体要随时监控班级的状况,不断获取教育活动各要素变化情况的反馈信息,并根据学生的反馈或是自己所获得的自我反馈信息,客观地认识和评价自己的教育过程、教育方法、教育策略、教育效果、教育行为以及学生发展和进步的状况。

第三,控制与调节能力。在教育过程中,教师要根据反馈信息和新情况有意识地、自觉地发现和分析教育过程中存在的问题及其原因,并据此及时调节教育活动的各个方面和环节,对自己下一步要进行的教育活动和教育行为进行调整与修正。

第四,反思与校正能力。在一次或一个阶段的教育活动完成之后,教师要对自己完成的教育活动的全过程进行深入的总结和反思,并进行相应的校正。

上述四个方面是一个过程性、动态性的结构,同时它还是一个各方面相互联系的循环性结构。

4. 教育机智

教育机智是指教师对学生的各种表现,特别是对意外情况和偶发事件能够及时做出灵敏的反应,并采取恰当措施以解决问题的特殊能力。教育机智是教师观察的敏锐性、思维的深刻性和灵活性、意志的果断性等在教育工作中的有机结合,是教师优良的心理品质和高超教育技能的概括,也是教师迅速地了解学生和机敏地影响学生的教育艺术。教育机智无固定的模式可循,但无论采用什么方法,教师都要善于掌握分寸,做到实事求是、分析中肯、判断恰当、结论合理,对学生做到要求适当,使学生心服口服。

(二)教师的人格特点

教师的人格特点直接影响着其对教育方法、教学组织形式的选择,影响着师生的互动过程和教育结果。

1. 教师的教育观念

教师的教育观念是教师从事教育教学工作的心理背景,是教师对学生发展和教育的基本观念与看法的总和,是教师进行教育的基础和心理依据。教师总是按照自己对教育的理解,即自身的教育观念来组织教育和教学。教师的教育观念直接决定着教育策略和教育态度,进而表现为不同的教育行为,并直接决定了教师工作的实际效果,影响学生的发展。

教师根据对学生的总体印象形成对不同学生的不同期望,受不同期望的引导和影响,教师对不同学生采取不同性质、水平的接触,及不同的教学、评价态度等。当教师对学生具有积极期望时,其对待学生的方式也更倾向于积极。相反,如果教师对学生持有消极期望,则常会以消极的方式对待学生。而教师不同的期望与对待,又直接影响着学生形成不同的自我概念和行为动机,进而影响其各方面的发展。可以说,教师期望与学生发展的实际状况之间存在着明显的良性循环和恶性循环。

2. 教师的情感

教师的情感不仅对教育活动具有动力作用,而且对学生具有感染力,从而影响整个教育过程。对教育事业的热爱和对学生的热爱是教师情感的核心。

一个对教育事业充满热爱的教师,在工作时间的任何时候和任何情况下,都会按照教师职业的职责规范和要求做好本职工作。

热爱学生是指教师在教育活动中对学生饱含发自内心的、诚挚的亲密情感。热爱学生,不仅是教师作为人的一种基本道德要求,更是教师应该具备的一项基本素质。热爱学生是教师从事教育工作的基础,只有热爱学生,教师才可能真正全身心地教育学生,并在教育过程中尊重、理解学生,民主、平等地对待学生。

3. 教师的意志品质

良好的意志品质是教师顺利而有效地实现教育目标的根本保证。因为教育活动复杂多变,教育任务完成的过程正是教师不断克服困难的过程。当教育过程中出现问题时,坚韧果敢的意志品质能使教师以旺盛的精力和百折不挠的毅力及时地做出反应,明辨是非,果断地做出处理;当发现自己的决定有误时,又能及时地改变或停止执行这一决定。

4. 教师的性格

在教育活动中,面对活泼、富有朝气并具有极强活动力和"向师性"的学生,教师要有强烈的与之交往的意向,要有阐述自己思想的健谈风格和热情乐观的待人习惯。教师不是法官,冷峻、倔强固执和不近人情是教师之大忌。教育活动要求教师具有随和、体贴、热情等良好的性格特征。

5. 教师的自我意识

自我意识是人格的自我调节系统。教师对自己具有比较全面、实际和最接近真实的看法,将有助于其进行正确的自我剖析和自我调控。"高"自我的教师,倾向于以积极的方式看待自己,能够正确地、现实地看待他们自己及其环境,对他人有深切的认同感,对自己则具有自我满足感、自我信赖感和自我价值感。

三、教师威信与师爱

教师的威信与师爱是教师与学生之间良好关系的反映,是教师有效影响学生的基础和前提。形成和维护教师的威信，保持真挚的师爱，既是教师进行有效教育的重要条件，又是教师建立和谐师生关系的前提。

（一）教师威信

教师威信是指教师具有的一种使学生感到尊敬而信服的精神感召力量，是教师对学生在心理上和行为上所产生的一种崇高的影响力，是师生间的一种积极肯定的人际关系的反映。有威信的教师是以其人格、能力、学识及教育艺术等自然地对学生的心理和行为产生影响，使学生自觉地接受教师的教诲，其心理和行为上的变化是自愿和主动的。

教师的威信在教育过程中发挥着巨大的作用。第一，教师的威信是学生接受教诲的基础和前提。有威信的教师能够获得学生的敬重和爱戴，使他们乐意接受他的教育。第二，教师的威信是一种强有力的教育手段。有威信的教师本身就是一种巨大的教育力量。有威信的教师的教育效果是真实、深刻而持久的，即使教师不在场，学生也会自觉地实践教师的期望和要求。

教师威信形成的决定因素是教师自身的主观因素，具体包括以下几方面。

第一，良好的职业心理品质是教师获得威信的基本条件。较强的教育能力和独特的人格魅力是教师获得威信所不可或缺的。

第二，教师的仪表、生活习惯和工作作风等对其获得威信有重要影响。教师衣着整洁朴素，仪表端庄大方，可给学生以稳重、积极向上的感觉。良好的生活习惯和工作作风也很重要。

第三，教师给学生留下的第一印象也会影响其威信的形成。因此，教师必须高度重视与学生的第一次见面和开始的几节课，力求给学生留下良好的第一印象，树立初步的威信。

第四，珍惜"自然威信"，有助于"自觉威信"的形成。"自然威信"是在师生交往的初期，由学生对教师自发的信任和尊敬而产生的威信，它是建立在教师角色所赋予的权威、权力和影响力基础之上的，是教师职业本身所带来的一种不自觉的威信。教师在"自然威信"的基础上，运用自己的品格、学识和智慧去赢得学生发自内心的尊敬和爱戴，就会形成稳定的"自觉威信"。

第五，教师的威信是在和学生长期的交往中形成的。在日常的师生交往中，教师要以自己"角色"的言行对学生施加教育影响，学生可以从老师那里获得各种心理需要的满足，学到课堂里、书本上学不到的为人处世的道理和态度。

形成教师威信的主客观条件总是处于不断变化之中，所以说威信不是

第八章　教师心理与学生心理健康维护

一成不变的。教师威信变化的性质主要取决于教师个人的心理素质的变化状态。因此,教师要特别注意维护和提高自己的威信。教师威信的维护与提高应从以下几方面入手。

第一,要正确认识和合理运用已形成的威信。教师建立威信不是为了确立自己在学生心目中的形象,而是为了更好地发挥教育效能,切忌滥用教师的权威,以免损害学生的自尊心,这会损伤学生学习的积极性和对教师的亲近感,削弱学生对教师的信赖和爱戴。

第二,要适应社会要求的变化,不断进取。教师要根据社会的要求和学生的发展变化不断地更新自己的知识、观念,提高自己的科学文化素养,使学生获得成长。

第三,教师要勇于正视自己尚存的不足,扬长补短,积极进取,不断提高自己在学生当中的威信。

第四,教师要不断增强自己的角色意识,时时意识到自己教师的身份,处处注意检点自己的言行。

(二)师爱

师爱即教师对学生的爱,是指教师在教育活动中对学生发自内心的、诚挚的亲密情感。师爱既是教师对学生的一种积极、肯定的情感,是一种强大的教育力量和手段,同时又是建立良好师生关系的感情基础。

师爱是无条件的,教育者的角色要求教师必须热爱学生,因为没有爱就没有教育。师爱是博大无私的,它表现为教师对所有学生的一视同仁。同时,师爱又是一种"疏离式的关爱",即教师在关心学生的同时,宜自觉且有意识地与学生保持适度的距离。适度的疏离可以使教师能够客观据实地看待、评价学生的发展与学习情况。另外,适度的疏离还可以增进教育的公平性,如果教师与学生的关系过于密切,很容易对某一两位学生产生特殊的情感,进而导致教育的不公平。

在教育活动中,师爱作为一种特殊的社会性情感对学生的心理和行为具有独特的心理功能,主要表现在以下几方面。

第一,激励功能。对师爱的渴望往往是学生在校期间学习行为的主导性动机。为了博得老师的喜önsum,获得老师的赞扬和注意,学生会努力满足老师提出的各种要求,遵守学校的规章制度。事实证明,学生对老师的态度与其学科兴趣、学习成绩之间存在着正相关,即学生喜欢的老师所教的学科容易引起学生的兴趣,学生对该学科的学习努力程度高,学习成绩也好。

第二,调节功能。师爱作为学生受教育的一种心理背景,对教师的教育和指导起着过滤和催化的作用,具有心理调节器的功能。学生往往把师爱与教师对自己的评价联系在一起,他们会以师爱为信号,在形成积极自我概念的基础上,不断地调节自己的心理和行为。同时,由于师爱的作用,学生愿意向老师打开心扉,使教师更清楚地了解学生复杂的内心世界,从而不断调节自己的教育方式和方法,有的放矢地进行教育。

第三,感化功能。师爱作为一种巨大的潜移默化的教育力量,使自卑者自尊、后进者上进、悲观者看到希望、冷漠者充满激情。师爱使学生的人格受到感化,使他们的情操得到陶冶,这种感化功能是其他任何教育手段都难以替代的。

第四,榜样功能。师爱可以使学生产生模仿老师的意向,使教师成为学生学习的榜样和楷模。师爱的榜样功能表现为学生对老师的情感的模仿和对老师的兴趣、爱好、衣着、姿态等的模仿。老师本身成了学生"活"的教科书,对学生起着莫大的教育作用。

师爱主要表现在以下几方面。

首先,了解和关爱学生。深入了解学生是师爱的起点。关心和爱护学生是师爱的最基本的方面,因为爱是学生健康成长的最基本前提和需要。

其次,尊重和信任学生。受到尊重是学生的权利和成长的需要。教师尊重与信任学生是师爱的重要体现。教师对学生的尊重表现在两个方面。一是容忍并尊重学生的差异。二是尊重并促进每个学生富有个性、充分的发展。

再次,理解和同情学生。教师对学生的理解主要表现在对学生内心世界的理解上。教师要从学生身心发展的特点和规律出发去认识和评价学生的言行举止,正确认识和对待学生的各种各样的行为表现,并透过现象去寻找合情合理的解释。此外,教师对学生的同情可以唤醒他们的上进心、自信心和自尊心,排除他们的烦恼和悲伤。同情是以理解为基础的,没有理解就没有同情。

最后,严格要求学生。教师对学生的严格要求恰恰是师爱的强烈表现。"爱"是教师对学生的态度,"严"是教师对学生的要求,"严"出于"爱","爱"寓于"严","严"和"爱"相济才能教育好学生。当然,"严"要"严"得要合理,要适度,能让学生理解。

第二节 教师的职业压力管理与心理健康维护

教师心理的健康与否,不仅对其个人的工作成败有重大影响,而且更重要的是它直接或间接地影响着学生的心理和行为,对学生的心理健康水平

第八章 教师心理与学生心理健康维护

和人格的发展有着极其重大的作用。但目前,教师的职业压力比较大,其心理健康问题是客观存在的。因此,无论是教师自身或是学校管理工作者,乃至全社会都应该关注并重视教师心理的健康和维护。

一、教师的职业压力管理

教师是一个高压力的职业,当前,教师的职业压力已经成为一个全球性的普遍问题。充分认识教师的职业压力并采取积极的应对方式,对促进教师的专业发展具有重要意义。

(一)教师的职业压力

教师的职业压力是指由教师的工作要求、期许和职责等产生的负向情感的反应症状。它包含两方面的内容:教师的压力情境和压力反应。前者是指产生压力的客观环境或事件,后者指个人主观对外界刺激所做的适应或因此引起的紧张压迫感。

教师的职业压力源是多方面的,包括环境、教学、组织和人际关系等。中国教师的主要压力源包括:所做工作得不到客观、公正的评价与回报;规章制度与要求不合理;过多僵化的考核与评比;工作得不到领导的理解与支持;被动地适应单位的各种改革;负担过重;工作缺乏成就感;学校与家长过分关注学生的分数;社会地位不高;经济负担重等。可能的压力源经过教师个人的评估成为实际的压力源,再经过教师自身的人格调节和压力源评估,进而成为慢性的压力症状。压力的产生是一个动态的过程,包括刺激发生、感受刺激、认知威胁和压力反应四个环节。

(二)教师的压力反应

当教师面临压力时会产生一系列生理、心理和行为上的反应,具体如下。

1. 生理反应

教师面对压力时的生理反应主要表现在自主神经系统、内分泌系统和免疫系统等方面。如心率加快、血压增高、呼吸急促、激素分泌增加、消化道蠕动和分泌减少、出汗等。

2. 心理反应

压力引起的心理反应有警觉、注意力集中、思维敏捷、精神振奋等。适度的压力有助于教师适应环境,如教师在有适度压力的竞争条件下容易取得更好的成绩。但是过度的压力则会使教师产生消极的情绪,如忧虑、焦躁、愤怒、沮丧、悲观失望、抑郁等,它会使教师的思维狭窄、自我评价降低、自信心减弱、注意力分散、记忆力下降。

3.行为反应

教师面临压力时的行为反应取决于压力的程度及其所处的环境,可分为直接反应和间接反应。前者指直接面对造成压力的刺激时,为了消除压力源而做出的反应。后者指借助某些物质暂时减轻与压力体验有关的苦恼等。

上述反应在一定程度上是机体主动适应环境变化的需要,它能唤起和发挥机体的潜能。但是如果反应过于强烈或持久,就可能导致生理和心理功能的紊乱,引发职业倦怠,危害教师的身心健康,甚至殃及学生。

(三)教师职业压力的自我管理

虽然教师职业压力的缓解需要全社会的支持和参与,但是教师自身才是消解职业压力的主体,教师职业压力的自我管理应从以下几方面入手。

1.建立理性信念

理性信念可以帮助教师达到其基本目标,非理性信念导致错误、歪曲和有破坏性的自我评价,阻碍教师实现基本目标。

首先,理性认识教师的职业压力。生活中处处有压力,教师的职业压力是一种客观存在。适度的压力可以变成动力,使人走向更大的成功;超负荷的压力可能损害身心健康,甚至产生心理疾病。

其次,确定理性的目标和期望。通过对现状的客观评估,确定一个稍高于实际水平的目标,只有通过努力才能够使目标实现;目标的水平也不要过高,只要通过努力就能使目标实现。

再次,进行理性归因。教师在反思时都会对行为结果进行原因分析。理性归因包括:对行为结果进行客观的分析,尊重客观事实;多进行可控因素的归因,如付出的努力;把成功的结果多归因于能力,有助于提高信心。

最后,善于识别非理性信念。非理性信念是对事实的歪曲或误解,这常常是过分夸大压力事件及其导致的不良结果的重要原因。学会识别常见的非理性信念有助于合理信念的建立。非理性信念有三个典型特征,即绝对化要求、过分概括化、糟糕至极。教师可根据非理性信念的特征找出自己有哪些非理性信念,通过与非理性信念的质辩,从而建立理性信念。

第八章 教师心理与学生心理健康维护

2.提高压弹能力

压弹能力是指个体面对压力不被压垮的能力。压弹是"压"与"弹"的完美结合。面对职业压力时,教师既需要有耐压力,也需要有排压力。

3.主动寻求社会支持

社会支持是指个体社会性发展所依托的各种社会关系给予个体的心理和物理的支持。良好的社会支持系统是教师应对压力的重要资源,教师要善于营造良好的人际关系氛围,面对压力时要主动与家庭成员、同事、朋友等进行沟通,寻求帮助和支持。尤其要建立良好的师生关系,因为教师与学生的接触最多,且多数问题都与学生有关,一旦得到了学生的理解和支持,教师的消极情绪就会得到消解。当自己不能使消极情绪得到有效排解时,教师要善于寻求专业的心理帮助。

4.科学管理时间

守时的职业特点是造成教师职业压力的一个重要因素。教师可从以下方面做出努力,对自己的时间进行科学管理:考察自己时间管理的特点;将每件工作依重要性和紧迫性排序,要有效计划和安排时间;改正自己的做事偏好,提高做事的效率;学会积零成整,学会合理拒绝。

5.掌握缓解压力的方法

通过调整自己的身心状态可使压力得到缓解。常用的方法有以下几种。

(1)身心放松法。常用的放松方法:深呼吸,肌肉放松,冥想放松。

(2)想象调节法。利用想象对现实生活中的压力事件及其预期结果进行预演,在想象的情境中放松自己、从容应对,并使之迁移到现实的情境中。

(3)积极暗示法。心理学研究表明,暗示对人的心理活动和行为具有显著影响。暗示可以是积极的,也可以是消极的。教师在压力情境下更容易对自己进行消极的心理暗示,使压力加强。如果教师学会了对自己进行积极心理暗示的话,就会使压力得到很大的缓解。

(四)教师职业倦怠与对策

教师职业倦怠是指教师不能顺利应对工作压力时所处的情绪、态度和行为的衰竭状态,具体表现为情绪衰竭、去个性化及个人成就感丧失等。教师的职业倦怠直接影响教育教学效果,损害身心健康,使教师处于人际关系紧张的处境,并最终导致教师队伍的高流失率,严重影响教师队伍的稳定。

1. 教师职业倦怠的症状

有职业倦怠的教师通常在以下方面表现出一定的症状。

第一,生理方面。具有职业倦怠的教师在生理上会表现出一种慢性衰竭,如深度疲劳、睡眠障碍、食欲异常(厌食或贪食)、胸闷、内分泌紊乱、免疫力降低等,甚至还会出现更为严重的肠胃问题和高血压等。

第二,心理方面。在智力上,教师观察力、记忆力下降,思维反应迟钝,想象力贫乏。在情感方面,对工作失去兴趣,害怕或者故意避免参与竞争,没有竞争热情,对学校或学生有强烈排斥感、厌倦感甚至恐惧感,情绪波动大,经常感觉抑郁、焦虑和烦恼等。在意志方面,畏难而退,甚至疏于自我管理。

第三,行为方面。职业倦怠的身心症状都会在一定程度上反映到行为方面,常出现职业退缩行为,如对工作敷衍了事,蔑视行政管理,不愿与人交往,倾向于自我贬损。

2. 教师职业倦怠产生的原因

导致教师产生职业倦怠的因素是多方面的,既与社会大环境下的教师职业特点有关,也与学校环境及教师的人格特征相联系。

第一,教师的职业特点。首先,社会对教师的期望较高,但教师的社会地位及物质生活水平较低,易造成教师的认知不平衡,使其对教师职业失去热情,甚至可能产生离开教师岗位的念头。其次,教师工作本身的长期性、复杂性、重复性和负荷大等特点,使教师面临着重重压力。最后,角色冲突导致教师的角色负荷过大。教师本身是一种多角色的职业,教师要随环境的变化频繁地在多重角色间进行转换,一旦转换不力,即产生角色冲突,影响行为效果。

第二,学校环境。学校的教学情境、人际关系状态及组织氛围也会导致教师产生职业倦怠。

第三,教师的人格特征。高自尊的教师易于缓解职业倦怠,具有外控倾向的教师易于产生职业倦怠,低教学效能感教师的职业倦怠程度较高。

3. 教师职业倦怠的干预措施

对教师职业倦怠的干预可以从以下两个方面入手。

第一,内部干预。内部干预的方法主要有改变认知、放松身心、有效管理时间和压力、提高社会认知能力和社交技巧等。通过改变教师自身的某些人格特点,提高教师的自我效能感、自尊、应对压力的能力和技巧,改变归因方式等,以增强适应教师职业的能力。

第二,外部干预。改造和改善对教师个体以外的工作情境,就是外部干预。外部干预的措施主要包括提高教师的社会地位和工资待遇、减少教师过度的工作时间和工作负荷、客观公正地评定教师的工作业绩、为教师创造一个良好的学校氛围,等等。

由于职业倦怠在很大程度上是由教师的职业特点和组织因素决定的,所以最有效的干预是把外部干预与内部干预有机地结合起来。

二、常见的教师心理健康问题

当教师的心理状态与心理健康标准中描述的内容不相符合,并达到一定程度时,即为教师的心理健康问题。教师的心理健康问题可分为不良状态、心理障碍和心理疾病这三个等级。其中,不良状态又称第三状态,是介于健康状态与疾病状态之间的状态,是正常教师群中常见的一种亚健康状态,如"很累""没劲""不高兴""应付"等。它是由教师个人的心理素质、生活事件、身体不良状况等因素引起的,具有时间短、损害轻、能自控等特点。心理障碍是指教师心理状态的某一方面(或几方面)发展的超前、停滞、延迟、退缩或偏离,具有不协调性、针对性、损害较大、需求助于心理医生等特点。心理疾病是指由于教师个人及外界因素所引起的大脑功能紊乱而导致的心理与行为的异常反应,并伴有明显的躯体不适感,具有强烈而异常的心理反应、明显的躯体不适感、损害大以及需心理医生的治疗等特点。

不同的问题教师表现出来的心理健康问题是不一样的。常见的教师心理健康问题有以下几种。

(一)自我意识混乱

所谓自我意识的混乱是指个体无法形成正确的自我概念和适宜的自我态度,以致不能达到自我和谐,无法获得安定、平衡的心理状态。特别是当理想的自我与现实的自我产生矛盾冲突时,个体会感受到由此带来的焦虑、痛苦或抑郁等不良的情绪。对教师来说,自我意识的混乱,主要原因有以下两大点。

1. 教师的自我期望过高

人类灵魂工程师的美誉要求教师塑造出一个完美无缺的"理想自我",因此教师比一般人具有更强烈的自尊需要、荣誉需要和成就需要。自我评价过高使得个体的"现实自我"一旦靠近不了"理想自我"时,便产生巨大的心理落差,造成各种心理障碍。随着竞争机制逐渐引入教师队伍,这种情况越来越普遍。一贯优秀的"老教师"要开始走上竞聘台,面对来自"新教师""新教育理念"的挑战,如何正确认识自己,评价自身,科学看待自己的成功与失败,是每一个心理健康的教师首要考虑的问题。

2.教师的自我职业认识不够全面和科学

一些教师自我职业认识方面不够全面和科学,甚至背离了职业道德。物质社会的飞速发展,"按劳取酬,利义并重"价值观念向传统的教师价值观提出了新的挑战,有些教师为了"创收",强迫学生参加自己组织的"课外辅导班",更有甚者为了鼓励学生参加"有偿辅导",课内授课"留一手",课外授课"无保留"。

(二)职业的适应性问题

教学工作既是具有挑战的脑力劳动,同时也是高强度的体力劳动。社会发展及教育的不断变革对处于相对封闭环境中的教师造成了较大的影响和震撼,如教学过程中要求教师具有驾驭教材、加工整理和运用教材的能力,以及掌握灵活多样的教学方式、方法,加强对课堂的管理和掌控调节能力等。如果教师没有很好地适应这些变化,就会产生职业的适应性问题,具体表现为以下几方面。

第一,不喜欢教育工作或现有的教育工作,缺少职业自豪感,甚至根本看不起教师职业,并为此而经常感到心理不平衡。

第二,自我效能感较差。所谓教师自我效能感,指的是教师相信自身能够成功完成教育教学任务的一种主观体验。面对同样的教学任务,自我效能感高的教师能够积极面对现实,冷静分析,创造性地完成教学任务;而自我效能感低的教师则通常会畏惧困难,不愿意尝试新的教学方式,教育能力发展呈现出停滞的状态。

第三,个人能力有所欠缺。有的教师尽管辛辛苦苦工作,但在能力素质上仍然不能让领导或学生满意,心理压力感倍增。有些教师虽然通过不懈努力会取得一定成绩,但由于种种原因,这些成绩多是以巨大的精力和时间的消耗为代价,导致生理机能状态失调,易产生焦急、抑郁和早期衰老病症。

第四,压力过大。学校教学节奏的加快,学生家长及学校领导的多方压力,使一些教师处于极度紧张、烦恼、压抑、自卑的心理困扰之中,以至产生厌倦心理和弃教行为,严重影响了身心健康和个人的发展。

第八章 教师心理与学生心理健康维护

(三)人际关系问题

良好的人际关系状况是个体心理发展、个性保持健康和生活具有幸福感的重要条件之一,也是影响教师心理健康的关键因素。目前,教师人际关系状况不容乐观。由于认知的偏差,如自负、过度自卑,以及首因效应、近因效应、晕轮效应、定势效应等,教师缺乏人际吸引力,容易主观武断,偏听偏信,误解他人,进而导致紧张的人际关系。

一般来说,教师在人际关系方面的障碍和适应不良主要表现为以下三个方面。

第一,不良人格和个性特征影响正常交往,如自卑、自负、偏执、强迫等。

第二,缺乏交往意识和欲望,很少与人沟通和交往。

第三,缺乏必要的交往技能和手段,沉溺于倾诉自己的不满,不听他人的劝告,交往容易受挫。

(四)情绪问题

教师也是普通人,特别是由于从事着与人打交道的职业,感情特别丰富而细腻。教师的情绪不仅仅会影响自身,如果控制不当也会影响教育教学工作。职业适应不良及人际关系问题都会表现为情绪问题。情绪问题主要表现为性情急躁,反应过敏,容易冲动,不善控制或过于冷漠等,严重者可导致心因性的生理症状,如失眠、食欲不振、咽喉肿痛、腰部酸痛、恶心、心动过速、呼吸困难、头痛、眩晕等。

(五)障碍性心理问题

障碍性心理问题也称为"心理障碍""心理疾病",其特征一是个体持久地感受到痛苦(一般为6个月);二是社会功能受损,表现为人际关系糟糕,容易产生对抗甚至敌对行为;三是表现出非当地文化类型的特殊行为。教师在遭遇人际关系的严重冲突、重大挫折、重大创伤或面临重大抉择时,一般都会表现出极度的情绪焦虑、恐惧或者抑郁。有的表现出沮丧、退缩、自暴自弃,或者异常愤怒甚至冲动报复。教师长期持续的心理障碍如果得不到适当的调适,就容易导致精神疾病,产生比较严重的后果。

(六)角色冲突

角色就是人的面具。每一个人都有很多不同的人格面具,在不同的场合使用不同的人格面具,是各种社会角色的综合体。

教师的角色冲突包括角色之间的冲突和角色内冲突。教师在社会生活中拥有多种社会身份与地位,扮演着多种社会角色,仅在学校教育中就有十多种。教师除了具有教师这一职业角色,还有父母、儿女等角色,也是多种社会角色的集合体。多种社会角色之间的冲突,最直接地就会造成教师人际关系和社会适应的不良,导致心理障碍。

据研究,教师的角色冲突有两个主要来源:一是人们期望教师提供给学生高质量的教育,但教师又缺乏选择自己认为最好的教学方法和教材的自主权;二是教师有维持纪律的责任,但教师又没有足够的权威。在不同的角色之下,教师要表现出与角色相适应的行为方式,形成与角色作用相适应的角色技能,导致角色负荷过度,压力不断增加。

(七)神经症

神经症又称神经官能症,是一组非精神病性的功能性障碍,具有精神和躯体两方面的症状。教师中较常见的神经症有焦虑症、抑郁症、恐惧症、强迫症等。

三、教师心理健康的维护

预防心理健康问题的关键在于尽量减少教师的各种心理压力,帮助教师提高自己的心理承受能力以适应环境,并为教师提供必要的专业帮助。教师心理健康问题产生的原因既有社会、学校和家庭的因素,也有教师自身的因素,因此,要促进和维护教师心理健康,需要各方的理解、支持和关怀,更需要教师自身的调适和努力。

(一)社会方面

众所周知,社会的发展离不开教育,教育的发展离不开教师,教师担负着为社会培养下一代的重任。只有身心健康的教师,才能培养出身心健康的高素质的下一代。因此,全社会都应该支持教育、关心教师,具体来说应从以下几方面入手。

第一,弘扬我国传统的尊师重道的精神,努力提高教师的社会地位,以减轻少数教师目前所存在的自卑心理。

第二,要切实提高教师的工资待遇,改善教师的生存环境,减轻教师的生存压力,尽力解除教师的后顾之忧,使教师能全身心地投入到教育教学工作中。

第三,在舆论上不要对老师有过多过分苛刻的要求。教师也是普通人,也有正常人的心理和需要,社会对教师角色的期待不能过于神圣化、对教师

第八章　教师心理与学生心理健康维护

的要求不能过于苛刻。社会媒体对优秀教师的宣传不宜夸大事实,对个别教师失范案例的报道也不宜过度渲染。

第四,社区应广设托儿所、幼儿园及敬老院等,以解决许多教师的后顾之忧。在社区建立必要的社会支持系统,以增强教师的社会责任感、力量感和安全感。

总之,社会对待教师要多一份理解、多一份宽容,要尽量避免给教师的心理带来不必要的压力。

(二)教育行政方面

教师行政部门也要参与做好教师心理健康维护,制定一系列与教师切身相关的政策措施,营造一种尊重教师、帮助教师的氛围。具体如下。

第一,教育行政部门应该通过制定各种政策,提高教师的社会地位,形成尊师重教的社会风气。

第二,教育行政决策主管部门应加强师范教育,培养身心健康的老师。

第三,教育行政部门要以自己的实际行动率先尊师。

第四,提高教育行政人员的素质,使其在观念上真正认识并重视教师在发挥教育功能上的重要作用。

(三)学校方面

学校环境是教师身在其中的微观环境,学校方面的很多因素直接影响着教师的心理健康状况,因此,要切实而有效地提高教师的心理健康水平,还必须做好学校方面的工作。具体如下。

第一,适度提高教师之待遇,使其不至于因不能维持日常生活而不安,进而防止其另兼他职或其他副业,影响教学工作。

第二,学校行政领导要尊重教师的学术地位,做好服务工作;要尽可能地减少教师的课业和行政负担,使其有较多的休闲和进修时间,调剂其紧张的生活。很多研究表明,教师的心理健康问题与他们的工作过于繁重密切相关。长期的超负荷劳动使不少教师身心俱疲,甚至积劳成疾。因此,学校要尽量减轻教师的工作负担,以防止教师心理问题的产生。

第三,制定公平公正的评价奖惩制度,完善教师进修制度等。评价教师不能只看学历学位,更要看教师的能力;不能只注重教师所教班级的成绩和分数,更要注重所教学生的素质和潜质,还要关注教师的教育教学过程和发展;不能只采用某种单一的评价方式(如学生评价或领导评价),而应采用多种评价相结合的方式(如学生评价、领导评价、同行互评、教师自评相结合等)。科学、合理的评价、奖惩机制能够提高教师的工作积极性,激励教师积极进取,减少教师心理问题的发生。

第四,加强教师的心理健康教育,帮助新进教师解决所遭遇的困扰和问题,使其更好、更快地适应,并寻找机会组织、鼓励教师多参与有益身心的活动。

第五,要建立和谐的人际关系,为教师营造轻松愉快的心理环境。良好的师生关系是开展教育教学工作的前提,团结协作的同事关系有利于教师专业发展,和谐的教师与领导的关系有利于学校教育教学效率的提高,友善的教师与学生家长的关系,有利于减轻教师的心理压力。因此,学校要尽力营造一种互相尊重、平等相待、彼此关怀的人际环境,以减少甚至避免教师心理问题的产生。

(四)教师个人方面

对于教师心理健康的维护,关键还是取决于教师内在的因素。因此,要保持健康的心理就需要教师自身的调整与适应。

第一,教师要保持身体健康,因为健康的心理寓于健康的体魄。

第二,教师要客观地认识自己和自己所从事的职业。既不能自卑,也不能有过高的期望值。尤其是不能盲目地跟别人或别的职业进行简单的比较,要看到自己所从事职业的价值,要不断提高自己的职业认同感,树立坚定的职业信念。同时,教师要树立正确的教育观念,善于缓解工作压力。

第三,教师要加强自身修养,学会自我调适,提高抗挫耐压能力。人生不如意之事十之八九,工作和生活中遭遇挫折和困难是难免的。因此,教师要注重培养自己平和、宽容的心态,遇到挫折和困难要及时疏导、排遣不良情绪和心理困扰,不断提高自己的心理调控能力。这就要求教师在认知上要正确地看待挫折和冲突,同时要对挫折和冲突进行冷静的分析和思考。之后在分析的基础上,采取补救或改进的措施,及时地从挫折和冲突中走出来。

第四,教师要合理地安排生活,注意张弛有度。压力太大时要注意放松,过于轻松时要适当加压。千万不能让自己长时间处于高压状态,也不能长时间地放纵自己或使自己处于无聊状态,否则,心理就容易失去平衡。

第五,教师掌握自我心理调节的方法和措施,如合理宣泄、升华、转移、移情(换位思考)、自我安慰、自我对话等。

第三节　学生常见心理问题及成因分析

学生的心理状态尚未稳定，心理表现比成人更为敏感、复杂，容易受环境、情绪和社会因素等的影响，引发许多心理问题，如学习问题、人际交往问题、情绪问题等。本节主要对学生这些常见心理问题及其形成原因进行详细分析。

一、学生常见心理问题

(一)学习心理问题

学生常见的学习心理问题，有的表现为学习效率不高，或担心和惧怕考试，产生焦虑情绪；有的学习目标迷失，缺乏学习主动性，经常感到迷惘失落，动力不足，兴趣不高，甚至出现厌学情绪；有的由于学习方法不适应，因而产生心理上的困扰。总结来说，就是学习压力过大、厌学及学习困难等。

1.学习压力

一般地讲，适度的学习压力能唤起学生的学习斗志，调动学生的学习动机，促进学生的学习，但过大的学习压力会造成学生的紧张不安、失眠烦躁、思维混乱、行为反常、学习能力降低、学业成绩下滑。当前，我国学生的学习压力普遍偏高，特别是高中生的学习压力尤为突出，虽然大学在不断扩招，但是参加高考的人数也在不断增加。可见，学习压力是学生最大的压力来源，是学生心理适应不良的关键诱因。

2.厌学

厌学是学生学习活动中比较突出的问题，表现为对学习心烦意乱、焦躁不安，学习行为消极，对学习要求有抵触或对抗情绪，学习成绩不好，甚至旷课、逃学或辍学。而且，不仅学习成绩差的学生不愿意学习，甚至一些成绩好的学生也出现厌学情绪，这应引起教育者的高度重视。

3.学习困难

学习困难是由个体自身因素及内外环境造成的学习适应不良。学习困难者在学习自信心以及自我调控水平等方面明显不足，难以跟上学习进度，学习效果差。学习困难既是心理健康问题的表现,同时又影响着学生的心理健康。

(二)人际交往心理问题

学生的人际交往主要包括与同伴、父母和教师的交往。受应试教育和独生子女家庭环境的影响,多数学生在人际关系方面较为封闭,交往能力较差。同时,每个人待人接物的态度不同,个性特征不同,再加上青春期固有的闭锁、羞怯、敏感和冲动,都使学生在人际交往过程中不可避免地遇到各种困难。例如,缺乏交往的信心和勇气,不敢或不会与人交往,经常在一些公共场合不能自如应对,出现尴尬,故而形成怀疑他人、怀疑一切的心理,对他人的言行敏感、多疑,对同学的善意帮助持怀疑态度,对教师的教育怀有戒备心理,在人际交往中有害羞、局促不安、尴尬、笨拙等异常反应,甚至出现僵局和冷场。当人际关系发生冲突时,由于社交技能有限,常不能克制自己,不尊重别人意见,不知如何应付;尤其是性格内向、心理承受力较弱而自尊心又极强的学生,怕得罪同学,常封闭自己的心理,很容易在集体中感到压抑和孤独,从而导致性格孤僻和心理焦虑。

1.人际孤独

多数学生在入校之初常有一种无依无靠、孤单烦闷的孤独感。事实上,每个人都会感到孤独,都曾有过孤独感。孤独是人存在的感受标志,适当的孤独能使人更好地认识自己、完善自己,但时间过长或者孤独感特别严重就不好了。

2.人际沟通不良

学校是以集体生活为特征的,同学和室友分别来自不同地域、不同民族、不同家庭,学生在思想观念、价值标准、风俗、习惯、语言、性格、爱好等方面不尽相同,这就难免会造成有些学生虽有良好的沟通愿望,但结果往往适得其反,引起误解,想解决却又不得其法,从而造成心理障碍。

3.人际关系失调

有的学生时常苦恼自己对同学朋友坦诚相见,又乐于助人,可在人际交往中常常受到伤害。事实上,是因为他们在表现自己坦诚这一优点的同时不注意小节,忽视了群体,暴露了他人隐私,等等。

第八章 教师心理与学生心理健康维护

4. 人际冲突

由于现在的学生多是独生子女,自小生活在父母无微不至的爱护中,养成了过分地以自我为中心,苛求、挑剔、猜疑别人,甚至讽刺挖苦他人;在交往中缺乏基本的尊重和理解,有了误会不沟通,有了冲突不忍让,甚至采取报复手段,不仅伤害了别人,而且伤害了自己,造成内心的痛苦,甚至有人还钻进了牛角尖,难以自拔。

5. 人际交往恐惧

有的学生严重自卑,因担心别人瞧不起自己,不敢与人交往;缺乏交往技巧,因担心自己不会说话或说错话,不敢与人交往;曾经被人拒绝的人因害怕再次被拒绝,不敢与人交往;更有人因追求完美、思虑过多,不敢与人交往。缺少人际交往,久而久之造成心理封闭。

(三)情绪问题

学生阅历较浅,社会经验不足,对人生和社会问题的看法往往飘忽不定,容易出现各式各样的心理矛盾,很容易受外界各种因素的干扰和影响,会因一点小的胜利而沾沾自喜,也易为一次小考失利而一蹶不振,自我控制和调整能力较差,并由此导致心理和行为偏差。大多数学生通过各种方式成功化解了自己的情绪问题,迅速呈现出积极的精神面貌,但是一部分大学生"在泥潭里越陷越深",甚至走向极端。一般来说,常见的学生情绪问题主要表现为抑郁、焦虑和挫折。

1. 抑郁

抑郁是一种持久的心境低落状态,主要表现为自我评价低,对前途悲观失望,自卑和自责,精神不振,不愿与人交往。长期的抑郁使学生学习动机丧失、失眠、食欲缺乏等,严重的会产生轻生念头,甚至自杀。

2. 焦虑

焦虑指个体对当前预计到的对自尊心有潜在威胁的情境所产生的一种担心、紧张或忧虑的情绪反应。焦虑是学生严重的心理问题之一。学生的焦虑主要是学习压力过大,精神负担过重造成的。学生的某些不良人格特征,如过分敏感、神经质、自卑等也容易导致焦虑的产生。

3. 挫折

于学生而言,考试成绩不理想、同伴交往受挫、他人的粗暴对待、个人兴趣和愿望受到限制,自我感觉很好却未能当选班干部等,都能引起挫折感。挫折常会引起学生的悲伤、焦虑、愤怒等紧张情绪状态,严重的还会产生攻击甚至自杀行为。

(四)恋爱心理问题

随着学生身体的发育和成熟,每个处于青春期的学生都会遇到恋爱心理问题。学生由于接受青春期教育不足,对自身发育成熟缺乏心理准备,对异性的神秘感、恐惧感和渴望交织在一起,由此产生了各种心理问题,严重的还导致心理障碍,如失恋、单相思等。在恋爱问题上,最常见的心理问题是不能很好地处理学业与恋爱的关系;还有人只是为了了解自己的魅力做爱情测试,一旦对方爱上自己又想摆脱;有人已经爱得"惊天动地"了,还不知道为什么爱、要不要继续爱;也有人认为自己爱错了对象,等等。同时,校园里越来越多的恋爱信息,对未曾恋爱过的学生造成巨大压力。在他们四周,到处是亲亲热热或打打闹闹的恋人,他们不由自主地会感到孤独、空虚甚至自卑,从而诱发自己的心理冲突。

(五)网络心理问题

目前,互联网高速发展,电脑已经进入千家万户,网络在学生生活中的地位日益突显,其作用逐渐与电视、报纸、广播等传统媒体相抗衡。网络是学生获取知识和信息的重要途径,合理利用可以提高学习效果,提高综合素质。但学生易沉浸于网络,诱发网络成瘾症。学生中因网络成瘾而引发的心理障碍或社会适应障碍等案例正逐渐增多。网络成瘾导致学生学习成绩下降,行为异常,心理错位。在极端情况下,有些网络成瘾者甚至混淆了虚拟和现实世界,使得他们的人际关系和社会生活受到严重影响,从而阻碍学习、生活的正常进行。

网络心理问题主要表现:上网时精神极度亢奋并乐此不疲,下网后情绪低落、对学习丧失兴趣、荒废学业、生物钟紊乱、食欲下降、白天昏昏欲睡、精力不足、自我评价能力降低、思维迟缓、人际交往技能退化,甚至在网络中陷得太深而不能自拔,出现轻生念头。

(六)适应心理问题

目前,有很多学校属于全封闭式教学,学生需要住校,这就使很多学生产生了适应心理问题。学生来到学校,发现这与自己以往的家庭环境、受教育环境、成长经历和学习基础等相差很大,在自我认知、同学交往、自然环境等方面都面临着全面的调整适应。但是,学生的自理能力、适应能力和调整能力普遍较弱,难以很好地适应环境的变化,从而产生了生活自理能力差、心理承受能力差、人际交往能力差等心理问题,表现为失眠、神经衰弱、烦躁不安、严重焦虑,甚至想退学等。

(七)家长意志引发的心理问题

家长望子成龙心切,想方设法阻止学生的一切业余爱好。多才多艺的同学,在活动中脱颖而出,而受家长压制的学生,除学习,没有一技之长,很自卑。有的家长强迫学生念自己不喜欢的学校,以至于上学后,对学校没感情,对学习没兴趣,甚至有的想退学。

二、学生常见心理问题的成因

学生的心理健康是一个复杂的动态状态,影响因素复杂多样,包括生物遗传因素、心理环境因素、教育环境因素、家庭环境因素、社会文化因素、经济因素以及心理服务体系因素等。

(一)生物遗传因素

个体作为身心兼备的整体,与遗传因素的关系十分密切。特别是个体的气质、智力、神经过程的活动特点等,受遗传因素的影响明显。现代科学研究发现,精神分裂症病人的家族成员比一般人群患同类精神病的发病率要高得多,基因在人们形成癖癖方面所起的作用估计可以达到50%~60%。可见,生物遗传因素与人的心理疾病的发生密切相关。

(二)心理环境因素

心理环境因素主要包括认知、情绪和人格因素及心理发展水平等。认知是指人对客观事物的认识、理解和评价。个体的认知因素一旦不正常或几种认知因素的关系失调,就会产生认知矛盾,引起紧张、烦躁和焦虑等负面情绪,损坏人格的协调性和完整性,甚至导致人格变态。

心理发展水平是个体心理过程和个性心理特征的发展水平。学生的心理问题常与心理发展水平密切相关。尤其是处于青春期的学生,由于生理发育与心理发展的不平衡,出现许多困惑、烦恼和躁动不安,产生心理问题。学生在青春期身体发育急剧变化,他们阅历浅,知识和经验不足,认识力、理解力、思维力都远远落后于成年人,因而表现出各种特有的成长期的心理问题,如对成人的逆反心理、自我意识的冲突等。

(三)教育环境因素

由于学生相当多的时间是在学校和家庭环境中度过的,因此,学校中的各种因素对其心理的影响更大,具体表现在以下几方面。

第一,教师和家长的要求、期望过高,教学难度过大,超出了学生的实际能力与可能,导致过大的心理压力。

第二,管理方面非人性化的管、卡、压现象,不顾学生的自尊心和有关心理需要,要求过高,批评过重,惩罚过严,却未取得学生的认同、理解。

第三,教育内容脱离学生实际需要,教育方法的简单粗暴,教育方式的单调乏味。

第四,教学中重知识的记忆与再现,而忽视非智力心理能力的培养,以至能力畸形发展。

第五,教育者自身对学生的心理发展规律了解不清,对自身应有的角色不明,对教育科学不懂,再加上自身的心理素质不良,以至弄巧成拙、事与愿违,甚至出现不堪设想的后果。

(四)家庭环境因素

家庭是学生成长的第一环境,团结、祥和、温馨的家庭氛围有利于孩子健康成长,促进孩子健康人格的发展;父母关系紧张、充满冲突,则易使孩子焦虑和抑郁。家庭的人际关系、父母的教养方式、家庭的结构、家庭的氛围等都与学生的心理健康有密切的关系。

1.父母的教养方式

教养方式是父母对孩子教育和抚养的观念、行为及其情感表露的组合方式,是亲子交往的实质。父母的教养方式是影响学生心理健康的重要因素。父母教养方式分为以下四种类型。

第一,民主型。父母对子女严格要求,理解满足孩子的合理需求及兴趣爱好,对孩子关爱支持。

第二,溺爱型。父母过分宠爱迁就孩子,凡事包办代替,无论孩子的需求是否合理都有求必应。

第三,专制型。父母强迫孩子服从自己的意愿和安排,孩子达不到要求时,就用体罚和粗暴的态度对待孩子。

第四,放任型。父母对孩子的成长漠不关心,放任自流,使孩子缺乏必要的管教和引导。

研究表明,父母教养方式是情感温暖、理解型的,子女的心理健康问题较少;而不良的父母教养方式,如惩罚、过分严厉或干涉、拒绝否认、过度保护等,子女的心理健康问题较多。

2. 家庭结构

家庭结构是家庭人员数量、代辈关系等因素构成的组织状态。一般来说,离异家庭学生的心理健康问题比正常家庭学生要严重,主要表现为不良情绪、性格、品行障碍和社会适应不良,学习成绩差。

3. 家庭社会地位

家庭社会地位是由父母的职业、教育程度和经济收入所决定的。一般来说,社会地位高的父母,对子女较为民主,情感投入较多,重视培养子女的理想、积极情感、创新性、独立性、好奇心和自我控制力;社会地位低的父母,则喜欢使用权威,忽略子女的个人需要,强调子女顺从,尊重他人和少惹麻烦。

(五)社会文化因素

每个人都处在特定的社会文化关系中,当社会文化发生变动时,如果个体缺乏相应的调整和适应机制,就会出现与社会文化关系的失调,导致心理异常。学生的自我意识尚未完全成熟,价值选择或判断缺乏稳定而统一的标准,加之外来文化移入产生的文化刺激的泛滥,各种思潮的影响,使学生在处理价值冲突问题上,易出现心理紧张或心理困惑,产生较多的适应障碍,影响学生的心理健康。

(六)经济因素

对于一些从偏远农村进入城市的学生们来说,经济上的负担远比其他负担更为沉重。贫困学生的经济救助一直是社会关注的焦点,其实他们的精神求助同样不容忽视。沉重的经济负担使很多学生心理压力大,产生自卑心理、焦虑心理、狭隘心理、文饰心理等。由于家庭经济困难,一些学生长期节衣缩食使其产生一种自卑心理,情绪低落,性格内向,总觉得穷是没面子的事,与同学相处敏感而自卑,不愿意主动与人交往,采取逃避、自闭的做法,不爱参加班级活动,经常独来独往;有的对别人消费优越而产生排斥、憎恨、猜忌心理,有的在消费行为上表现为想超越他人优于自己的方面,而出现物质欲望受到限制的心理矛盾冲突。这种心理的存在有可能会引发偷盗行为。有些学生在经济贫困的压力下,有的甚至发展成自闭症、抑郁症而不得不退学,令人惋惜。

(七)心理服务体系因素

为了维护学生的身体健康,学校需开设体育课,开展各种体育活动,增强学生的体质,以预防疾病的发生。与此同时,学校还需设立医护室,以治疗学生一般的常见身体疾病。然而,对于心理健康,很多学校没有建立起必要的心理健康服务保障体系。在社会心理服务体系不健全的情况下,学校也缺乏应有的心理辅导机制,既没有开设预防心理问题、帮助解决一般性心理问题的心育课,也没有专职甚至兼职的心理咨询辅导工作者,致使心理出现问题的学生有话无处说,有苦无处诉,有忧无人排,有心病无人知,处于孤立无援的境地。

总之,上述影响学生心理健康的因素是彼此联系,相互制约,共同起作用的。因此,在分析和解决学生心理问题时,要着眼于整体。

第四节 学生心理健康教育内容与途径

一、学生心理健康教育的内容

根据教育部《关于加强普通高等学校大学生心理健康教育工作的意见》和《普通高等学校大学生心理健康教育工作实施纲要(试行)》的规定,高等学校心理健康教育工作主要是从学生心理健康维护、学生心理行为矫正、学生潜能激发和创造力开发等几个方面开展教育活动,具体地说,主要包括以下内容。

(一)智力因素发展教育

智力正常是心理健康的前提。智力是人在认识客观世界的过程中逐渐形成的一系列稳定心理特点的总和,它是由观察力、记忆力、想象力、思维力、注意力五种基本心理因素组成。对学生进行发展因素教育,重点是使学生了解智力发展的规律、分布特点及自身智力发展的水平与特点,通过培养学生的观察力、记忆力、想象力、思维力等,掌握有效的、科学的学习方法,养成良好的学习习惯,提高学习效率,挖掘并开发学生智力潜能,培养创新精神和实践能力。

（二）非智力因素发展教育

非智力因素是指动机、兴趣、情绪、意志这四种基本的心理因素，并分解出12种心理素质，即成就动机、求知欲望、学习热情、自尊心、自信心、好胜心、责任感、义务感、荣誉感、自主性、坚持性、独立性。这些非智力心理因素对人的认知过程有重要的影响，对行为有推动和制约作用。对于大学生来说，非智力因素与智力因素同样重要，它的水平和优劣直接影响着学生的成长历程，优良的非智力因素可以推动学生成才，相反则会阻碍学生成才。一般来说，大学生的智力水平相差不大，但非智力因素水平差别却很大，这是由于各人所受环境及教育的影响不同，参加社会实践活动及主观努力不同，导致个人的非智力因素日益凸现出其差别来。

对学生进行非智力因素的教育，主要是让他们了解非智力因素的内容及对自身成才的影响，了解良好非智力因素的特征及培养方法。在当前的时代背景下，培养非智力因素主要在于激发学生的成才动机，具体包括学习心理指导、健全人格培养、兴趣的培养、自我心理修养的指导和情绪情感教育等，重点在于使学生了解人的情绪成熟的标准及情绪变化特点，掌握调节情绪的方法，保持乐观的情绪和良好的心境，形成适度的情绪反应能力和较强的抗干扰能力。

学习心理指导是指帮助学生对学习活动的本质建立科学认识，培养学生形成健康积极的学习态度和学习动机的同时，矫正围绕学习活动而产生的心理行为问题（如考试焦虑、厌学等）的指导。

健全人格培养是指让学生了解健康人格的理论和特征，分解自己心理活动规律和心理特点，客观分析自己，扬长避短，培养开朗、活泼、富有同情心、正义感的良好个性品质，克服自卑感，增强自信心，避免说谎等心理变态和人格异常的教育活动。

兴趣的培养是指通过相关活动的开展，促进学生积极探究某种事物或进行某种活动倾向的教育指导。

自我心理修养的指导是指通过训练与教导，帮助学生对自己建立科学的认识，并在自身的发展变化中始终能做到较好地悦纳自己的教育活动。

情绪情感教育是指导学生学会表达和体察自己和他人的情绪情感，学会有效控制、调节和合理疏泄消极情绪情感，并针对抑郁、恐惧、紧张等负性情绪问题，开展诸如敏感性训练和放松训练等有关技巧的训练。

（三）环境适应教育

人的成长离不开环境，且只有与环境协调才能顺利成长。适应能力是人的各种能力的基础,它直接影响人在社会活动中的过程和效率,也是判别人心理健康标准的重要组成部分。

学生的环境适应教育就是因生活、学习地理位置、周边人物和社会发展等空间环境、交往环境、发展环境之变化,而对学生所进行的正视现实、调整心态、转变角色的指导,提高心理承受能力,以充分的心理准备和较强的适应能力去迎接多种变化的教育,使学生了解未来社会的变化趋势和特点,通过模拟训练及频繁的社会接触,正确认识社会并与社会保持协调、良好的适应关系。

学生心理适应涉及学校环境、学习、生活、交往、恋爱、自我心理认识和发展、竞争、择业等许多方面的内容。学生除了依靠自身努力增强社会适应能力和心理承受能力,主动进行自我调节和心理适应外,还有赖于心理健康教育帮助其提高心理适应水平。

对大学生进行环境适应教育,从时间上看,有两个关键时期,一是新生入学教育,二是毕业生的毕业前教育。前者主要解决新生对大学生活环境、学习、人际关系等方面的不适应,后者主要解决毕业生对社会现实的不适应。从内容上看,一方面让大学生正确了解自身与社会之间的关系,了解当前社会的现状和特点,了解社会发展的趋势和规律,鼓励和帮助他们主动接触社会。另一方面,应帮助大学生正确了解自身与他人之间的关系,了解协调人际关系的意义,帮助他们掌握一定的人际关系知识和技能,鼓励他们树立信心,克服困难,积极主动地与他人交往,以形成良好的人际关系支持系统,这无论对他们的心理健康还是未来的工作都是非常重要的。

(四)人格健康教育

人格健康教育是在使学生了解健全人格的理论与特征,了解健康人格的标准及培养途径,在客观准确地认识自我、评价自我的基础上,了解自己心理活动的规律和个性特点,学会修身养性,增强自我教育能力,矫正不良个性,善于把自己的认识和行为统一起来。人格健康教育要做到面向全体学生的发展性教育和对个别学生的矫正性指导相结合,使每一个学生的人格都得到健全发展。

(五)人际和谐教育

人际和谐教育是在帮助学生把握人际关系基本知识和人际交往特点规律的基础上,通过有意识地对学生进行训练,使学生掌握一定的人际交往技能技巧和人际交往艺术,具备逐步建立并保持良好人际关系的知识和技能,学会在群体中与人和睦相处,与教师、同学、家长、朋友、异性等保持融洽的人际关系,懂得尊重他人、悦纳他人、悦纳自己,善于在群体中发挥自己的才干,达到高水平的自我实现。同时,处理好与异性交往的关系,自觉接受社会对青年性问题的正确引导与控制。

学会交往、善于沟通,是学生建立良好的人际关系,提高自己的社会活动能力,从而实现自身理想与价值的重要途径和有效手段。因此,人际和谐教育要指导学生正确认识人与人之间一切直接或间接的相互作用,并通过这种动态的相互作用所形成的情感联系关系的本质,从而学会处理人际互动中各种问题的技巧与原则,让学生学会合作与竞争,学会拒绝与接纳,解决好冲突等技巧,从而建立和谐人际关系,促进自身健康成长与发展。

(六)意志力优化教育

意志力优化教育是使学生充分了解意志在成才中的作用和自身意志品质的弱点,协助学生提高调节自我、克服困难的主观能动性,学会调节激情,应对挫折刺激,增强心理承受能力,克服内部困难,提高意志行为水平,不为偶发诱因所驱使,具有意志自觉、果断、坚持、自制的优良品质。

(七)学生潜能激发和创造力开发教育

潜能是指人具有但又未表现出来的能力,它分为生理潜能和心理潜能。正因为潜能的隐蔽性,许多人不能有效地认识和开发自己的潜能。潜能的激发存在着极大的心理因素,因而广义地讲,任何潜能都属于心理潜能。创造力是指产生新思想、发现和创新事物的能力,是一系列复杂的高水平的心理活动。因而创造力从一定程度上讲也是一种心理潜能。潜能激发和创造力的开发就是通过一定的途径,对学生进行判断能力、推理能力、逻辑思维、直觉思维、发散思维及创造思维等各种能力和坚强意志的训练与培养的教育活动。潜能激发和创造力开发不仅是个人脱颖而出和走向成功的重要方面,而且也是国家经济社会发展所需的重要支撑。

(八)情绪稳定教育

情绪稳定教育是使大学生了解他人及自身情绪变化的特点,学会用有效手段,科学调控自己的情绪。使自己经常保持良好的心境和乐观的情绪,形成适度的情绪反映能力和抗干扰能力,避免情绪的大起大落、两极波动,避免心理失衡。情绪是引发大学生心理问题的主要因素,大学生生活中发生的各种各样过激性行为,很多都是因为不良情绪失控引起的。

(九)心理疾病预防教育

心理疾病是指个体无法有效地按公认的社会规范或适宜方式适应日常生活要求所表现出的心理异常或行为偏离。目前,高校大学生中反映出来的心理疾病一般都属较轻层次,严重的心理疾病为数不多,但影响却很大。心理健康教育的任务之一就是防治不同程度的心理疾病,以免其发展到较重的程度。

有人认为心理疾病的预防可将其分为三级:一是初级预防。这种预防是把整个人群或社区以及某些特殊人群(例如少数民族、破裂家庭儿童或父母患精神病的儿童)作为对象,从精神上改善人们的生活质量,动员全社会的人都来预防心理障碍的发生。二是二级预防,即尽早发现心理已不正常的人,从而尽早进行心理和医学干预,同时设法缩短病人的病程,降低复发率。三是三级预防,目的是要降低心理障碍的危害。主要对象是患有严重精神疾病的病人。防止住院病人的精神疾病转为慢性,使他们能够尽快恢复社会生产和自主活动的能力。三级预防名义上是预防,实际上与初级和二级预防的目的和方法无关。而大多数心理卫生保健工作是在三级预防水平上进行的。

防治心理疾病的教育应该包括以下三个方面。

第一,普及心理卫生知识。通过课堂学习及课外讲座、活动等形式,使学生了解心理卫生的有关知识,学会心理调节的一般方法,树立心理保健的意识,自觉维护心理健康。

第二,进行挫折教育。使学生了解挫折对人生的意义、挫折产生的原因、应对挫折的有效方法,提高挫折承受能力,做到在逆境条件下不气馁、不放弃,增强克服困难的勇气。

第三,心理疾病防治教育。使学生了解心理疾病的类型、产生的原因、表现形式,以及预防心理疾病的方法与途径,初步了解心理治疗的理论、方法,对心理疾病有正确的、科学的态度。

(十)心理疾病送治教育

心理疾病送治教育大体上可以分为两大类:一类是心理治疗法,可以简称为"心理治疗"。这种治疗方法不是用药物去治疗,而是根据心理学的原则改变心理失常人的行为,让他们的心理恢复正常的状态;另一类是身体治疗法,是根据生理学的原则,用药物或其他物理、化学的方法,改变心理失常人的行为,让他们的心理恢复正常的状态。

二、学生心理健康教育的途径

学生心理健康教育是一项系统工程,它只有与学校各项教育相互结合、互相促进,才能实现心理健康教育的最终目标,必须把学生心理健康教育全面渗透在整个学校教育过程中。同时,学生心理健康教育也离不开学生家庭的配合和社会环境系统的支持。因此,应综合运用多种途径和渠道,积极探索最适合本学校、本地区的心理健康教育的模式。

具体就大学生而言,全方位开展学生心理健康教育主要通过以下途径。

(一)开设心理健康课程,普及心理健康知识

《世界卫生组织宪章》中写道:"为了使人类达到最充分的健康状况,就必须向所有人普及医学的、心理的和其他有关的知识。"普及大学生心理健康知识,是提高大学生心理健康意识的最佳途径之一。它既可以帮助大学生认识健康心理对成长成才的重要意义,也可以帮助学生形成正确的心理观念,预防心理疾患的产生,克服患有心理障碍与心理疾病时的不知所措,而且有助于发展学生多方面的能力。设置心理健康教育课程,就是将"心理健康教育"从课外引申到课内,排入课表,依据学生不同的年龄层次,开展不同内容的心理教育活动。通过课堂教学,教师精心创设各种情境,鼓励学生参与,让他们在参与活动中体验各种情绪和感受,接受各种行为训练和实践,从中领悟道理,增强积极的情绪和行为,让学生学会自我调节的原理和方法,从而克服消极情绪,矫正行为偏差,促进心理健康。

心理健康教育课程是一种开放系统,以学生的认知、情感、行为的发展为指向,通过其亲身经历的各种活动为依托,在活动中发展学生的各种心理机能,这是一个主动探究、积极的自我建构、心理自主发展的实践进程。它不同于传统课程的以教师为中心的知识传授,而是以学生为中心的设计,以学生的需要为起点,以满足学生发展良好的心理品质为归宿。为了便于学生乐于接受并取得实效,课程的开设既要做到内容充实,又要方法多样。内容充实是指讲授知识除应包括大学生心理健康综述、学习心理健康、情绪心理健康、挫折心理与调适、人际交往心理、健康人格塑造、恋爱与性心理健康、网络心理健康、择业心理等内容外,还应包括常见心理问题的识别与预防等方面。方法多样是指知识传授应注意启发式、解说式、讨论式、研究式等课堂气氛生动、活泼、和谐的形式。

(二)加强心理训练,提高心理健康水平

大学生心理训练,就是通过诸如社会实践、辩论、趣味游戏等主动性强、覆盖面广的活动形式,运用放松、暗示、心理剧和影片欣赏等切实可行的心理学技术与方法,结合其他辅助手段和设施,设计特定的情景并使参与的学生在其中积极活动,最终达到使参与的学生缓解心理困惑,提升心理张力,改变心理面貌,养成所预期的技能、习惯与行为,提高心理素质,促进人格全面发展的目的。大学生大多是从学校到学校,受社会阅历浅、长期应试教育和在家庭中养成的以己为中心等成长经历单一的影响,他们的心理素质相对较低。要提高他们的心理健康水平,必须加强心理训练。

加强心理训练,首先要从大学生的智力发展、正当需要的满足、兴趣爱好的扩展、动机水平的激发与培养、自信心训练等方面提高大学生的心理活动强度;其次,要根据心理教育和训练的特殊需要,有目的、有计划、创造性地开展各类课外心理训练活动,如心理放松训练、社会交往能力训练、抗挫折能力训练等,从而达到预防和减少心理障碍,改变精神面貌,提高心理健康水平的目的;最后,要从调节认知的各个方面和过程,情感表达方式、强度和指向,需要、兴趣和动机的趋向水平,行为的指向和方式等方面来完善大学生的自我调节能力与适应能力。

(三)开展心理咨询和行为指导,加强危机干预

咨询与辅导是通过人际关系,运用心理学方法而达到的一种帮助过程、教育过程和增长过程。心理咨询是一种补救性的措施,也可以说是一种干预机制,它通常所用的让学生倾吐烦恼、宣泄郁闷、寻求理解和慰藉等方式,也是一种治疗心理疾病的手段。心理咨询与辅导工作在学校的心理健康教育活动中承担着重要的角色和任务,是达到学校心理健康教育整体目标的重要途径。学校应通过建立学生心理咨询与辅导中心或专门活动室,配备相应的专职兼职教师,对学生进行认真、耐心、科学的心理辅导,帮助学生消除心理问题和心理障碍,恢复心理健康,增强心理素质。

第一,建立心理咨询与治疗室。心理咨询与治疗室是学校开展心理健康教育工作的管理与服务机构,它规划全校心理健康教育工作并为学生提供心理辅导服务。

第二,开辟"心理健康教育专栏"。通过开辟心理健康教育专栏,普及心理健康知识,解答心理咨询中遇到的典型问题,扩大心理健康教育的影响力,提高学生对心理健康的认识,使越来越多的人加入心理保健的行列。

第三,建立信箱或热线电话。信箱是为学生提供书信咨询服务和预约

咨询服务的一种有效形式。有的学生遇到问题羞于启齿,可以通过书信的形式给予咨询。有问题的学生还可以通过电话咨询,咨询员在电话中热情真诚地启发引导,能使学生将心里不愉快的感受尽情地诉说,让学生感觉到被关注、被重视、被理解,从而通过鼓励与安慰帮助学生振作精神,提高与心理障碍作斗争和应付危机的能力。

与此同时,心理咨询与危机干预是心理健康教育中两个不可分割的重要环节,通过心理咨询可以发现危机,危机干预则是心理咨询的延伸,只有两者相互结合,才能达到心理健康教育的目的,否则,双方都失去了存在的意义。因此,在积极进行心理咨询的同时,学校建立大学生心理危机排查、预警、处置、追踪与反馈等干预机制,是心理健康教育的又一有效途径。

(四)开展系列心理辅导游戏

学校还应针对学生共同的心理需要和普遍存在的问题,开展系列心理辅导游戏,指导学生自觉遵守心理卫生原则,掌握心理保健方法。任何心理保健措施都必须依靠学生的内因而起作用,学生拥有心理卫生知识这一随身利器,是维护心理健康最积极的办法。

(五)积极鼓励自我心理调节

自我调节是心理保健的核心内容,包括调整认知结构、情绪状态,锻炼意志品质,改善适应能力等。它着意于保持心理平衡,注意调整和加强心理训练,锻炼意志品质,保持健康的情绪状态。在现实生活中,我们常常会不知不觉地被一些消极情绪困扰而变得心浮气躁,这时就要找出影响情绪的主客观原因,然后自觉地调节情绪,多参加一些室外活动、文娱体育活动,排除一切杂念,使内心保持平静愉快。

(六)建立多方支持系统,全面渗透

大学生心理健康受诸多因素的影响,提高其心理健康水平,尽管学校教育具有不可替代的作用,但社会与家庭等校外因素的影响是不可忽视和低估的,社会与家庭等校外教育途径更是不能放弃的。只有多方相互支持、配合、联动,大学生心理健康教育才会有效,提高大学生心理健康水平也可事半功倍。

建立多方支持系统,从宏观上而言,政府应鼓励、扶持社会支持系统的建立,要在个体成长的各个阶段有针对性地开展相关教育,营造一种社会各界尤其是公共媒体等关心、支持大学生心理健康教育的氛围,使得高校对大学生心理健康教育成为前期教育的延伸与提高。从微观上讲,要加强社会

相关机构人员和家长的心理学知识的教育与培训,针对存在问题的个体,结合学校教育进行比较理性的引导,这种齐教共引是促进大学生心理健康水平提高不可缺少的环节。

不仅如此,心理健康教育还应渗透和融合到整个学校教育的全过程中,高校专业课教育、各项校园和社会活动、思想道德教育和辅导员工作等各方面,都要注重对学生进行心理健康的教育。教育工作者要增进心理健康教育的意识,自觉地使教育教学活动成为有助于提高学生心理素质的载体。学校、共青团、学生会等组织应该为学生心理素质的提高提供丰富多彩的活动,帮助学生掌握和理解一般的心理健康知识和自我教育的方法,培养良好的心理素质。

(七)重视心理疾病的预防

除上述途径外,学校还应重视心理疾病的预防,这要从以下几方面入手。

第一,根据学生的不同心理特点,制定出保持心理健康的一般和特殊的心理卫生原则和方法。学生的心理健康标准除包括行为方面的要求以外,更多的是关于自我认识和自我约束方面的,因此对他们的心理卫生工作既包括行为方面的引导,又包括促使其进行客观的自我认识与反省。

第二,要制定培养和锻炼健全人格的心理卫生原则和措施。健全的人格有助于人有效地适应变化着的社会环境,顺利地进行社会交往以及正确处理人际关系,促进身心的健康发展,有利于促进个人事业上的成就并为社会做出更多的贡献。在相似的环境压力下,具备某种人格特点的人更容易出现心理健康方面的问题。

第三,要提供学生在生活、工作和劳动的各个领域中进行活动时所要注意的心理卫生原则和措施。环境本身的特点、工作方面的压力和要求、社会支持的特点等都会影响到心理健康水平的维持。无论是初到新的工作或生活环境,还是原来的工作或生活环境发生了变化,都需要及时调整生活的目标、方式或节奏,以保持良好的精神状态。

第五节 教师的专业素养

教师的专业素养,又称教师素养、教师素质、教师修养,是教师从事专业活动必须具备的专业品质。教师专业素养是直接影响课程与教学目标、教学内容、教学过程、教学方法、教学手段和课程评价等课程与教学因素的重要条件,直接制约着教学效率和教学质量,是一个十分重要的领域。教师的专业素养包括职业道德修养、专业知识素养、政治思想素养等,本节主要对其进行详细阐述。

一、职业道德修养

在职业活动中,教师能否承担"人类灵魂工程师"的光荣使命,首先取决于自身的职业道德修养。职业道德修养属于教师素质结构中的动力系统,为教师的教育活动和行为提供动力,对教育能力和专业水平的提高和发挥起着重要的保证作用。具体来说,教师的职业道德修养主要表现在以下几方面。

(一)爱岗敬业

教师的职业道德修养首先就是爱岗敬业,要忠于人民的教育事业。这是教师对教育事业的意义和价值有着正确认识的基础上形成的态度和信念,也是决定其他师德素质的前提。

爱岗敬业首先表现在对教师角色的认同上。教师要勤于教育工作,热爱教育工作,能积极投入到工作中去,将自身的才能在教育工作中表现出来并由此获得成就感和满足感,免除不必要的忧虑。

教师职业是一种收入永远比付出少的职业,但教师的付出可以换来学生个体的发展、社会的进步,是一种功在社会、利在千秋的事业。所以教师要具有这种师德,认真履行教师的规范和职责,积极和创造性地进行教育活动,献身于国家的教育事业。如果不热爱教育事业,对教师职业的意义和价值认识不足,就会影响工作的态度和效果。

(二)热爱学生

热爱学生是教师忠诚于人民教育事业的具体表现。热爱学生,教师必须做到:全面关心学生;尊重和信任学生;严格要求学生;理解和宽容学生;"解放和放飞"学生。教育的无数实践证明,教师对学生理解、信任、尊重是教育学生的前提,是发挥学生自我教育作用的基础。师爱是不可缺少的教育因素,没有真诚的学生观,就没有真正的教育。正如苏联教育家捷尔仁斯基所言:"谁爱孩子,孩子就爱他,只要爱孩子的人,他才可以教育孩子。"[1]具有这种师德,教师才能像慈母一样关心新一代的成长,认真备好课教好

---

[1] 孟育群,等.现代教师论[M].哈尔滨:黑龙江教育出版社,1991:75—76.

书,严格要求学生和促进学生的全面发展,才能因材施教,公正地处理好学生出现的问题,为培养人才呕心沥血。

(三)团结协作

教育是一项系统工作,每个教师都是这项工作的工程师,需要通力合作,相互团结,共同为实现教育目的而努力,每一个学生的成长发展都是教师集体共同努力的结果。所以教师应该具备团结协作精神,必须做到与同事、家长相互支持、相互配合;取长补短,不断进步。

(四)为人师表

教师劳动具有示范性特点,所以教师在日常工作和生活中要做到严于律己,以身作则,在教育、教学中教师要做到高度自觉,自我监控;以严谨的治学态度、高尚的人格影响学生,身教重于言教。

同时,鉴于教师职业的特殊性,教师要能正确地了解自我、体验自我和控制自我,能平衡自我与现实,理想与现实的关系。在教育活动中表现为:能根据自身的实际情况来确定工作目标和个人抱负;具有较高的个人教育效能感;能在教学活动中进行自我监控,并据此调整自己的教育观念,完善自己的知识结构,做出适当的教学行为;能通过他人认识自己,学生、同事的评价与自我的评价较为一致;在教育活动中具有自我控制、自我调适的能力。

此外,教师作为科学知识的传播者,首先要不断地学习,在"知识爆炸"、终身教育被广泛认同的时代,只有不断地学习,主动地更新知识和充实教学内容,传播科学真理,教师才能胜任本职工作,因此,教师还要学而不厌,养成终生学习的习惯。

二、专业知识素养

教师的专业知识素养是指教师应具备的一般的人文知识、社会科学和自然科学知识,以及基本的艺术素养。

(一)本体性知识

教师的本体性知识是指教师所具有的任教学科的知识。例如语文教师所具有的语言文学知识,数学教师所具有的数学知识,也称为"学科专业知识"。教师的学科专业知识要全面扎实。无论是数学、物理、化学、科学,还是语文、外语、历史、政治,教师都应精通所教学科的专业知识,做到扎扎实

第八章　教师心理与学生心理健康维护

实、精益求精、融会贯通、举一反三，决不可浮光掠影、一知半解。

具体来说，教师的本体性知识应该包括以下几个方面。

第一，掌握该学科的基本知识和基本技能。这是教学中要求学生必须掌握的内容，教师自己必须掌握。

第二，学科的思维方式和方法论。比如数学中的转化、抽象思维、符号化，哲学中的矛盾方法、发展眼光，等等。

第三，掌握该学科的知识结构体系及相关知识。这是保证教师从一个更高更深的层面上来把握自己所教的学科内容。

第四，学科发展的历史及趋势。既了解该学科历史，又了解该学科最新的研究成果和研究发展动向。当今时代知识更新迅速，科技发展速度加快，为了保证自己的教学内容不陈旧、不过时，能够适应知识更新的需要，教师必须始终站在该学科的最前沿。

要注意的是，教师的专业知识要精深灵活。既依据课程标准的要求，又深于它、广于它、"活"于它。这样，才能真正透彻地理解教材，灵活地处理教材，准确地讲授教材，带领学生在知识的海洋中遨游，起到向导的作用。

（二）条件性知识

教师的条件性知识主要是指教师必须具备的教育学、心理学和教育管理的知识。这类知识是用来支撑学科内容的本体性知识的，为教师的教学设计和实施提供教育学和心理学的基础，也称为必备的教育科学知识。

教育学从理论上系统地总结和揭示了教育的科学规律和方法，教师只有通过对教育学的系统学习，才能详细了解教育目的、教学原则和方法等一系列重要的教育理论和实践问题，才能自觉地运用教育规律，根据教学内容、学生实际，选择行之有效的教学手段，提高教学的效果。

心理学是研究人的心理现象及其规律的科学。它系统阐述了人的心理机制、心理过程以及心理差异等心理发展的规律。作为教师，学习和掌握发展心理学、教育心理学、创造心理学、健康心理学等方面的知识，了解学生不同年龄阶段的心理特点和发展规律，对教学工作是很有帮助的。

（三）实践性知识

教师的实践性知识是教师在实现有目的的教学行为中所具有的课堂情境知识以及相关的学科教学法知识。这类知识包含着对具体教学目标、教学情境、教学策略和方法的相互关系的认识，它帮助教师解决"具体怎么教"的问题。

(四)边缘性知识

正在成长中的年轻一代学生兴趣广泛,思维活跃,求知欲强,上至天文,下至地理,从远古到未来,从宏观到微观,无所不想知,且通过各种渠道获得的新鲜事物也多,他们经常会向教师提出形形色色的、五花八门的问题。而各学科之间相互交叉、渗透,呈现出既高度分化,又高度综合的趋势,许多新兴学科、边缘学科层出不穷,教师要适应这一趋势,就必须扩充自己的知识面,必须通观全局,博采众长,多方汲取新知识。因此,教师应广泛涉猎各种知识,以防止教学中可能出现的"冷门",不能由于自己的浅薄无知而对学生的提问置之不理,甚至妄加斥责,挫伤学生求知的积极性。

三、政治思想素养

教师要承担为社会主义建设培养接班人的重任,就应具备与此宗旨相一致的政治思想。有科学的世界观和坚定的政治理想,才能科学地预测社会的发展变化,正确地理解党的教育方针政策,才能运用辩证唯物主义和历史唯物主义原理去分析处理教材信息和教育问题,运用有效的方法培养学生的智能和思想品德,否则就会使教育工作失去正确的方向,造成教育工作偏差,甚至培养出与现代社会格格不入的人。

四、教育理念素养

教育观念是人们对教育各问题的看法,包括学生观、教育观、教学观、教师观、人才观等。观念有先进与落后、正确与错误之分,教师需要树立正确的、先进的教育观念,而且要在自己的教育实践中真正体现先进的理念。教育部组织编写的《素质教育学习纲要》中,就归纳了30条先进的教育理念。

五、专业能力素养

教育专业能力是个体在教育工作中体现出来的、制约教育工作效能的比较稳定的心理特征,具体包括教学能力、教育研究能力、组织管理能力和应变能力。

第八章 教师心理与学生心理健康维护

(一)教学能力

教学能力是教师应具备的基本素质,是课堂与课外教学的能力,具体包括以下几种能力。

第一,备课的能力。备好课是讲好课的前提和保证。备课有很多要求,教师要全面、准确地理解课程标准,融会贯通地把握教材,深入细致地了解学生。

第二,口头语言表达能力。教师与学生之间的沟通交流主要是通过口头语言进行的,这就要求教师能够根据不同的教学内容,准确地阐述相关的观点、知识、原理,把握语速、语调、语气,通过形象生动、风趣幽默的语言来吸引学生。

第三,课堂教学调控能力。课堂教学调控能力是指教师对教学进行状态的一种灵敏而强烈的感觉、感受和感知,并做出准确反应的能力。它是教师专业能力水平高低的一种反映,直接影响到教学的效果。要很好地调控课堂教学,教师要认真备课,讲授的内容要正确;要以饱满的状态进入课堂,全身心投入,以情动人,引起学生的共鸣;方法要多变,除了教师讲授,还可以采取讨论、辩论、演讲及看录像等形式;讲课要讲究节奏,要注意讲课空间的变化、讲课速度的变化、讲课声调的变化。

第四,教学基本功。主要是指普通话、粉笔字及现代教育技术手段的运用能力。这里要注意的是,板书的设计与书写是教师必备的基本功,板书要做到内容简明扼要,量、份适当,使学生能够提纲挈领地掌握教学重点,形式要布局合理、工整美观。

第五,多媒体操作能力。信息传播技术、计算机等在教育过程中的广泛应用,要求教师要具有驾驭现代教学手段和方法的能力,如电化教学的基本能力、电化教学的设计能力及计算机辅助教学的能力,充分发挥多种感官的功能,以实现教学优化。

(二)教育研究能力

教育研究能力是对教育问题开展科学研究的能力,具体包括发现问题、方案设计、搜集资料、资料分析、论著写作等方面的能力。在教育教学过程中,每个教师都会遇到这样或那样的问题,如怎样转化差生,怎样培养创新型人才,如何提高课堂教学的效率等。为解决这些问题,就要求教师必须进行教育科研。教师应具备科学研究的意识,掌握教育研究的基本方法,善于运用科学研究解决教育实践过程中的问题。

(三)组织管理能力

组织管理的能力主要包括教育教学工作的计划能力、课堂教学的组织能力、管理学生班集体的能力等。

第一,教育教学工作的计划能力。即教师根据课程方案、课程标准的要求,结合学生实际情况,全面安排自己的教学工作程序的能力。教师应把教学工作安排得科学合理、细致周密,并能根据计划开展工作,检查质量,总结经验,提高效率。

第二,课堂教学组织能力。即教师在课堂教学过程中,调动学生的学习积极性,维持课堂秩序,创设和谐的教学气氛,引导学生学习,顺利完成教学目标的能力。

第三,管理学生班集体的能力。即教师对班集体的组织、调控、监督、调节等能力。教师必须善于组织和培养班集体,善于确立班集体的奋斗目标,擅长了解学生,善于选择、培养和使用学生干部、学生典型和骨干,善于组织、指导班级的各种活动,善于培养班级积极健康的集体舆论。

(四)应变能力

应变能力是指教师面对突发事件,能够迅速而正确地做出判断,随机应变采取恰当而有效的教育措施解决问题的综合能力。教师的应变能力产生于教师平时对教育问题的不断思考,也是教师对学生仔细观察了解的结果,是教师长期积累教育经验的反映。

六、职业心理素养

教师劳动是一种充满高度创造性的繁重的脑力劳动,又是一种兼有一定强度的体力劳动,所以教师必须有良好的职业身心素养做保证。教师的职业心理素养主要包括以下几方面。

首先,良好的性格特征。教师应该保持积极乐观的人生态度、开朗豁达的良好性格和对己对人的宽容精神。

其次,积极稳定的情绪特征。教师劳动和服务的对象是人,因此情绪健康对于教师而言尤为重要。教师的工作性质使得其情绪波动会直接影响学生,因此,教师在任何时候都应以积极稳定的情绪状态投入教育活动中,积极调适不良情绪,绝不将生活中不愉快的情绪带入课堂,绝不迁怒于学生;能冷静地处理课堂环境中的不良事件;克制偏爱情绪,一视同仁地对待学生;不将工作中的不良情绪带入家庭。

最后,良好的情感特征。教师要真诚的热爱学生,热爱教育事业。教师热爱和关心学生的程度对学生的发展影响极大。

第六节 教师的成长与培养

一、教师的成长历程

(一)教师成长的基本历程

在当前的学术界,对于教师成长历程的看法主要有两种,即教师成长的三阶段论和教师成长的五阶段论。

1. 教师成长的三阶段论

教师成长的三阶段论是福勒和布朗在对教师的需要以及在不同时期所关注的焦点问题进行充分考虑后提出的,具体内容如下。

(1)关注生存阶段

教师在这一阶段,大多是刚刚进入教师职业,更为关注的是自己的生存适应性。具体来说,处于这一阶段的教师最为在意的是学生是否喜欢自己、同事和领导如何看待自己等。因此,他们往往会花费较多的时间来与学生搞好关系,甚至会想方设法地控制学生,使自己成为良好的课堂管理者,获得同事和领导的认可。

(2)关注情境阶段

教师在这一阶段,大都已经获得了较好的生存适应性,因而其关注的问题发生了改变,即更为关注如何提高学生的成绩。为了有效解决这一问题,处于这一阶段的教师特别重视如何教好每一堂课,注重研究与教学情境相关的问题,如班级的大小、备课材料是否充分等。

(3)关注学生阶段

教师顺利进入这一阶段,意味着教师进入了一个新的成长阶段。通常来说,处于这一阶段的教师更为关注学生的成长,在教学过程中会充分考虑学生的个别差异、学生的不同需求以及学生所具有的不同发展水平等,以确保教学活动能真正促进学生的成长。事实上,有不少教师在自己的整个职业生涯中,从未进入过这一阶段。

2. 教师成长的五阶段论

教师成长的五阶段论是由美国亚利桑那州立大学心理学教授伯林纳提出的,其认为教师的成长历程就是由新手教师成长为专家型教师的过程,期间会经历以下五个阶段。

(1)新手教师

新手教师即刚刚从事教师工作的教师,其在工作中十分注重积累经验,并认为经验比书本知识更为重要。同时,新手教师需要了解与教学有关的一些实际情况和具体的教学情境。此外,新手教师在处理问题时表现出以下几个鲜明的特点。

第一,处理问题时往往会提前进行深入的分析与思考。

第二,处理问题时过于僵化,缺少灵活性。

第三,处理问题时较为刻板,对特定的原则、规范和计划过于遵从。

(2)熟练新手教师

通常来说,熟练新手教师会表现出以下几个鲜明的特点。

第一,注重将书本知识与实践经验进行有机整合,并能逐步掌握教学过程中的内在联系。

第二,在教学方法、教学策略等方面积累了越来越多的知识与经验。

第三,在处理问题时,表现出一定的灵活性。

第四,在教学行为中,经验发挥的作用有所提高,但对于教学情境中的重要信息和无关信息还不能进行有效区分。

第五,对自己的教学行为还缺乏一定的责任感。

(3)胜任型教师

通常来说,胜任型教师会表现出以下几个鲜明的特点。

第一,在开展教学行为时,通常会具有明确的目的。

第二,能够对教学情境中的重要信息和无关信息进行有效区分。

第三,能够依据教学目标选择有效的教学方法或手段,以确保教学目标的实现。

第四,教学行为的快捷性、流畅性、灵活性还较为缺乏,但对于自己的教学行为结果表现出更多的责任。

第五,在面对教学工作的成败时会表现出强烈的情绪情感反应。

(4)业务精干型教师

通常来说,业务精干型教师会表现出以下几个鲜明的特点。

第一,直觉判断能力良好,能够更好地对教学中出现的与以往教学情境类似的情况进行直觉地观察与判断,并做出恰当的反应。

第八章 教师心理与学生心理健康维护

第二,不需太多的意识努力便能准确地判断、有效地处理教学情境,但离完全的认知自动化水平还有一定的差距。

第三,由于积累了丰富的知识与经验,能够快捷、流畅、灵活地开展教学行为。

(5)专家型教师

通常来说,专家型教师会表现出以下几个鲜明的特点。

第一,对教学情境进行观察与判断时,往往不需要进行深入的思考与分析,仅仅凭借直觉和经验便能准确地发现问题,并运用恰当的方法进行解决。

第二,能够快捷、流畅、灵活、无意识地对教学情境中出现的问题进行解决,已经达到了完全自动化的水平。

第三,在一般情况下很少表现出反省思维,只有问题的结果与预期不一致时才会对问题进行反思和分析。

通常来说,只有业务精干型教师中的一部分才可以发展成为专家型教师。

(二)教师成长历程中容易出现的问题

教师的成长历程往往不是一帆风顺的,而是会遇到各种各样问题。概括来说,教师在其成长历程中容易遇到的问题主要有以下几个。

1. 观念更新慢

教师要有效解决其在成长历程中遇到的问题,必须注意紧跟时代潮流,更新自己的教育观念。但事实上,教师的观念更新是十分缓慢的,这主要表现在以下两个方面。

第一,教师中的绝大部分都有着很强的责任心,但超负荷的工作也导致一些教师疲于应付,疏于学习,即便有学习的机会,也只是喜欢接受那些模式化的、简单易行的教学方法的训练,相当多的教师没有把学习看作提升自身素质的重要途径。因此,教师的主动发展观念是较为弱化的。

第二,一些教师对职后学习的认识较肤浅,还会对职后学习和教学科研有抵触心理或敷衍心理,采取消极应付的态度,甚至当成是额外的包袱,但求能够交差,应付检查。

2. 知识更新慢

在当前的时代,知识几乎是以几何级数递增的。面对如此快速增长的知识,教师要想更好地适应教育的要求、培养出真正适合社会发展要求的人才,必须注意对自己的知识进行更新。但是,由于我国教师教育的条件有限、水平不高以及教师自我完善能力有限等,教师的知识更新是较为缓慢的。长此以往,不仅会制约教师的专业成长,而且会影响我国整体的教育质量与教育水平。

3. 技能发展缓慢

教学技能对教学效果有着重要的影响,因此教师在成长的过程中必须注重提高自己的教学技能。但事实上,不少教师的教学技能是较为缺乏的,特别是教育技术运用技能、发现和解决教育教学问题的技能、组织教育教学活动的技能等。因此,教师在专业成长过程中,必须注重发展自己的教学技能。

二、教师成长与发展的基本途径

教师成长与发展的基本途径主要有以下两个:一方面是通过师范教育培养新教师作为教师队伍的补充,另一方面是通过实践训练提高在职教师素养。这两大途径又可细分为以下几方面。

(一)校本培训

校本培训就是在教育专家的指导下,由学校和教师共同发起与组织,以学校教育教学发展和改革所面临的各种实际问题为中心,充分利用校内外的教育资源,注重教师教、学、研的时空统一,有效实现教师专业发展的培训模式。

近年来,随着我国校本培训理论与实践的快速发展,有不少学者根据我国的实际情况提出了不同的对校本培训的理解。综合分析学者们的相关观点,我们可以发现,大多数学者的界定只是在具体的表述方式上有所不同,其实质基本上都是围绕着"为了学校、在学校中、基于学校"这三个基本原则来展开的。校本培训的基本内容,大致来说包括教育理论的学习、知识和技能的扩充、学校管理知识的学习、教育研究能力的训练。在选择校本培训的内容时,以下几方面要特别予以注意。第一,校本培训内容的选择需要经过参训教师的同意。校本培训内容无论是来源于教师教育教学中的实际问题,还是来自行政部门和教育专家,在实施校本培训之前需征求参训教师的意见,获得他们的同意。第二,校本培训的内容要切实围绕着校本培训的目标来选择。就校本培训的总体目标而言,校本培训就是要克服教师在高校或专门教师进修机构接受培训的弊端,通过校本培训,促使培训与学校教育

第八章 教师心理与学生心理健康维护

教学活动相结合,以学校真实的教育教学情境为出发点和培训资源,以解决教师遭遇的教育教学中的问题为导向,最终促进学校发展和教师专业发展。第三,校本培训内容的确定需要专门机构和专家的协调。教师的需求是分散的,甚至有些教师的培训需求是不明确的,根据分散的、不明确的培训需求安排培训内容,需要专门机构来管理协调,甚至需要借助教育专家的力量来分析需求信息、提出合适的校本培训内容。同时,合适的校本培训内容并不意味着一定为教师所接受,因此需要对培训内容进行介绍,对教师的一些问题进行解释,这也需要专门的机构和专家来参与完成。第四,校本培训内容的选择要充分考虑到培训对象。校本培训要求根据培训对象的特殊性来选择培训内容。校本培训最大的优势就是提供针对性、灵活性的培训项目,这里的针对性和灵活性是建立在分析教师特殊培训需求、提供个性化的培训项目基础之上的。

要想让校本培训真正发挥其效用,那么一定要重视实施的方式与过程,要营造良好的培训氛围,并进行灵活的控制和调整,以使其高效运行。具体来说,在校本培训的实施过程中,需要做好以下几方面的工作。第一,注意营造良好的培训氛围。良好的校本培训氛围,能够有效调动起教师参与校本培训的积极性和主动性,继而有效促进教师的自我发展。培训氛围的营造并不是请专家做一场讲座、开一次全校动员大会就能解决的,而是需要寻求恰当的切入点。一般来说,需求是引起动机的因素,满足需求能提高人的积极性。所以,营造培训氛围应关注能引起培训需求的各种因素,将其作为切入点。此外,应该要倡导合作学习、开放学习。学校应促使教师认识到合作的重要性,并掌握合作学习的方法和途径,形成对合作的良好预期。同时,教师要以开放的心态面对培训和学习,克服自由表达意见的后顾之忧。这就需要校本培训充分体现民主和参与原则,使教师广泛参与培训规划的制定,参与校本培训管理,参与培训内容、方法、时间、场所的选择以及参与校本培训的评价等。第二,做好校本培训的管理。校本培训管理就是以提高校本培训的效果为目标,对校本培训涉及的人、财、物、信息、时间等资源进行合理调配的过程。科学合理的管理是校本培训活动持续、系统、高效开展的基本保障,可以保证校本培训活动有序、有效、持续、系统的开展。教师发展不是暂时性的工作,校本培训也不是一时之举,它需要持续的开展,而校本培训涉及培训计划的制订、培训学习安排、档案记录、培训的需求分析、培训者的选择、培训内容的确定和培训方式的安排等方面,是涉及学校人、财、物、信息、时间等各种资源的复杂活动,缺乏有效的管理,很难想象会有有序、有效而系统的校本培训活动。第三,有效控制校本培训的实施。在校本培训的实施过程中,不可避免地会遇到一些新情况和新问题。这时,必须采取一些有效的措施加以调节和控制,以便校本培训得到顺利实施,继而取得良好的效果。为实现这一点,需要在校本培训规划进入实施阶段之后,需要注意收集培训活动实施的资料,分析活动开展现状与培训规划之间的差距,并进而分析差距产生的原因,以便有针对性地采取措施纠正其中的偏差,并继续跟进落实培训规划。

(二)教育见习

在对师范生进行培养时,教育见习是十分重要的一个途径。它能帮助师范生获得实践性知识,不断提高教育教学实践能力,继而在真正走向工作岗位时能尽快适应工作,并取得良好的教育教学效果。

1. 教育见习的内容

通常而言,师范生在参与教育见习时,需要涉及以下几方面的内容。

(1)教学工作见习

教学工作见习,是师范生在参与教育实习时必须要涉及的一项内容。通常而言,教学工作见习会经历一个较为复杂的过程,而且涉及众多的环节,包括课堂教学见习、教研活动见习、课后辅导见习、作业批改见习、成绩考评见习等。在这些环节中,课堂教学见习是重心,因而这里注重分析一下师范生的课堂教学见习。

对于师范生来说,在参与课堂教学见习时,要对以下几方面的内容予以高度重视。第一,见习任课教师如何落实现代课堂教学的基本理念。教师在课堂教学中对现代课堂教学基本理念的落实以及落实的实际情况,是其课堂见习的一项重要内容。传统的课堂教学着眼于学科与知识,教学中只注重知识的传授和技能的培养。现代课堂教学则强调学生中心,关注学生的全面发展,这在教学理念上具体表现为学生发展为本位的教育价值观;注重全面发展,承认个体差异的教学过程观;着眼于学生成长的教学质量观等。第二,见习任课教师如何进行课堂教学设计。教师在教学过程中,为了实现一定的教学目标,通常会对教学活动进行系统的规划与合理的安排,这便是教学设计。成功的教学,很重要的一条在于成功的教学设计。师范生在见习任课教师的课堂教学设计时,应特别注意任课教师在进行教学目标设计时,是怎样考虑和处理教学中的教学环境、学习任务、学生学习需要等影响因素的,是怎样分析教学目标的难度以及是否符合学生的实际的,是如何向学生明确具体的教学目标,是怎样来实现教学目标的,是怎样明确教学目标是否能促进学生的发展;任课教师在进行教学过程设计时,是如何确保教学过程与学生实际相符合的,是如何处理好教与学的关系的,是如何培

第八章 教师心理与学生心理健康维护

养学生的独立思考、关注学生的发展的;任课教师在进行教学策略设计时,是依据什么来设计教学策略的,是如何运用教学策略的,以及常常用到的教学策略有哪些等。第三,见习任课教师如何运用教学技能与技巧。课堂教学的效果,会受到任课教师的教学技能和教学技巧的影响,因此掌握丰富的教学技能和教学技巧对于教师而言是极为重要的。对于师范生来说,在课堂教学见习中,要特别注意见习任课教师的语言艺术(如语言准确、清晰、富有感染力等)、教态(如精神振奋、情感饱满等)、教学组织技巧(如如何对教学时间进行合理分配、如何有效化解教学中出现的问题、如何对教学环节进行有效调控等)等。第四,见习任课教师对教学方法的选择和使用。正确地选择和使用教学方法,对于教学质量的提高有着重要的影响。因此,师范生在课堂教学见习中,要了解、学习和把握任课教师是如何正确地对教学方法进行选择和使用的;是如何依据教学的具体目的与任务、教材内容的特点、学生的实际情况以及教师自身的水平来进行教学方法选择的;是如何使教学方法发挥出最大作用的。第五,见习任课教师如何对教学礼仪进行规范。教学礼仪是以教师个人礼仪为支点,以关心、尊重学生为核心,来建构一种和谐的教学氛围,以此激发学生的积极性、创造性。见习生要通过见习来了解和学习任课教师在课堂教学中是如何规范教学礼仪的,主要包括课前礼仪(如服装得体、准时到达课堂等)和教学对话礼仪(如声音适度、语速适中、用词文雅等)。

(2)班级管理见习

学校的教学活动是以教学班为单位开展的,班级管理工作对学校的整体教育工作有着重要的影响。这就要求师范生在参与教育见习时,不能忽视班级管理见习这一内容。此外,师范生在进行班级管理见习时,要做好见习班主任工作、见习班级建设工作、见习班级日常管理工作,从而为未来走上教师岗位积累全面的教育教学经验。

(3)教研活动见习

在教师的专业发展过程中,开展教研活动是一个不可或缺的环节。对于师范生来说,通过对教研活动的见习,可以初步了解教研活动的基本状况、教研组活动的主要内容、组织形式及领导过程;可以了解当下教育实践中任课教师对一些现代教育理论的新观点的理解程度,使他们从新的视角对教育实践背后的教育理论有新的了解。此外,师范生在见习教研活动时,要特别注意以下几个方面。第一,要注意观察和分析教研组是如何组织教师学习课程标准、研究教材的。第二,要注意观察教研组是如何开展教学专题研究活动和经验交流的。第三,要注意观察教研组是如何进行校本课程开发和校本教研的。

2.教育见习的准备

师范生在参加教育见习时,必须做好以下几方面的准备。

(1)组织准备

师范生参加教育见习的组织准备,主要包括以下两方面的内容。第一,成立教育见习领导组织。强有力的教育见习领导组织是教育见习能够顺利取得成功的保障。第二,选择教育见习基地。教育见习是一项经常性工作,所以必须建立稳固的教育见习基地。

(2)理论准备

一般来说,师范生可从以下几方面着手进行教育见习的理论准备。第一,多阅读、学习教育学、心理学和相关学科教学论等教育教学理论,做好理论储备。第二,根据专业特点和见习学校具体情况,做好见习前相应的学识准备,包括熟悉相关教材,初步了解教学目标、知识点、重点和难点等。第三,积极探索如何将教育教学理论有效运用到实际教学之中。

(3)思想准备

一般来说,师范生可从以下几方面着手进行教育见习的思想准备。

第一,明确自己为何参加见习。师范生在参加见习前,要明确参加见习的目的、任务和内容,端正教育见习的态度,了解见习的纪律,搞清见习的具体要求。只有这样,才能更好地参与到见习活动之中。

第二,了解见习学校情况。做到熟悉情况,知己知彼,师范生在进入见习学校时才不会感到手足无措。因此,师范生在见习前,需要了解见习学校情况,如学校的校史和规模、基础教育的发展状况、普及义务教育及素质教育开展情况,学校的校风、教风、学风,相关年级课程的设置以及任课教师的具体情况等。

第三,明确自身需要达到的见习生要求。例如,对见习生的修养行为的要求,包括见习生在仪容、仪态和言谈举止方面体现出现代师范生的修养。要求见习生见习前要了解见习班级学生情况、课程进度情况及本节课内容,做好听课记录准备,特别要针对准备时发现的问题和难点作重点记录,在课后进行讨论和评议,并要求写出个人的听课体会和建议,如对教材的重点和难点的处理、教学手段和方法、教学语言及板书、教师授课风格等。

(4)心理准备

教育见习是师范生走出象牙塔进入真实的教育情境中的第一站。见习生在准备阶段难免出现一些心理问题,所以在这阶段,见习生有必要进行心理调控,做好充分的见习心理准备。这阶段,有些见习生对即将到来的见习生活感到担心和害怕,出现恐惧现象。随着正式见习的临近,可能越来越坐立不安,甚至食不甘味,睡不安寝,出现焦虑现象。出现这种现象,一是要主动与同学、老师进行交流,释放恐惧和焦虑;二是要不断充实自己,用知识武装自己,战胜恐惧;三是要做些其他轻松的事情来转移自己的注意力,从而缓解恐惧、焦虑心理。

(5)物质准备

这里所说的物质准备,指的是见习生要根据见习学校的条件和见习的需要,收集、选带必用的和备用的材料,如相关学科课程标准、教材、教学参考资料、见习文件、字典、词典等工具书以及其他材料。需要指出的一点是,见习前的物质准备要在指导教师的指导下,根据小组、个人和见习学校的实际需要,有目的、有重点地进行,切忌什么都抓,过于马虎敷衍。此外,物质准备工作力求发扬集体协作精神,相互帮助,相互配合,对原有物质基础较差的同学,应重点帮助,消除他们的思想顾虑,增强其信心。

3. 教育见习的总结与评价

教育见习结束后,应对见习工作进行一次全面系统的分析、总结与评价。只有切实做好见习总结,才能把见习从感性认识上升为理性认识,并用这一理性认识去指导今后的见习,不断提高见习质量。此外,通过教育见习的总结与评价,也能更好地反馈教育信息,不断推进师范院校教育教学改革,使之更切合教育实际的需要。

(三)反思教学经验

对教学经验的反思,又称反思性实践或反思性教学,这是一种思考教育问题的方式,要求教师具有作出理性选择并对这些选择承担责任的能力。

波斯纳提出了一个教师成长公式:经验+反思=成长。他还指出,没有反思的教龄是狭隘的经验,如果教师仅仅满足于获得经验而不对经验进行深入思考,那么他的发展将大受限制。

布鲁巴奇等人于1994年提出了以下四种反思的方法。

1. 反思日记

在一天教学工作结束后,要求教师写下自己的经验,并以其指导教师共同分析。

2. 详细描述

教师相互观摩彼此的教学,详细描述他所看到的情景,教师们对此进行讨论分析。

3. 交流讨论

来自不同学校的教师聚集在一起,首先提出课堂上发生的问题,然后共同讨论解决的办法,最后得到的方案为所有教师及其他学校所共享。

4. 行动研究

为弄明白课堂上遇到的问题的实质,探索用以改进教学的行动方案,教师以及研究者用以进行调查和实验的研究。它不同于研究者由外部进行的旨在探索普遍法则的研究,而是直接着眼于教学实践的改进。

(四)观摩和分析优秀教师的教学活动

课堂教学观摩可分为组织化观摩和非组织化观摩。组织化观摩是有计划、有目的地观摩;非组织化观摩则没有这些特征。一般来说,为培养提高新教师和教学经验欠缺的年轻教师易进行组织化观摩,这种观摩可以是现场观摩(如组织听课)。也可以观看优秀教师的教学录像。非组织化观摩要求观摩者有相当完备的理论知识和洞察力,否则难以达到观摩学习的目的。通过观摩分析,学习优秀教师驾驭专业知识,进行教学管理,调动学生积极性等方面的教育机智和教学能力。

(五)开展微格教学

微格教学指以少数的学生为对象,在较短的时间内(5~20分钟),尝试做小型的课堂教学,可以把这种教学过程摄制成录像,课后再进行分析。微格教学的优势在于其观摩示范与模仿创新相结合,新时期训练与综合训练相结合;学习目的明确,重点突出;学习规模小、参与性强;教学实践过程声像化,反馈及时、客观;评价技术科学合理。因此,这是训练新教师、提高教学水平的一条重要途径。微格教学使教师分析自己的教学行为更加直接和深入,增强了改进教学的针对性,因而往往比正规课堂教学的经验更有效。

(六)实施教师资格考察制度

2001年4月1日起,国家开展了全面实施教师资格认定工作。这不仅有利于加强教师质量的管理与考核,而且为非师范专业毕业的大学生谋求教师职业开辟了道路,从而切实有效地充实了教师队伍。教师资格制度包括以下三层含义。

第一,教师资格制度是国家实行的一种职业资格制度。教师资格是由国家对符合相应教师资格条件并提出申请的人员认定的资格,是公民获得教师职位、从事教师工作的前提条件。

第二，教师资格制度是法律规定的，必须依法实施。《中华人民共和国教师法》对实施教师资格制度做出了原则性规定，国务院颁布的《教师资格条例》、教育部制定的《〈教师资格条例〉实施办法》对其实施做出了一系列具体的规定。教师资格作为国家法定的职业资格，一经取得，在全国范围内具有普遍适用的效力。教师资格的撤销，必须依照法律规定办理。

第三，教师资格是教师职业许可。自实行教师资格制度之日起，凡在教育行政部门依法批准举办的各级各类学校和其他教育机构中从事教育教学工作的教师，必须具有依法取得的相应教师资格，没有相应教师资格的人员不能聘为教师。同时，具备教师资格者只有在被某个学校依法聘任后方能成为教师，享有国家规定的教师权利，并履行相应的义务。

第七节　学校心理咨询与辅导

心理咨询作为一种专业的帮助他人正确应对心理问题的方式，是学校教育心理学的一个重要方面。目前，很多产生了心理问题的大学生都不知道到哪里咨询，或者是不信任心理咨询机构、不熟悉心理咨询流程，因而拒绝进行心理咨询。为此，学校应深入研究、探讨心理咨询方面的内容，系统阐释大学生心理咨询的相关内容，开展大学生心理辅导。

一、学校心理咨询

心理咨询是指通过语言、文字等媒介，给咨询对象以帮助、启发和教育的过程。通过学校心理咨询过程，可以使学生的认识、情感和态度、行为有所变化，解决其在学习、工作、生活等方面出现的心理问题，从而更好地适应环境、保持身心健康。

(一)学校心理咨询的含义

学校心理咨询，是学校心理咨询人员运用心理健康学和积极心理学的原理和方法，对在校学生的学习、适应发展、择业等问题给予直接或间接的指导、帮助，并对有关心理障碍以及轻微精神疾患进行诊断、矫治的过程。学校心理咨询的对象一般有下面三种。一是所有正常的在校学生。当他们在学习、生活、发展、择业遇到问题时，便可找学校心理咨询人员寻求帮助。二是心理偏常的学生。他们在认知、情感、意志行为等方面有轻微程度障碍,或存在轻度心理疾病。三是学校的教师、行政人员和学生家长。学校心理咨询为他们提供心理学的知识和劝导,从而帮助他们明确学生的身心特点。

(二)学校心理咨询的形式

根据咨询对象及咨询途径的不同,学校心理咨询有个别咨询、团体咨询、直接咨询、间接咨询、门诊咨询、电话咨询、书信咨询等多种形式。

1.个别咨询

这是学校心理咨询最常用的形式。所谓个别咨询,指的是咨询者与求询者一对一的咨询活动。这种咨询活动既可以采用面谈的方式,也可以通过电话、信函等其他途径进行。个别咨询具有保密、易于交流、触及问题深刻、便于个案积累和因人制宜等优点,但这种咨询形式也有费时和社会影响较小等不足。

2.团体咨询

团体咨询是与个别咨询相对而言的。当具有同类问题的求询者被咨询人员分成若干小组或较大的团体,进行共同商讨、指导或矫治时,这种咨询形式便称为团体咨询。这种咨询较之个别咨询,在节省咨询的人力和时间、扩大咨询的社会影响、集中解决学生中一些共同的和比较迫切的心理问题方面具有很大的优越性。团体咨询对于帮助那些具有害羞、孤独等人际交往障碍的学生,更有其特殊的功效。当然,团体心理咨询也有其固有的局限,主要是个人深层的问题不便暴露,个体的问题差异也难以照顾。因此,在团体咨询中注意适当的个别指导,将团体咨询与个别咨询有机结合起来,取长补短,是选择学校心理咨询形式应注意的一个问题。

3.直接咨询

直接咨询是由学校心理咨询人员对具有心理疑难需要帮助、存在心理困扰需要排解或患有轻微心理疾病需要治疗的来访学生直接进行的咨询。直接咨询的特点是通过咨询者与求询者的直接交往和相互作用,使求询者的疑难问题得到解决,心理困扰或轻微心理疾病逐渐得到排解或减轻。

4.间接咨询

由学校心理咨询人员对来访的教师、学校行政人员、学生家长所反映的当事学生的心理问题进行的咨询,称为间接咨询。在咨询者与当事学生之

第八章 教师心理与学生心理健康维护

间增加了一道中转媒介,这是间接咨询的最大特点。当事学生的问题靠中转人向咨询者介绍,咨询者对当事学生的处理意见也要靠中转人权衡后付诸实施。

5. 门诊咨询

由学校系统的医疗机构所开设的心理咨询门诊,就是门诊咨询。门诊咨询的特点是通过咨询医生和求询者的会谈活动,搞清求询者的问题症结或心理疾病本质,做出准确的病情判断,并施以相应的心理治疗。门诊咨询要求咨询医生不仅应具有一般的临床知识和经验,而且还要具备比较全面的心理学知识和心理咨询、心理治疗的专门技能。

6. 电话咨询

电话咨询是利用通电话的方式对求询者给予忠告、劝慰或对知情人进行危机处置指导的一种咨询形式,常用于紧急情况的处理。

7. 书信咨询

书信咨询是指由学校心理咨询机构以通信方式对求询的学生、教师、学校行政人员和学生家长所提出的心理问题给予解答、指导的咨询形式。书信咨询的特点是不受居住条件限制,有问题者能随时通过信件诉说自己的苦恼或愿望;咨询机构在选择专家答疑解难时可有较大的回旋余地,但咨询效果会受到求询者的书面表达能力、理解能力和个性特点的影响。

(三)学校心理咨询的原则

1. 交友性原则

所谓交友性原则,就是心理咨询者和求询者交朋友,这是咨询工作顺利进行并富有成效的重要保证。

2. 发展性原则

发展性原则是指在心理咨询过程中,要充分尊重学生身心发展的特点和规律。如在确定咨询的具体目标、选择实施形式时,考虑学生不同年龄的特征。同时,还应用发展的眼光看待学生,辩证地看待学生存在的不足和局限,充分考虑学生发展变化的可能性,着眼于激发学生潜能,提高和促进学生的心理健康水平。学校心理辅导的目的不是治疗精神疾病,而是在于帮助来访学生走出困境,解决他们在成长过程中产生的各种心理问题,增强他们的适应性、自信心和战胜类似障碍的能力,以促进其人格的成长,因此应着眼于帮助学生选择积极的生活意义,达到"新的平衡"的过程。

3. 教育性原则

教育性原则是指咨询者要针对求询者的具体情况提出积极的分析意见,鼓励其培养积极进取的精神,树立正确的世界观、人生观和价值观。

4. 保密性原则

心理咨询是一项系统工程,是在对学生全面、客观了解的基础上进行的一种教育活动,在工作过程中必然会涉及学生的各种秘密、各种隐私。辅导人员有责任为来访学生的咨询内容保守秘密,求询学生的名誉和隐私权应受到道义上的维护和法律上的保证。只有这样,来访学生才会打消顾虑,将积压在内心的难以向他人启齿的"秘密",尤其是爱情、性方面的问题,甚至不能向父母亲言表的问题倾诉出来。也只有如此,咨询老师才能走进来访学生的内心,从而发现问题所在,并与来访学生一起,共同找到解决问题的办法。

5. 启发性原则

启发性原则是指咨询者要鼓励求询者吐露真情,启发他们准确地表达所要表达的思想。心理咨询坚持以"助人自助"为主,同时根据来访学生的特点,适当发表自己的意见,提出改进的建议,但不勉强对方接受,做到引导而不是训导,以帮助学生自己找到走出困境的方法和走向成熟的路径。辅导教师可以根据学生的实际情况,就咨询的问题与学生展开积极的讨论,通过多方面启发学生对其问题的认识,加强学生独立思考的能力,不断增强他们对自我的信心,从而选择解决问题的办法。辅导教师应力争全面、详细地帮助学生分析问题,通过不断的提问,启迪学生的思路,帮助学生反思、省悟,切忌教师"越俎代庖"帮学生选择和做决定。

6. 整体性原则

这一原则是指咨询者在咨询过程中,要运用系统论的观点指导工作。注意心理活动的有机联系,同时要善于抓住主要矛盾,使咨询工作更加迅速、准确、有效。

7. 共情性原则

共情性原则是指咨询老师设身处地体会来访学生的情绪、情感体验,

第八章 教师心理与学生心理健康维护

能够将自身投射到来访学生的心理活动中去,分享其对外界事物的心理反应,以达到认知、情感与意向上的统一。咨询老师通常可以采用澄清、说明等手段进行主动沟通;也可以采取保持一定的沉默或重复的办法,被动地进行沟通。不管主动也好,被动也罢,共情都会使学生产生对咨询老师的信任,消除其精神顾虑和负担,真正打开学生的心扉,使心理咨询顺利、有效地完成。

8. 鼓励性原则

辅导教师坚持积极的人性观。相信每一位学生都有上进的愿望和潜能,协助学生克服自我挫败倾向,用尊重的态度和鼓励的方法去突出咨询学生身上的优点,达到自我改进、自我激励的辅导目的。鼓励比起惩罚更能使人转变,所以心理咨询教师将自己的尊重传递给来访学生,让他感到自己是个有价值的人,他就会真正表现出进步。

9. 系统性原则

心理辅导是一种继续不断的教育过程,不仅在校学生需要辅导,而且学生毕业走上社会以后也应该进行追踪辅导。对少数适应不良的学生而言,短暂的辅导帮助他们解决了问题,但问题的产生是复杂的,学生也有反复的可能,因此辅导必须追根究底,以便使问题从根本上得到解决。所以心理辅导工作应根据学生身心发展的特点与规律系统地进行,使学生最终对自己有充分的了解和认识,能自己做出完善的选择与适应,从而促进学生身心得到完美的发展。

10. 咨询与治疗相结合的原则

咨询与治疗相结合的原则是指心理咨询者不应满足于了解求询者心理障碍和品质,向求询者说明产生这一障碍的原因、危害,而且应尽可能向他提供积极克服心理障碍的建议和增强心理健康的方法。

11. 积极聆听与支持原则

聆听与支持相结合原则是指在咨询过程中,咨询老师应集中精力认真倾听学生的讲述,给学生充分、足够的时间和机会讲完要讲的话,并表现出足够的同情、理解与支持。很多有心理问题的学生都渴望有一个安全、可靠、理解、支持的人来听一听自己内心的痛苦、压力、烦恼等。而认真倾听本身就会起到积极的安慰作用,学生通过讲述、宣泄心中的不快和苦恼,使自己的精神压抑得以解脱。因此,咨询老师应满腔热忱地为来访学生提供一个聆听的环境,让他们把压抑在内心的不良情绪倾吐出来,从而缓解焦虑。当来访学生倾诉了大量痛苦的内心体验后,咨询老师应表示同情、理解与支持;对他们的各种误解和担心,要给予耐心的、有说服力的解释,必要时给予心理上的支持,树立他们的信心,使他们能看到希望。

12. 非批评性原则

非批评性原则主要指对学生所暴露的思想、行为表现不给予任何的批评和是非评价,而是鼓励学生去自我认识、自我评价,自己判断自己的思想、行为表现。这里特别要强调,咨询老师一定不要以家长式的口吻与学生交谈,切忌教训人,不能以自己对事物的主观臆断、态度影响学生的认知、情感和意向变化,而只是着力加强与学生的情感沟通。无论来访学生说什么,咨询老师都不要以道德的观念去评判事情的对错,来访学生所做的一切都有他的理由,咨询老师应对来访学生抱着积极、关注的态度,不冷漠、不攻击,充分地信任来访学生。

13. 面向全体的原则

面向全体的原则要求学校心理咨询的对象是全体学生。学校中正常的学生是大多数,适应不良的学生毕竟是少数。这些适应不良的学生固然需要心理辅导,使其恢复正常,但大多数正常学生也需要进行心理辅导加以引导,以防止发展成为适应不良的学生。

14. 预防性原则

预防性原则是指咨询者在弄清求询者心理障碍的同时,应注意求询者的整个心理特点并及早提醒预防心理障碍的加深和可能出现的其他心理障碍,向全社会普及心理健康知识。

15. 非指导性原则

非指导性原则是指咨询老师对来访学生所咨询的问题不提供直接的建议或指示。这一原则不仅能避免咨询老师对学生过激、偶发思想所生成的行为承担不必要的责任,而且更有助于学生自助能力的培养。作为学校的心理咨询老师,在咨询中要放弃对学生的权威性影响,应该把自己作为学生信任、有共同语言的参谋、益友。所以,咨询老师一定注意不要将自己对学生咨询问题的认识、情感、意向等强加给学生,尽量避免对学生提出的问题予以直接的、正面的回答,力求保持中立立场。换言之,心理咨询老师对学生的思想、行为变化应起辅助作用,而不是主导作用。这样做一方面可以保持师生的平等友谊地位,产生最大的沟通效应;另一方面可以启迪学生的思维,提高学生的识别能力,使其掌握解决问题的主动权。

16.一般与特殊相结合的原则

一般与特殊相结合的原则是指咨询者既要总结和遵循心理咨询中的一般特点和规律,又要注意到求询者的个别差异,因人而异。

(四)学校心理咨询的方法

1.访谈法

访谈法是根据事先拟好的问题同被调查者进行谈话,以了解其心理特点的一种方法。访谈法主要有以下三种形式。

(1)控制式访谈

控制式访谈也叫结构式访谈,是以比较固定的方式和结构,根据编制的问题表进行提问的一种形式。其优点是重点突出,节约时间;缺点是单调刻板,缺乏深度,不易使被问者积极配合。

(2)无控制式访谈

无控制式访谈也叫无结构式访谈,即没有固定的结构和程序,以自由的方式进行交谈。其优点是比较灵活,使被提问者在轻松的气氛中倾吐内心的真实感受;缺点是费时较多,掌握困难,容易偏离主题,顾此失彼。

(3)半控制式访谈

半控制式访谈就是介于两者之间的半结构式访谈,特点是既按事先准备的问题表,又不拘泥于固定的顺序或某种提问方式。一般来说,在学校心理咨询中,采用的访谈顺序应该是先采用半结构式访谈,即先天南海北地自由漫谈,打消咨询对象的顾虑,然后在轻松愉快的气氛中再提出一些问题,进行重点询问。访谈时可结合观察法,注意咨询对象的言谈举止,察言观色,秋毫不疏。如果出现"阻抗"现象,可向求询者做出严守诺言、绝对保密的保证。

2.理性情绪疗法

理性情绪疗法被认为是认知疗法中最具代表性的一种方法。认知疗法就是通过改变人的认知过程和由这一过程中所产生的观念来纠正本人的适应不良的情绪或行为。它的目标不仅仅是针对行为、情绪这些外在表现,而且分析个体的思维活动和应付现实的策略,找出错误的认知加以纠正。

理性情绪疗法主要包括以下步骤。

第一,和学生一起找出他们的情绪困扰及问题所在,帮助学生认识到他们的思维方式及信念中不合理的地方。

第二,让学生明白自己为什么会产生这种非理性信念、非理性信念与自己的情绪困扰之间的关系,明确这些非理性信念导致了情绪困扰。

第三,帮助认识到自己的思维方式中不合理之处,进而改变这些不合理的认知。

3. 观察法

观察法是通过动作、言语、表情等外显行为,有目的、有计划地了解被观察者的心理活动的一种方法。在心理咨询过程中,一般采用门诊的自然观察,在全面观察的基础上,对与求询者提出的心理问题有关的内容进行重点观察。为了保证观察的客观性和精确性,可以利用各种辅助工具,如照相、录像、录音等设备,但使用时一般要征得咨询对象的同意。一些咨询机构为了使观察方法标准化,制定了各种心理状态评定量表,咨询者可以根据量表的项目逐项观察,填入表内,进行分析评定。

4. 放松训练法

肌肉的紧张与松弛是一对矛盾,它们是交互抑制的。可以通过训练使学生能随意地把自己的全身肌肉放松,达到保持心情轻松的目的。放松训练对应对紧张、忧虑、不安的情绪非常有效。例如,对于考试紧张的学生,可以让他学会简单的放松训练,在考场上遇到紧张情绪时就可以使用。深呼吸法也属于放松训练的一种。做放松训练时,要求房间安静整洁、光线柔和,配有合适的沙发或者床;学生尽量坐得使自己舒适,闭上眼睛;指导语的声音要低沉、轻柔和愉快。

5. 问卷法

问卷法是通过被调查者的书面回答来研究其心理活动的一种方法。问卷法是先由研究者根据研究目的制成问卷,要求被调查者逐项对问卷的题目进行回答,然后收回、整理统计。这种方法标准化程度高、收效快。问卷法能在短时间内调查很多研究对象,取得大量的资料,能对资料进行数量化处理,经济省时。但是问卷调查法也存在缺陷,如被调查者由于各种原因(如自我防卫、理解和记忆错误等)可能对问题做出虚假或错误的回答,在许多场合对于这种回答要想加以确证又几乎是不可能的。

第八章 教师心理与学生心理健康维护

6.个案法

个案法是通过收集与某人有关的个案资料，从而全面、深入而系统地了解一个人的心理特征的方法。个案资料的主要内容包括来访学生的姓名、年龄、性别、职业等身份特征，目前的主要心理障碍，过去的各方面资料如发育、教育、学习、工作等各方面情况，家庭背景、人格特征等。个案资料来源不仅为来访学生本身所提供，也可以由其家属、同事、邻居、朋友、老师、领导等提供。只要与来访学生所提出的问题有关的材料，都要全面收集，尽可能不遗漏。

7.模仿法

模仿法又称示范法、观摩法，是指利用人类的模仿学习的能力，帮助具有不良行为的学生以适当的行为反应取代不适当的行为反应，或帮助某些缺乏某种行为的学生学习该行为。

8.暴露行法

暴露行法又叫洪水法或满灌法。这种方法和系统脱敏法类似，但不排列恐怖或焦虑的等级层次，而是让来访学生直接接触敏感的事物，从而达到脱离情绪困扰的目的。但使用满灌法时要注意来访学生的身体状况，因为突然的刺激可能会让学生受不了，身体太弱或者胆子太小以及有心脏病的学生都不太适用这种方法，这要根据实际情况选择使用。

9.测验法

测验法是根据预先制定的测验量表来测定人的智能水平和个性特征的一种方法。测验的种类很多，常用的测验有智力测验和人格测验。无论是采用哪一种测验方法，都必须考虑咨询对象的特点和需要，要注意测验的信度和效度。

10.行为塑造法

行为塑造法是指由心理老师给来访学生制定一个最终的行为目标，这个行为是学生原来所没有的。通过设置行为塑造程序来进行训练，一步一步对行为进行强化，达到目标行为。使用这个方法，首先要确定行为塑造最终的目标行为，同时要选择起始行为，还要拟定塑造终极行为的步骤。

(五)学校心理咨询人员的胜任条件

心理咨询是一项复杂、艰巨的活动,这就决定了学校心理咨询人员必须具有高尚的职业道德、全面的知识结构和优秀的心理品质才能从事这项工作。

1. 高尚的职业道德

作为保证从业人员做好本职工作的必要条件,心理咨询人员的职业道德,就是规范心理咨询人员的行为,使之能适合本职业的要求。心理咨询人员的道德规范主要包含热爱心理咨询事业、保护咨询对象利益和钻研心理咨询业务这三个方面。

2. 全面的知识结构

心理咨询人员要有全面系统的知识结构,包括哲学知识、社会学知识、教育学知识、心理学知识、医学知识等。心理咨询人员具有全面的、系统的知识对于建立感情、赢得信任、与咨询对象建立起良好的人际关系,对于提高咨询的效果,都有十分重要的意义。

3. 优秀的心理品质

心理咨询人员应具有敏锐的观察力、流畅的言语、坚强的意志、创造性思维、深挚的情感、良好的记忆力、浓厚的兴趣以及丰富的想象力等优秀心理品质,以一定的心理状态和特点从事本职工作。

二、学校心理辅导

(一)学校心理辅导的含义

学校心理辅导,是指教育者运用心理学、教育学、社会学、行为科学乃至精神医学等多种学科的理论与技术,通过集体辅导、个别辅导、教育教学中的心理辅导以及家庭心理辅导等多种形式,帮助学生自我认识、自我接纳、自我调节,从而充分开发自身潜能,促进其心理健康与人格和谐发展的一种教育活动。

学校心理辅导,注重的是学生心理的发展、调适和矫正,其任务是预防和消除心理障碍,提高学生的心理健康水平和社会适应能力,使每个人的潜能得以充分发挥,旨在塑造个体的完善人格。学校心理辅导的内容包括心理卫生、学习生活、人际关系、环境适应、性心理教育、职业选择和消除心理障碍等,重视培养学生适应不同环境的能力;学校心理辅导工作者不代替学生做价值判断,而是培养学生的抉择能力,由学生自己做出合理的判断。

(二)学校心理辅导的发展

1. 国外学校心理辅导的发展

国外学校心理辅导的起源可追溯到1900年的美国。当时,由于工业革命的影响,美国纽约和芝加哥等大城市工商业迅速发展,各地移民大量涌入,社会问题与日俱增,给人们的生活带来了许多忧虑和困难。在这种背景下,心理辅导工作应运而生。1907年,美国密歇根中学校长戴维斯(J. B. Davis)在其督学的学区所辖学校的每周英语作文课上,都要留出一段时间对学生进行职业和道德辅导,这是最早开设的心理辅导课程。1908年,帕森斯(F. Parsons)成立了波士顿职业指导局,开始对公立中学的毕业生进行职业指导,他所创立的"波士顿模型"在当时的美国颇具影响力,他也因此被称为"心理辅导之父"。

同时,早期职业辅导计划成为一种具有代表性的职业辅导模式纷纷进入了美国大城市的一些学校,职业辅导运动的发展推动了学生心理辅导活动的开展。随着政府和学校对心理辅导的日益重视,至今国外许多国家的心理辅导工作取得了成功经验,形成了比较繁荣的局面。例如,在美国,多数州要求大约每300名学生应配备一名专职辅导人员,从事学校心理辅导的人员必须达到由美国心理学会(APA)和全美学校心理学家学会(NASP)制定的专业标准,参加这两个机构审批认可的培养计划的培训并取得硕士、博士学位,还要持有州政府颁发的资格证书,才拥有可以从事学校心理辅导工作的机会。在日本,心理辅导的发展虽然吸收了西方心理学的精华,但在发展过程中避免了全盘西化的倾向,保持了其民族的传统,具有本土性和适应性,为亚洲其他国家的学生心理辅导发展提供了可借鉴的经验。

2. 国内学校心理辅导的发展

1916年,清华大学校长周诒春开始大力倡导职业辅导工作。1917年,中华职业教育社的正式成立标志着我国的职业辅导已步入专业化轨道。后来,由于抗日战争的爆发,职业辅导方面的理论和实践工作被迫停止。直到20世纪70年代,随着我国经济体制改革、社会的变迁及外来文化思潮的影响,有心理问题的学生比例大幅度上升,学校才开始普及心理咨询与心理健康教育工作,心理辅导的重要性重新被认识。20世纪80年代初开始,我国一些学者和研究机构开始进行学生心理健康状况的调查,并发表了一系列有关报告,在教育界产生了广泛的影响。

(三)学校心理辅导的方法

1. 心理指导法

心理指导法是以心理科学的理论为指导,对受导者进行说理教育。心理健康教育中的说理教育,突出了心理理论指导的特点,通过心理理论的科普教育,提高受导者的心理认识水平,从而自觉地规范自己的行为。以心理科学的理论为指导,帮助学生分析问题和处理问题,应该注意,对性格不同的人要用不同的方式给以指导。

在学校心理辅导中运用心理指导法,要注意以下两点。

第一,要做到有的放矢,目的明确,论理要少而精,不能泛泛而谈,论理过深,要追求深入浅出的效果,多给能理解的观点,少说深奥费解的概念,使学生听得明白,听得入耳。每一个人都有自我防卫功能——向弱者发泄其不良情绪。不良的情绪需要发泄,但要做到合理,要学会正确地转移自己的不良情绪。在这样论理的基础上,再对学生进行转移的行为指导,效果就比简单地讲什么叫情绪的发泄,什么叫情绪的转移要好得多。

第二,要在论理形式上下功夫,将知识性、趣味性、生动性融为一体,不能简单生硬,强迫人家接受,也不能像一杯白开水,使人感到无味。

2. 心灵陶冶法

心灵陶冶法是指心理辅导工作者通过师爱和创造各种富有情感教育的因素以陶冶学生心灵的方法。在心理辅导过程中,学会运用心灵陶冶法是非常有益于心理辅导的效果的。运用心灵陶冶的方法,教师要发挥为人师表的人格感化力量,要用自己的修养、人品、对学生的挚爱和期望来陶冶学生的心灵,使学生的内心体验得到进取的力量。这是说,教师要以自己优良的个性心理品质和热爱学生的崇高情感为陶冶诱因。因为一个具有高素养、热爱学生而又为学生所爱的教师,他对学生的心灵感化作用,是任何书本、音像教材代替不了的。

除了教师的人格感化作用,创造心理辅导的环境,也是一种陶冶的方法。教师要对学生的生活环境进行"心理"加工,为学生创造一些富有感染性的教育环境和氛围,包括班级环境、班风、集体舆论建设、人际关系的协调等。良好的生活环境,可以使学生在身心愉悦中生活,产生陶冶功效。

运用艺术陶冶也是一种具有心灵陶冶作用的教育形式。人类精神文化

第八章 教师心理与学生心理健康维护

中最有感染力的莫过于艺术。好的音乐、美术、舞蹈、诗歌、影视等,不仅给学生以美的感受,而且能熏陶他们的性情,净化学生的心灵。

总之,心理辅导教师要努力提高自身的艺术修养,培养善用陶冶教育的机智,并且要经常研究对学生实施心理陶冶教育的各种活动,为学生的心理健康提供更为有效的帮助。

3. 心理激励法

所谓心理激励法,是指教师用一个具体的奋斗目标鼓舞和激励学生,使之采取积极的行动,向期望的目标发展。这种方法强调的是建立心理目标并运用一些心理的促进力量使学生积极去达标。在心理健康教育中运用的这种方法,既可以对集体使用,也可以对个人使用。

激励集体的方式有以下几种。

第一,以教育者亲身体验激励,通过教师的成长历程,教师的人生追求以及取得的成就,给学生以启迪,激励学生向教师的行为"看齐"。

第二,不断设置新高度的方式,使受教育者不断"跳一跳摘果子",促使其向预定的目标发展。但要注意,运用这种方式不可要求过高,怎么跳也摘不到"果子",也不可要求过低,不跳就能得到"果子",那就会失去激励的作用了。

第三,唤起集体荣誉感的方式,如动员学生向优秀班集体挑战,为本班取得的成功开个"再攀高峰"的庆功会等。

激励个人的方式有以下几种。

第一,从失败中挖掘成功因素的方式,在学生的"短"中看其"长",因势利导,促使学生扬长补短,不断进步。

第二,用名言警句开导的方式,根据学生的个性特点、行动表现,随时送上几句名言警句激励学生。教师也可以自己写一些精练的短语,给学生以激励。

第三,即景生情随机施教的方式,如对登山活动到达顶峰的同学,借景抒发教育之情,鼓励学生攀登人生高峰的志向,等等。

第九章　增强教学效果的有效教学

教学既是学校教育的基本途径,也是课程的持续开发过程。同时,教学是实现学生全面发展教育目的的基本途径。因此,学校在开展教育的过程中,必须要高度重视教学,不断提高教学的效果。一般来说,教学效果会受到多方面因素的影响,其中较为重要的有教学模式、教学环境以及教师的教学艺术等。在本章中,将对影响教学效果的这些主要因素进行详细论述。

第一节　教学模式的选择与应用

一、教学模式的内涵

在教学领域,教学模式发挥着极为重要的作用。它既能够促进教学理论的构建,也能够推进教学实践的深化。

(一)教学模式的含义

1972年,美国学者乔伊斯和威尔出版的《当代西方教学模式》一书,拉开了西方对教学模式的研究序幕。进入20世纪80年代后,我国教学理论界也开始了对教学模式的研究。但到目前为止,关于"何为教学模式"这一问题,教学理论界仍未形成一致观点。对于"教学模式"的界定之所以会出现不同的观点,主要有两个方面的原因:一是教学模式本身具有复杂性和多样性;二是不同的学者在对教学模式进行研究时所采用的研究视角以及研究的出发点等存在很大差异。

综合当前学者们对于"教学模式"的观点,可以这样进行界定:教学模式是指"在一定教育理论指导下和丰富的教学经验基础上,为完成特定的教学目标和内容而建立起来的稳定且简明的教学结构理论体系及其具体可操作的实践活动方式"[①]。对教学模式的这一界定进行深入分析,可以发现其包

[①] 雷体南,汪家宝.现代教育技术教程[M].3版.武汉:华中科技大学出版社,2016:122.

第九章 增强教学效果的有效教学

含以下几方面的内涵。

1. 教学模式是一种教学结构理论

教学模式要接受教学理论(思想)的指导,这对于确保教学模式的科学性和先进性具有重要的作用。与此同时,教学模式揭示了某一教学活动所赖以建立的理论基础,对人们从理论上认识和把握教学模式起着重要的作用。也就是说,当人们对教学模式有了理性的把握后,便能够更为准确地选择和运用教学模式、归纳和演绎教学模式、发展和创新教学模式等。

2. 教学模式是具体可操作的实践活动方式

从教学实践层面看,教学模式是教学实践(经验)的基础,即只有借助于一定的教学模式才能更好地开展教学实践。此外,教学模式是具体可操作的实践活动方式,即教学模式揭示了与某一教学活动相适应的教学方式、程序、步骤,为人们从实践上操作运用教学模式提供了具体指导。

3. 教学模式是教学理论与教学实践的中介和桥梁

教学模式是教学理论与教学实践的中介和桥梁,主要是通过以下两个方面表现出来的。

第一,教学模式从一定程度上来说,就是对教学实践(经验)进行抽象、概括与简化的结果,即将一些教学实践(经验)上升到理论层次。

第二,教学模式虽然带有理论的概括性、抽象性和简约性,但它又不比一般理论抽象,而是一般理论的具体化、程序化,能以明确的目的和具体的方式、手段指导实践。

4. 教学模式是对教学结构的反映与再现

在现代教学论中,教学结构包含两个方面的内容:一是理论结构,即教学是教师、学生、教材这三个基本要素的组合关系;二是实践结构,即教学过程的各个环节、步骤等是按照一定的程序联系在一起的,同时教学目标、教学内容、教学手段、教学方法等现实教学活动的各个构成要素之间是相互联系的关系。

之所以说教学模式是对教学结构的反映与再现,是因为教学模式反映的是在一定理论指导下的教学结构,即在某种教学理论或思想指导下的教学各要素的相互作用、相互依存的结构。

(二)教学模式的基本构成

对于每一种教学模式来说,都需要包括以下几个构成部分。

1. 理论基础

教学模式在构建时所依据的教学理论(思想),便是教学模式的理论基础。事实上,每一种教学模式都是建立在一定的理论基础之上的,如程序教学模式是根据行为主义心理学的理论提出来的。没有教学理论的支持,教学模式是难以形成的;没有教学思想的支持,教学模式是难以存在的。同时,教学理论的存在,使得教学模式变得多样化;而教学思想的存在,使得教师在实际的教学过程中,能够根据实际情况选择不同的教学模式。

这里需要特别指出的一点是,有些教学模式是在长期的教学实践中形成的,其在最开始时可能没有明确的理论依据和指导思想,但系统地分析、概论、总结与其相关的教学经验,一定可以发现其所依据的理论指导。

总之,无论是从某种教学原理演绎出的教学模式,还是从实际的教学经验中提炼出来的教学模式,都有一个鲜明的理论指导贯穿其中,决定着教学模式的其他构成因素,产生相应的系列概念。

2. 教学目标

在教学模式的构成要素中,教学目标是最为重要的一个。教学目标是运用教学模式想要达到的教学效果,也就是说,教学模式是为了完成特定的教学目标而设计和展开的。此外,以知识、能力、态度等不同侧重方面为核心目标的不同教学模式,对学生的学习结果所产生的实质性影响也是有所差异的。比如,问题教学的目标,是要培养学生在一定的问题情景下,解决问题的能力;而发现探究教学模式的目标,是培养学生的创造能力,使他们成为研究者和创造者等。因此,不论是构建教学模式,还是选择、运用教学模式,都需要对教学目标予以充分考虑。

3. 操作程序

教学在时间上展开的逻辑步骤及每个步骤的具体做法等,便是教学模式的操作程序。每一种教学模式,都有一套独特的操作程序和步骤。比如,强调知识传授的赫尔巴特的教学模式,其操作程序分为明了、联想、系统和方法四个阶段;杜威的实用主义教学模式,其操作程序分为情景、问题、假设、推理和验证五个步骤。由于在设计教学过程、实施教学活动时,需要对多方面因素进行综合考虑,如学生特点、教学内容、教学媒体等,因此操作程序不可能是完全固化的。

4.实现条件

这里所说的实现条件,就是为了充分发挥教学模式的效用,继而有效实现教学目标所需要的各种条件。任何一种教学模式的实施,都必须有一些特定的条件作支撑,而且只有这些条件都得到满足时,教学模式的效应才能得到有效发展。一般来说,教学模式的实现条件包括多方面的内容,如对教师的要求、对学生的要求、教学内容、教学手段、教学的时空组合、教学设备等。

5.教学评价

教学模式在实施之后,需要对其进行一定的评价,以明确教学模式自身的优势与不足、运用状况、达到的效果等。由于不同的教学模式在目标、操作程序、策略方法上存在一定的差异,因而在对不同的教学模式进行评价时,必须采用不同的评价方法和评价标准。比如,罗杰斯的非指导性教学模式规定主要实行学生的自我评价。

总的来说,教学模式的这五个构成要素具有不同的功能,它们之间彼此联系,相互蕴含,相互制约,共同构成了一个完整的教学模式。

(三)教学模式的特点

教学模式的特点,具体来说有以下几个。

1.完整性

教学模式是教学现实和教学理论构想的统一,并且包括理论基础、教学目标、操作程序、实现条件和教学评价这五个有机联系的构成要素。同时,教学模式有一系列的运行要求,体现着理论上的自圆其说和过程上的有始有终。所有这些都表明,教学模式具有完整性特点,而且在运用教学模式时必须注意从整体上对其进行把握。

2.可操作性

教学模式并非是空洞的思辨推论,而是一种具体化、操作化的教学思想或理论。也就是说,操作模式是将某种教学理论或活动方式中的最核心的部分用简化的形式反映出来,以便于人们理解和把握,继而为实际教学工作提供一套可供操作的范型与程式。

3. 针对性

每一种教学模式在构建过程中,都是以一定的教学目标为依据的。同时,要有效运用某一种教学模式,必须充分满足其自身所需要的各种条件。因此,没有哪一种教学模式是普遍适用的,而且在实际的教学过程中选择教学模式时,必须充分考虑到教学目标、教学内容以及学生的具体情况等。只有这样,教学模式才能成为达到特定目标的最有效的教学模式。

4. 稳定性

教学模式是对大量的教学实践活动进行分析、总结后的理论概括,在一定程度上对教学活动具有普遍性的规律进行了揭示。同时,教学模式并不涉及具体的学科内容,所提供的程序对教学起着普遍的参照作用,因而具有一定的稳定性。

5. 开放性

教学模式具有稳定性,但这并不意味着教学模式是一成不变的。教学模式是以一定的教学理论(思想)为基础构建起来的,而教学理论(思想)随着时代的发展以及文化、教育水平等的不断提升,总是会发生一定的改变。这就决定了教学模式要依据教学理论(思想)的变化而进行一定的调整,以更好地在教学实际中进行运用。

二、教学模式的选择

每一种教学模式都有其特定的目标、功能、适用条件和范围,因而无法适用于所有的教学活动。这就决定了在实际的教学过程中运用教学模式时,要进行认真的选择。通常而言,在选择教学模式时,以下几个方面要特别予以注意。

(一)教学目标

教师在上每一堂课时,都要实现一定的教学目标,而且所需要实现的教学目标是多种多样的,或是侧重于知识学习,或是侧重于技能训练。由于每一种教学模式都是指向特定的教学目标的,因此在选择教学模式时必须对教学目标予以充分考虑,即先明确教学目标,再以此为依据选择教学模式。比如,教学目标偏重于知识的学习和发展,教材又多属于知识和记忆一类的内容,则采用传递——接受教学模式是较为合适的。

(二)教学内容

教学内容的差异,也会影响到教学模式的选择。数学、自然等学科的内容主要是自然界运动的规律及由此抽象出来的公式、定理、法则等;物理、化学等学科的内容主要是针对实践操作过程的技术性说明;哲学、社会发展史、法律常识等学科的主要内容是对社会现象运动规律所做的抽象概括及适应这些规律认识而制定的行为准则等;语文、音乐、美术等学科的主要内容是人类创造出来的美的产品,既有知识性内容,又有情感性内容。这些不同的教学内容在教学过程中需要不同的教学模式。比如,语文教学的每一篇作品并不仅仅是传递知识信息,还蕴涵着情感因素。通过语文教学,使学生的情感受到陶冶,这是语文教学的一个重要特性。因此,语文教学采用情境—陶冶的教学模式就比较适当。而物理、数学等结构严谨、逻辑性强的学科,就可以采用结构—发现教学模式。因此,在选择教学模式时,要充分考虑所要教学的内容。

(三)教师的特点

教学模式的实施者是教师,而教师由于在学识、教学能力、教学经验等方面存在一定的差异,因而其能够有效掌握和运用的教学模式也是有所不同的。这就决定了,教师在选择教学模式时,必须对自身特点进行综合考量,尽可能扬长避短,选择能够有效施展自身聪明才智的教学模式。比如,同是语文教师,如果他是一个富有感染力的人,又具备良好的嗓音和一定的朗读技巧,则比较适合采用情境—陶冶教学模式;如果他具有深厚的学识和较强的启发诱导能力,则更适宜采用自学—辅导教学模式。

(四)学生的特点

教学模式的针对性特点,决定了教学模式适用范围和适用对象都是有所不同。因此,学生的特点也是在选择教学模式时必须要考虑的一个方面。事实上,不同的教学模式对学生的知识、智力水平等的要求也是有所不同。因此,教师在选择教学模式时,不能从自己的主观出发而武断地选择,必须充分尊重学生的年龄特点、身心发展规律、认知发展水平和学习规律等。比如,自学—辅导教学模式和探究—研讨教学模式,要求学生有一定的知识储备,并掌握初步的自学方法和思维方法,因而比较适用于高年级学生,对于小学低年级的学生则不太适用。

（五）教学时间

在某些时候，教学时间也会对教学模式的选择产生重要的影响。在某一具体的教学实践中，某一教学模式可能较好地实现教学目标，但花费的教学时间也会比较多。此时，在教学实践中采用这种教学模式便不太合适，因为学校的教学时间通常是有一定限制的。因此，在选择教学模式时，教学时间也是不容忽视的一个影响因素。

（六）教学条件

教学条件是课程教学的重要条件，在教学目标既定的情况下，它直接影响和改变教学进程、教学效果与教学质量。因此，在选择教学模式时，也必须对教学条件予以充分考虑。一方面，在保证教学目标实现的前提下，尽可能选择教学条件有充分保障的教学模式；另一方面，当教学条件暂不具备的情况下，要以适当的教学投入创造条件，保证课程教学目标的实现。

总的来说，在实际的教学过程中选择教学模式时，必须综合考虑以上因素，权衡利弊，"择其善者而用之"。

三、教学模式的应用

在选择了适宜的教学模式后，要使其充分发挥自己的作用，就要将其有效运用到教学实践之中。教师在具体运用教学模式时，以下几个方面要特别予以注意。

（一）要树立正确的教学理念

教学理念是教学模式的灵魂，树立正确的教学理念是运用教学模式的前提基础。由于教师对于隐藏在教学模式背后的教学理念的把握情况，在根本决定着其能否对教学模式进行有效运用，因此教师必须抛弃错误的、陈旧的教学理念，树立正确的、新颖的教学理念。否则，教师无论采用哪种教学模式，都不可能收到良好的成效。

（二）要从整体上把握教学模式

任何教学模式都是由一定的指导思想、目标、程序、策略和评价等要素构成的，其本身都具有一套较完整的结构和机制。因此，各种教学模式实际上就是各种指定的、相对完整的教学系统。在运用时，必须从整体上去把握，既透彻地了解其理论、原理，又切实地掌握其方式、方法。那种无视教学

第九章 增强教学效果的有效教学

模式的完整性,唯"形似"而不顾其"神似",放弃理论学习而简单套用其程序步骤的做法,无异于舍本逐末,既不能有效提升教学的水平,也不能促进教学质量的提高。

(三)要从实际出发对教学模式进行一定的发展与创新

教学模式是具有一定的可模仿性和可操作性的,但这并不意味着教师在运用教学模式时可以对其进行盲目照搬和机械套用。这是因为,教学模式是在具体的教学实践中运用的,而教学实践会随着教学目标、内容性质和学生特点等的不同而发生一定的变化。因此,在教学实践中机械地照搬教学模式是无法收到良好成效的。为此,教师在运用教学模式时,必须针对具体的教学实践,对原有的教学模式进行一定的发展与创新,使其在具有自身特色的同时,能够发挥出更大的效果。

(四)要对教学模式进行组合运用

教学过程是具体而复杂的,教学内容是多样而丰富的,教学要达到的目标也是多方面的,因此企图在教学过程中采用单一的教学模式来组织教学,完成教学任务是不现实的,也是不可能的。这就决定了教师在教学过程中,必须注意选择多种适宜的教学模式,并依据实际情况对这些教学模式进行依次运用或是组合运用,使其发挥出最大的效用,更好地实现预期的教学目标。

(五)要对教学模式进行变通运用

虽然说每一种教学模式都有其相对固定的程序和阶段,但它们的划分并不是绝对的。因此,教师在运用教学模式时,必须注意灵活掌握,变通使用。比如,杜威的教学模式包括情境、问题、假设、推理和验证五个阶段,但在杜威看来,这五个阶段并不是固定不变的,而要看儿童的智慧和当时对情境反应的情形而定。在课堂教学中,不同性质的目标和内容经常相互交叉,加上时间的限制,很难将一个教学模式完整地应用。因此,教师在变换教学模式时,不仅要考虑到与某一教学模式相应的教学过程的相对独立性和完整性,考虑教学模式的整体性,而且要从教学的实际需要出发,吸取其他教学模式中有利于达到教学目标的某些方面。模式只是达到教学目标的手段,模式本身不是目的。具体的教学情境中,如果把模式修改一下更有效,就应该对原有模式变通使用。

(六)要充分运用现代教学媒体

在教与学的活动过程中所采用的媒体,便是教学媒体。它是在知识、技能、情感的传递过程中对教学信息进行存储与传递的载体与工具。在当前的教学过程中,充分利用现代教学媒体,可以增加学生接收教学信息的途径。因此,在运用教学模式的过程中,要注意充分利用现代教学媒体。

第二节 教学环境的创设

一、教学环境的内涵

教学活动的开展,离不开一定的教学环境。在当前,随着现代科技的迅速发展,教学环境变得越来越复杂,对教学活动的影响也日益突出。因此,对教学环境的研究成为教育心理学研究的一个重要课题。

(一)教学环境的含义

教学论中的教学环境有广义与狭义之分,"广义的教学环境包括社会制度、科学技术水平、家庭条件、亲朋邻里等各种影响和制约教学活动的因素;狭义的教学环境主要指学校教学活动的场所、各种教学设施、校风学风、师生人际关系等"[①]。

(二)教学环境的特点

教学环境与一般的环境相比,具有以下几个鲜明的特点。

1. 客观性

自然环境以及现实社会会对教学环境形成一定的制约,这便是教学环境的客观性特点。教学环境是动态教学活动的存在形态,它同教学活动是不可分离的:一方面教学活动离不开一定的教学环境;另一方面教学环境也离不开一定的教学活动,离开教学活动的教学环境也是不存在的。因此,任何形式的教学活动总要处于一定的环境之中,离开具体环境教学就不能进

---

① 李进才.高等教育教学评估词语释义[M].武汉:武汉大学出版社,2016:149.

第九章 增强教学效果的有效教学

行。这就决定了,教学环境的客观性是绝对的、无条件的。

2. 群体性

教学环境的组成者是人群,因此教学环境具有群体性特点。人是教学活动的发动者和参与者,也是教学活动的推动者。很显然,这里讲的人绝不仅指教师、学生及学校内的其他人员,也包括广义教学环境里的人员,如家长、机关公务员、纳税人等。组成教学环境的人群不是机械地结合在一起,而是彼此结合成一定的人际关系,如个人关系、人群关系、群际关系等。此外,教学环境中的群体生活是在行为规范的约束下进行的,而且这些行为规范对于维护教学环境的正常秩序具有重要的作用。

3. 封闭性与开放性

就当前来说,世界上绝大多数的学校都具有特定的环境区域,有与外界环境相区别的环境界限。这种界限一般都是以校园围墙或类似围墙的其他隔离物为标识的。而且,环境界限的存在,使得校园环境变得相对封闭。不过,校园环境的封闭性并不意味着校园环境不会与外面的环境发生联系。事实上,教学环境是一个开放系统,它向外界环境开放,接受来自外界环境的各种影响,同时也向外界辐射强大的影响。因此,教学环境是封闭性与开放性的统一。

4. 教育性

教学环境是一个育人的场所,其各个构成因素本身就具有教育意义。因此,在教学过程中要尽可能发挥教学环境的教育性作用。这也是教学环境区别于其他环境的一个重要特点。

5. 可控性

教学环境相比自然环境和自发形成的环境来说,具有易于调节控制的特点。人们可以根据教学活动的需要,灵活地对教学环境进行有效的、必要的调节控制,保留和优化其中对人的身心发展具有积极意义的因素,消除和抑制不利于人的身心发展的因素,使教学环境向着有利于教学活动顺利进行的方向发展。

6. 纯化性

教学环境的主客体因素是基于追求真理、掌握知识、发展身心这样一些共同的、高尚的目标而组织起来的,有国家教育政策和方针的规范指导,有训练有素的师资队伍,有比较稳定的课程体系。因此,外部环境因素要想进入教学活动,必须经过一定的选择、净化、加工等纯化处理。这就决定了教学环境相比其他的环境来说,具有鲜明的纯化性特点。

7. 规范性

创设教学环境,最根本的目的便是育人。也就是说,教学环境是根据全面促进人的身心发展这一特殊需要和国家的教育方针、学校的培养目标而设计、建设和组织起来的。因此,环境建设的各个方面都必须与育人的规范和要求相符合。

8. 系统性

教学环境是一个由多要素、多部分、多个子系统构成的有机体系。其中,构成教学环境有机整体的要素有自然地理条件、客观物质、人际关系、语言、文化及心理气氛等。教学环境虽然从直接意义上看是由人按照一定的目的组织创造的人为系统,但是由于它是以自然地理条件为其存在前提,所以教学环境是天然系统和人为系统的复合体。同时,教学环境具有物质实体和心理的双重性质,这也是它作为复合系统的另一种表现。

(三)教学环境的结构

在这里,我们主要探讨一下狭义的教学环境的结构。通常来说,狭义的教学环境由以下两部分构成。

1. 学校物质环境

在教学环境中,物质环境是不可或缺的一部分。只有具备了物质环境,学校的教育教学活动才能顺利开展。通常来说,学校的物质环境具体由以下几个要素构成。

第一,教学自然环境,即学校所处的自然地理位置和气候条件。学校应该因势利导、扬长避短、因地制宜地利用各种自然环境因素,使其在学校的教育教学活动中发挥积极的作用。

第二,教学时空环境,即学校内部的时间环境和空间环境。时间是学校内部一种无形但强有力的环境因素,不同的时间分配和安排将学校的一切活动有序组织了起来。在教学活动中能否科学合理地分配安排时间,会对师生生理、心理产生很大影响。空间环境也是制约学校教育教学活动的一个重要环境因素,不同的教学空间组织形式和空间密度会对师生的身心健康和教学活动的效果产生不同的影响。此外,班级规模和座位编排方式与

第九章　增强教学效果的有效教学

教学空间的关系最紧密,因此要合理确定班级的规模以及座位编排方式。

第三,教学设施环境,即教室、图书馆、课桌椅、体育器材、食堂、教学媒体等教学活动所必需的场所和用具。在学校物质环境中,教学的设施环境处于核心位置,而且学校教学设施的状况会对教学活动的开展以及最终的效果产生重要的影响。

2. 学校社会心理环境

学校社会心理环境是由学校内部各种无形的社会、心理因素构成的一个环境系统,能够对教育教学活动以及师生的精神面貌、心理活动、社会行为等产生重要的影响。具体而言,学校社会心理环境主要包括以下几方面的内容。

第一,人际环境,即由学校内部各种人际关系构成的特殊社会环境。这里所说的人际关系,主要包括领导与教师、领导与学生、教师与教师、教师与学生以及学生与学生之间的关系。其中,教师与教师、教师与学生以及学生与学生之间的关系最为重要。

第二,情感环境,即班集体课堂教学过程中形成的一种情绪情感状态。师生的心情、情感体验、情绪波动、师生关系、师生对教和学及周围环境的态度,都属于情感环境的内容。

第三,组织环境,即由学校内部各种正式或非正式的团体(如班集体、学生会、少先队等)及其形成的群体规范、群体作用方式和群体心理气氛所构成的一种社会心理环境。班风和校风是组织环境中影响最大的两个因素,它们是以心理气氛的形式出现的,并且这种心理气氛一旦成为群体规范,就具有心理制约和行为导向作用。其中,班风是班级全体成员在长期交往中所形成的稳定的共同的心理倾向,积极的班风有助于班级成员形成高尚的道德,积极的情感,坚定的信念,正确的世界观、人生观、价值观和学习态度,消极的班风则会制约教学活动的顺利开展;校风简单来说就是学校的一种集体行为风尚,积极的校风能够增强学校成员工作学习的积极性、自觉性、自信心和上进心,消极的校风则会使学校人心涣散、秩序混乱,以致偏离正确的教育目标。

第四,信息环境,即由来自不同方面、不同渠道的社会信息所构成的学校特有的一种社会环境。由于学校环境与社会环境在进行交流时,信息交流是最主要的一种方式,因此学校的信息环境是一个开放的环境。一方面,学校通过各种渠道接收来自社会各方面的广泛的信息;另一方面,学校也向社会开放,并不断与社会环境进行着各种方式的交流。在此影响下,学校中涌入了越来越多的社会信息,而且这些社会信息既有正面的也有负面的。

因此，必须正确处理和运用各种社会信息，充分发挥社会信息的积极作用，使其切实促进教学的顺利开展、提高师生的身心健康水平等。

第五，舆论环境，即由学校内部占主导地位的集体舆论和一些与集体舆论不一致的个别意见、个别流言组成的社会心理环境。舆论环境的好坏，对于学校各项工作的开展有着重要的影响。因此，学校必须积极培养一个良好的舆论环境。

二、教学环境创设的重要性

教学环境能否有效地发挥其功能，绝不是随意的或自发的，而是取决于其是否得到了科学创设。所谓教学环境创设，就是指"为了创造或改善教学条件，对学校教学环境进行的整体或局部的规划、组织、协调和安排"①。在创设学校的教学环境时，既包括学校物质环境的创设，也包括校园心理环境的创设；既涉及校址选择、校舍建筑和校园规划等一系列宏观的工作，也涉及课桌椅的配套和教室内灯光的安置等一些微观的工作。此外，对教学环境进行创设有着十分重要的意义，具体表现在以下几个方面。

（一）教学环境创设影响着学校环境外在的整体面貌和审美风格

从古至今，学校在进行环境创设时，都积极追求美观、和谐的教学环境。也就是说，学校校园环境的状况，在很大程度上受校园环境创设的影响。校园环境的创设思想不同，校园的环境格局以及校园的建筑风格也会有较大差异，而且这种差异在很长一段时间内是难以发生改变的。因此，在进行校园环境创设时，必须要形成科学的校园环境的创设思想，成功的创设无疑会为人们带来一个和谐美观的学校环境，而失败的创设则会造成学校环境不可弥补的缺陷。

（二）教学环境创设影响着学校教育目标的实现

教学活动是在一定的教学环境中展开的，教学环境的状况会对教学活动的开展状况、教学的成果以及教学目标的实现情况产生重要的影响。因此，要想促进学校教育目标的顺利实现，必须要积极创设良好的、有利于教学活动开展和学生身心健康发展的教学环境。

这里需要特别指出的一点是，教学环境创设对学校教育目标的影响并

---

① 黄甫全.课程与教学论：上册[M].北京：高等教育出版社，2002：585.

不是直接的,而是要借助于教学环境这一中介。

(三)教学环境创设影响着教学环境内在功能的发挥

教学环境具有多方面的功能,如促进学生身体正常发育,提高学生身体素质和健康水平的强体功能;促进学生智力发展,提高学生智力活动水平和效率的益智功能;陶冶学生的情操,净化学生的心灵,培养学生正确的世界观、人生观和价值观,提高学生的思想觉悟,养成学生高尚的道德品质和行为习惯的塑德功能;激发学生的美感,培养学生正确的审美观和高尚的审美情趣,丰富学生的审美想象,提高学生的感受美、鉴赏美和创造美的能力的育美功能;激励师生工作、学习的热情和动机,提高他们工作、学习的积极性,继而提高教育教学活动的质量和效率的激励功能;引导学生主动接受一定的价值观和行为准则,使学生向着社会所期望的方向发展的导向功能;将来自不同地理区域、社会阶层和家庭背景的学生聚集在一起,使他们对学校环境产生认同感和归属感的凝聚功能等。

在实际的教学活动中,教学环境的以上功能能否得到充分发挥,会受到多方面因素的影响,其中最为重要的一个因素是教学环境创设。教学环境的一个重要功能便是育人,这就决定了在进行教学环境创设时必须遵循一定的特殊要求,即教学环境创设必须将教育规范和建筑规范进行有机融合,切实将教育的语言和信息转换为建筑的语言和信息,使学校环境和教学建筑能体现一定的教育价值和教育要求,从而使环境育人的作用得到充分发挥。

三、教学环境创设的原则

教学环境创设的状况,对于教学环境能否在教学活动中发挥积极的作用有着重要的影响。因此,必须进行积极、合理的教学环境创设。为此,在进行教学环境创设时,必须遵循以下几个原则。

(一)整体性原则

整体性原则指的是在进行教学环境创设时,必须要从整体出发,树立全局观念,对教学环境的各个方面进行合理的调整与规划,以便将各种环境因素组合成一个有机整体,发挥出最大的效益。

教学环境的构成因素有很多,而且这些构成因素是十分复杂的。同时,教学环境的构成因素在发挥作用时,并非作为一个整体发挥功能。如果不能将教学环境的构成因素组合成一个有机的整体,则教学环境的功能是无法得到有效发挥的。因此,在创设教学环境时,应当全面考虑、统筹安排,既要重视校园物质环境的创设,又要重视社会心理环境的创设;既要改进领导方式,又要革新师生关系,改革教学结构,更新学校组织结构等。只有这样,教学环境的各个构成因素才能有机协调起来,在促进教育教学开展、提高教育教学质量、促进学生身心健康发展等方面发挥积极的作用。

(二)科学性原则

教学环境创设的科学性原则指的是在进行教学环境的建设和美化,既要遵循一定的基本原理,如生理学、心理学、教育学、学校建筑学、教育美学等;又要注意与学生的年龄特点、身心发展规律等相符合。只有在此基础上创设的教学环境,才是合理的教学环境,才能真正成为科学和艺术的统一体。

(三)教育性原则

教学环境在进行创设与组织时,需要对学生的身心发展进行充分的考量,以便能切实推动学生精神世界的转变。正如如苏联教育家苏霍姆林斯基所说:"孩子在他周围——在学校走廊的墙壁上、在教室里、在活动室里——经常看到的一切,对于他精神面貌的形成具有重大的意义。"因此,在创设教学环境时,必须要充分考虑其所具有的教育意义,即教学环境的一切设计、装饰和布置都必须有利于启迪学生的智慧、陶冶学生的情操、激励学生的情感、发展学生的个性等。

(四)主体性原则

教学环境创设的主体性原则指的是在进行教学环境创设时必须充分重视学生主体的作用,培养他们自控自理环境的能力,使学生自己学会控制和管理教学环境。

教学环境的主人,既包括教师又包括学生。因此,在建设教学环境、优化教学环境的过程中,必须积极引导学生参与其中。比如,建设校风和学风、绿化美化校园、维护学校纪律和秩序、布置教室等,都与学生有着密切的联系,都需要学生积极参与其中。

为了引导学生积极、主动地参与到教学环境创设之中,教师在创设教学环境的过程中,应充分调动学生的主动性和积极性,培养他们对教学环境的责任感,提高他们控制和管理环境的能力。唯有如此,教学环境的创设才能得到最广泛的支持,已经形成的良好教学环境也能得到有效维持。

(五)针对性原则

针对性原则指的是在进行教学环境创设时,必须以特定的教学目的为依据,对教学环境的某些特性进行有意突出,继而形成特定的环境条件来影响、教育学生,促进学生的身心发展。比如,当学生因人际关系不良导致学习效率不高时,教师可以通过与这些学生建立民主、平等、和谐的关系,使他们在良好的人际交往中激发学习的兴趣,继而在学习方面不断获得进步。

教学环境创设的针对性原则,要求教师要提前明确相关的教学目的,并深入分析所面临的具体情况,以便创设的教学环境能够发挥最大的作用,实现预期的教学目的。

(六)校本性原则

校本性原则指的是学校在进行教学环境创设时,必须充分考虑自身的实际情况,积极对自身已有的有利条件进行充分利用,以便创设出更加美好、和谐的教学环境。

第一,不同的学校由于在所处的地区和自然环境方面存在一定的差异,因而其在进行教学环境创设不应该是千篇一律的,而是应该根据自身实际创设出多样化的教学环境。比如,南方的雨水多、空气湿润,则处在南方的学校可以在校园里广植花草树木,绿化校园环境,用自然美来陶冶学生。

第二,对于同一地区的学校来说,其由于在客观的地理地貌、历史传统、所具有的教学设施等方面存在较大的不同,因而在创设教学环境中也要注意从自身实际出发,突出优势,扬长避短。

(七)实用性原则

实用性原则指的是学校在进行教学环境创设时,必须根据自身的实际情况和经济条件,本着经济、实用的宗旨进行。也就是说,创建良好的教学环境不是为了刻意追求豪华的设施和排场,而是为了更好地服务于教学。

国外相关研究表明,当学校物质设施非常匮乏时,学校教育质量一般也很低。随着学校物质环境的逐步改善,教育质量也随之上升;当物质环境改善到平均水平时,教育质量也会相应地达到平均水平。但是,当学校物质环境水平继续得到大幅度改善,并远远超过平均值后,学校教育质量却很少或不再继续上升了。因此,学校在进行教学环境创设时,必须把握一个适当的度,并坚持经济实用的原则,以免造成教育资源的浪费。

(八)转化性原则

转化性原则指的是在进行教学环境创设时,必须对涌入学校的各种经验和信息进行一定的选择转化,使之积极地促进学生的身心健康,尽可能地消除不良影响。

随着计算机以及网络技术的不断发展,当今已成为信息的时代。与此同时,当今时代日益呈现出价值多元化的倾向。由于学校不可能孤立于社会而存在,必然受到社会环境的多方面的影响。因此,在创设校园环境的过程中,教师要以学生的身心发展特点为依据,及时地对涌入学校的各种信息和价值进行调控,并注意对这些信息和价值转化为学生可以接受的有目的的信息和价值影响,以便在提高学生的信息与价值分辨能力的基础上,使其学会自觉地对不良信息和价值倾向予以抵制。

四、教学环境的内容创设

教学环境主要由学校物质环境和学校社会心理环境两部分构成,因此在进行教学环境创设时,可以从这两方面的内容着手。

(一)学校物质环境的创设

1. 学校物质环境创设的内容

在创设学校物质环境时,需要包括以下几方面的内容。

(1)选择合适的校址

在进行教学环境创设时,选择合适的校址,划出学校环境的范围是极为重要的一项内容。对于学校来说,在进行校址选择时需要考虑的因素有学校规模、服务半径、校园面积、交通状况、健康与安全要求、未来的发展变化等。

(2)合理地设计教学建筑

这里所说的教学建设,包括校园内一切服务于教学的建筑物。教学建筑的设计情况,对教学建筑功能的发挥有着重要的影响。为了保证教学建筑功能的正常发挥,在教学环境创设过程中,必须坚持以下几个教学建设的设计要求。

第一,在设计教学建筑时,要根据学校的类型、规模、校园面积、校园形状、教育工作的要求等,合理规划教学建筑的整体布局。

第二,在设计教学建筑时,要对教学的基本需要予以全面考虑和满足,

第九章 增强教学效果的有效教学

不仅要考虑教师的需求,更要考虑学生的需求;不仅要考虑教学的一般需要,也要考虑教学的各种特殊需要,还要考虑教学活动在未来可能出现的各种变化及其产生的相应的需求。只有这样设计出的教学建筑,才能持续地发挥积极的作用。

第三,在设计教学建筑时,要充分考虑卫生与安全的要求,以保证学生的身体健康与安全不受损害。

第四,在设计教学建筑时,要以学校的美育需要以及学生的审美心理特点为依据,着力体现教学建筑的外在美,为学生创造一个良好的审美环境。

(3)合理地设计教室内的物理环境

教室内的物理环境的构成因素有室内光线、温度、空气、声音、颜色等,它们能对学生的生理与心理发展产生深刻的影响。因此,在创设教学环境时,必须重视对教室内的物理环境的合理设计。具体而言,可从以下几方面着手进行教室内的物理环境的设计。

第一,合理设计教室的采光与照明,既要有利于提高学生的学习效率,又要有利于保护学生的视力。其中,对教室自然采光的设计要求是:能使各课桌面和黑板面上得到足够的照度,光线分布均匀,避免直射光和强烈的眩光照射。按照国家标准,桌面照度以150LX为宜,黑板照度以200LX为宜。对教室人工照明的设计要求是:保证足够的光亮以满足学习的需求,室内各工作面的亮度差距不能太大(以免产生阴影),减少眩光,保证安全并保持良好的空气条件。

第二,合理设计教室的通风,保证室内有良好的空气状况,继而促进学生的学习和身体健康发展。教室通风的方式主要有两种,即自然通风和人工通风。对于人工通风来说,主要是在每间教室安装排气扇,或在封闭的整座建筑中安装中央通风设备。由于安装排气扇和中央通风设备需要花费大量的金钱,因而不是每所学校都可以负担的。

第三,合理调控教室的温度,确保学生能够注意力集中、大脑持续运转等。自然控制、空调控制和人工供暖是最为常见的三种教室温度控制方法。

第四,合理控制教室的噪音,为学生创造一个理想的听觉环境,促进其学习活动的顺利进行。利用植物隔离噪音、利用背景声音或音乐遮蔽噪音、利用隔音和吸音材料控制噪音、抑制噪音源、远离噪音源等都是较为有效的噪音控制方法。

第五,合理设计室内的色彩,注意室内各空间部位和室内各种装饰物及家具色彩的协调配合,并要尽可能避免教室中出现过分鲜亮的色彩。

(4)合理设计课堂座位的编排方式

课堂座位的编排方式,会对学生的身心健康产生重要的影响。因此,在创设教学环境时,不能忽视对课堂座位的编排方式的合理设计。具体来说,在设计课堂座位的编排方式时,以下两个方面要特别予以注意。

第一,要遵循学生生理发展的特点来编排课堂座位,以免影响学生的身体健康。比如,在编排课堂座位时,必须慎重考虑前排课桌与观察目标之间的距离,以保证学生的视觉效果,防止学生产生视觉疲劳和近视。

第二,要合理设计和编排课堂座位,充分利用不同座位模式的特点适应教学目标和教学情境的变化,满足不同课程和不同教学活动的需要。就当前来说,学校特别是中小学常用的课堂座位编排方式主要有秧田式排列法、圆形排列法、小组式排列法等。由于每一种座位编排方式都有优点和局限性,不存在适合所有教学情境和教学活动需要的课堂座位编排方式。因此,教师应当根据教学活动的要求,灵活运用各种不同的座位编排方式,以增强教学活动的效益。

(5)合理设计教学设施

教学设施的设计是否合理、规范,将会对学生的身体健康及教学活动的效率与质量产生重要的影响。因此,在对教学环境进行创设时,不能忽视对教学设施的设计,具体可从以下几方面着手。

第一,合理地设计课桌椅。由于课桌椅既是影响学生学习活动的一个重要物理环境因素,也是影响学生身体健康的一个重要物理环境因素,因此课桌椅的设计规格要服从学校卫生学的要求及国家的相关规定。

第二,合理地设计教学手段。任何教学活动的进行都离不开一定教学手段的辅助与支持,同时教学手段是构成教学环境的重要物质环境因素之一。因此,教学手段的设计也是教学设施设计的一项重要内容。在具体设计教学手段时,应根据教学活动的需要及学校的实际情况来进行设计,并力求教学上实用,内容上正确,形式上美观,制作上经济,手法上创新。只有这样,才能确保教学手段在教学活动中发挥充分的作用。

第三,合理地设计教学用品。黑板、粉笔、书本、书包等教学用品,也是能够对师生的身体健康和教学活动产生一定影响的重要物质环境因素,因此对它们进行合理设计也是十分重要的。

2.学校物质环境创设的注意事项

在进行学校物质环境创设时,以下几方面要特别予以注意。

第一,在进行学校物质环境创设时,必须以促进学生的全面成长与发展为根本出发点。

第二,在进行学校物质环境创设时,要注意为特定的有目的的课堂教学服务,以切实实现课堂教学的目的。

第三,在进行学校物质环境创设时,要注意体现个性化的学校教育理念,以促进学校整体精神气质的养成。

(二)学校社会心理环境的创设

学校社会心理环境虽然是一种看不见、摸不着的无形环境,但它在教学活动以及师生的身心发展过程中却起着极为重要的作用。因此,进行学校心理环境设计,为师生创造更为理想的学校社会心理环境是教学环境创设的一项重要内容。

1. 学校社会心理环境创设的水平

学校社会心理环境的创设,依据创设的规模和范围的大小,可以细分为以下几种水平。

(1)活动水平

活动水平,即着眼于在某一活动过程中形成某种心理气氛的设计,属于微观设计,是构成学校心理环境设计的最基本单位。这一水平的学校社会心理环境创设,应体现以下几方面的要求。

第一,明确活动的目的。这是创设活动水平心理环境的基本依据。只有明确了活动目标,教师在活动中才能统揽全局,根据目标的要求适时地创设出一定的心理情境。

第二,善于把握课堂的即时情境。所谓即时情境,就是在课堂教学过程中偶发的一些短时存在的情绪情感状态,它是在教学内容、师生心境、精神体验、教学态度、师生交往及其他课堂环境因素的共同作用下产生的。即时情境有积极与消极之分,积极的即时情境有可能将课堂心理环境导向理想的境界,消极的即时情境,如师生突发的冲突则可能破坏良好的课堂心理环境。因此,教师要善于把握积极的即时情境和处理消极的偶发事件。

第三,注重与学生的情感交流。这有助于达成师生之间特有的默契,形成和谐的师生关系。

第四,适时调整活动内容与策略。实践证明,适时调整教学内容或教学策略,是调整课堂教学气氛和维持良好心理环境的有效手段。

(2)班级水平

班级水平,即着眼于在一个班集体中形成某种心理环境状态的设计,是一种中观设计,是学校整体心理环境设计中的关键环节。这一水平的学校社会心理环境创设,应体现以下几方面的要求。

第一,应形成正确的集体目标。这是创建良好班级心理环境的首要条件。

第二,应形成正确的集体舆论与规范。正确的班级舆论和规范既是构成良好班级心理环境的基本内容,同时也是维持良好心理环境的重要监督力量。

第三,重视集体凝聚力的形成。集体凝聚力的高低是衡量一个班级的心理环境状况的重要指标。

第四,注重良好班风的形成。班风在日常学习生活中为班集体涂上了一层特有的色彩,它是班级个性的表现,也是班级心理环境形成的重要标志之一。

第五,建立和谐的人际关系。任何良好心理环境的形成,都离不开和谐的人际关系的支持。班级心理环境的设计同样需要调节好班级内师生之间及学生之间的人际关系。

(3)学校水平

学校水平,即着眼于在全校范围内形成某种心理环境状态的整体性设计,是一种宏观设计,决定着整个学校的心理气氛和精神面貌。这一水平的学校社会心理环境创设,应从以下几方面着手。

第一,要树立正确远大的理想目标。这是良好心理环境形成的基础与核心。

第二,要树立良好的校风。校风是构成一所学校心理环境的核心因素,它一旦形成,就会对全校师生员工产生巨大的影响。

第三,要建立和谐良好的人际关系。实践表明,良好人际关系的建立,对于满足师生心理需要,调节他们的行为和感情、调动他们工作和学习的积极性具有十分重要的意义。

第四,要注重校容校貌的建设。校容校貌既是学校物质环境的组成部分,又是学校心理环境的外部表现,它直观地反映着一所学校的精神面貌。

2.学校社会心理环境创设的策略

在进行学校社会心理环境创设时,可以借助于以下几个有效的策略。

(1)积极转变教师的教育思想观念

教师的教育思想观念,对于学校社会心理环境的创设有着重要的影响。因此,积极转变教师的教育思想观念是创设学校社会心理环境的一个重要举措。具体来说,教师应真正把学生看作教育的对象,真正在教学中尊重学生、爱护学生,使教学活动成为师生共同参与的活动,使课程实施成为生成的过程;教师应相信并尊重每一个学生发展的主体性,激活学生内在发展的动力,唤醒学生主体发展的意识,调动学生主体发展的积极性;教师应相信并尊重每一个学生的发展潜能,并积极帮助每一位学生而不是少数学生获得成功。

第九章 增强教学效果的有效教学

教师在树立了以上的教育思想观念后,有助于形成发挥学生主体性和关注个体的心理状态,引导学生学会寻求知识、吸收知识、运用知识等。同时,教师的这些教育思想观念能促进形成轻松、活跃的教学氛围,而学生在这样的教学氛围中能够以极大的热情和饱满的情绪投入到学习过程中,继而形成良好的心理状态,不断提高学习的效率。

(2)改变教学方式,营造良好的教学氛围

人们在实现自我时,学习是一个十分重要的途径。而且,新时代对人的基本要求便是学会认知、学会做事、学会共同生活(即学会合作)、学会生存(即学会发展),这也是学校教育要努力实现的培养目标。为此,学校在教学活动中,必须积极转变教学方式,倡导新型的教学方式,以合作学习、探究学习、自主学习作为教学气氛变革的突破口,使教学充满生命气息,形成良好的教学氛围。如此一来,良好的教学氛围便能作为一种相对独立的心理环境因素,吸引学生积极参与到学习过程之中,继而不断提高教学的质量与效果。

(3)促进民主和谐师生关系的形成

在学校的人际关系中,师生关系是十分重要的一个组成部分。师生关系良好,教师便能顺利地实施其教学活动,而学生能够体验到平等、自由、民主、尊重、信任、友善、理解、宽容、亲情与关爱,同时受到激励、鞭策、鼓舞、感化、召唤、指导和建议,形成积极的、丰富的人生态度与情感体验。如此一来,学生不仅能够获得知识的满足,还能在精神方面获得愉悦感。

要构建民主和谐的师生关系,需要教师真正将学生当做朋友一样对待,需要从尊重学生的个性与人格尊严做起;需要教师积极缓解师生间存在的紧张气氛,并积极对学生的焦虑心理进行调节;需要教师对学生建立积极、恰当的教师期望;需要教师给予学生自主学习的自由与空间;需要教师积极形成民主性的领导方式与教学风格;需要教师重视加强与学生之间的语言和非语言交流;需要教师及时给予学生有效的反馈,以表明对学生的关注和关心;需要教师及时关注学习困难的学生,并相信这些学生也有较大的发展潜能;需要教师尽可能避免对学生进行心理惩罚,以免对学生造成心理伤害等。

第三节 教师教学艺术的展现

一、教师教学艺术的内涵

教师教学艺术简单来说就是"教师在课堂中娴熟地运用综合的教学技

能技巧,按照教学规律和美的规律而进行的独创性教学实践活动"[1]。由于教学艺术在教学活动中起着重要的作用,因此不断提高教师的教学艺术是十分重要的。

(一)教师教学艺术的特点

教师教学艺术的特点,具体来说有以下几个。

1. 形象性

教学艺术的形象性符合学生特别是中学生的思维发展特点,教师正是从形象思维入手,借助语言、表情等进行教学信息的传递,达到传授知识和进行思想品德教育的目的。教学艺术的形象性重在以形感人,生动直观。在教学形象性的诸多因素中,教师语言的形象性是最主要的。教师借助形象性的语言,通过比喻、类比、模拟、描绘等艺术手法,使学生获得要领,茅塞顿开,透彻理解,使教学活动变得生动形象。

2. 实践性

教学艺术与教学实践是紧密相连、不可分割的,因此实践性是教学艺术的一个重要特点,这具体表现在以下几个方面。

第一,教师只有具备丰富的实践经验,才能确保所采用的教学艺术既与教学规律相符合,又与师生的个性特长和心理特点相符合。

第二,教学艺术在形成时,需要经过教学实践的检验,即只有经过教学实践检验,有实际效能的教学艺术才是值得运用和推广的。

第三,教师的教学艺术的水平,是在教学实践中不断提高的。

3. 创造性

对于一切艺术来说,创造都是其生命根源,教学艺术也不例外。因此,创造性也是教学艺术的一个重要特点。

教学工作的高度复杂性决定了教学艺术的创造性。在实践中,教师面对着随时变化、千差万别的教学对象,是不能用刻板如一的现成模式去解决所有问题的。教师既不能照搬别人的经验,也不能把自己的经验年复一年地照样使用,只有靠教师因人、因事、因时、因地制宜地去创造。此外,教学艺术的创造性具体表现在教学准备、教学设计和教学实施中。在教学准备阶段,教师备课钻研教材时潜心思考,达到一定的深度和广度,有自己独到

---

[1] 李如密,等.课堂教学艺术新论[M].福州:福建教育出版社,2014:1.

的见解,上课才能得心应手、左右逢源、引人入胜。在对教材的钻研上,只有教师有所悟、有所得,才能使学生有所悟、有所得,而这个"悟"的过程,就是教师对教材进行创造性思考的过程。教学设计阶段,教学艺术创造性主要体现在教案设计上。教案中,要确立教学的重点、难点,要选择恰当的教学方法和教具,要调整教学内容的深浅、轻重和主次等,还要对教学语言、导入、提问、结果等做出安排。所有这些都要求教师具有创造性。在教学实施阶段,教学活动过程是复杂的,教学对象的情况是不断变化的,这就要求教师不仅在上课前精心设计教学方案,而且在实施方案的过程中,能够灵活运用,临机处理各种问题,要根据反馈信息进行调节,用新的设想、方案予以补救,使教学更贴近学生的实际,促进教学方案的实施,这个过程同样要求教师要具有创造性品质。

4. 表演性

教学艺术的表演性特点指的是教师在课堂上运用教学艺术的行为,就如同演员在舞台上的表演,涉及教师的衣着打扮、表情态度、身姿动作、实验操作、口语板书等各个方面。

教师在对教学艺术进行表演时,最为重要的是能动情感人,并要注意表演得适度,做到质朴自然、恰到好处,毫不矫揉造作。此外,教师的教学艺术表演还要注意与学生的密切配合,即要采取适合学生接受的方式,并考虑到不同年龄学生的特点。

5. 情感性

教学艺术的情感性特点,主要是通过以下两个方面表现出来的。

第一,教师在运用教学艺术时,必须要充满情感色彩,以真挚的感情感染学生,撞击学生的心灵,使学生倾心学习,主动参加到教学活动中去,继而促使教学取得良好的效果。

第二,教师在运用教学艺术时,要注意通过创设一定的情境,挖掘教材中的情感因素,置学生于情感激发之中,使学生为之所感、为之所动,继而更加积极主动地投入到学习之中,不断提高学习质量。

6. 审美性

艺术活动的一种重要特点是具有审美性,由于教学艺术也是一种艺术,因而审美性也是其重要的特点。教学艺术的美来自两个方面:一方面是各科教学内容的内在美,如各种优美的文学体裁,不仅有大量的知识美、语言美、形式美的因素,而且还蕴含着道德美、形象美、情感美等内容;史地学科中包含大量的人格美、建筑美、自然美等因素;政治学科有心灵美、理性美和信仰美的潜因;数理化学科的内在逻辑性、几何图形对称、均衡和验证、化学反应式及实验过程的颜色变化等都具有强有力的内在审美因素;音乐、美术、体育更不用说,它们本身就是以美的因素为感知对象的。教师经过深入研究、细心品味,就可以发掘出教材中这些美的潜因,带给学生美的感悟。另一方面是教学表达的外在美,教师遵循教学规律,通过对各种教学方法和手段的巧妙和谐运用,实现教学过程的美。比如,教师优美的语言、抑扬顿挫的语调、生动的表情、洒脱的举止、美观的教具、工整的板书、严谨的组织过程、丰富多彩的教学活动等,都能使教学体现出美的效果,给人美的感受。

教学艺术的审美性特点,要求教师必须具备相当深厚的审美修养,既有感知美、发现美的能力,又有丰富的审美情感和审美能力,更能有效地在教学中遵循美的规律创造性地进行教学,并有意识地培养学生的审美能力。

(二)教师教学艺术的功能

教师教学艺术的功能,概括来说有以下几个。

1. 陶冶功能

教学艺术情理交织的特点和感染力很强的审美形式,使之形成鲜明的情境性和非理性因素,具有不可忽视的全方位的潜在教育功能。同时,教学艺术的陶冶功能,使得教育的痕迹大大被弱化。在教师高超精湛的教学艺术中,"无为"的表象深层尽是"有为"的匠心,但是又不露任何斧凿的痕迹,给人以"无为"的自然感受,一切都是水到渠成,让学生在不知不觉中受到深刻的教育。

此外,教学艺术的陶冶功能使教师意识到,要使教育深入学生的内心,必须切实树立起教书育人的意识,不断增强自身的修养,提高自己的教学艺术运用水平,创造引人入胜的教学情境,以便能够在潜移默化中使学生受到一定的教育。

2. 整体功能

教学艺术从某种角度来说,就是一个相对完整的系统。具体来说,教学艺术融各种艺术表现手段于一炉(线条、色彩、语言、音响、节奏、造型等均为教学艺术所用),以大量的信息全方位地诉诸学生的视觉、听觉、触觉等多种感觉器官,直接影响到学生的品德、知识、技能、智力、个性和审美等方面的发展。可见,教学艺术能够对学生产生整体性的影响。

3. 增效功能

教学艺术的增效功能，指的是教师在教学实践活动中运用高超的教学艺术，能够有效提高教学效率，使学生在较少的时间里学到更多的东西，促使学生自身的能力不断得到发展。具体来说，教学艺术高超的教师在教学中能以优雅、自然、亲切的教态，生动、幽默、形象的语言，吸引学生的注意力，建立起友好的个人权威，使学生对教师产生好感和感情，从而大大提高学生的学习兴趣。有利于调动学生学习的积极性和主动性，将外部的知识转化为学生自身的知识和能力。教学艺术水平高的教师，能够因材施教，全面了解学生，充分发挥学生的优势，使每一个学生在原有的基础上有所进步，最终使教学质量大面积提高。教学艺术精湛的教师在教学中总是坚持启发式的指导思想，给学生留出很大的思维空间，鼓励学生自己思考，促进其创造性思维的发展。

4. 谐悦功能

教师在运用教学艺术时，能够以轻松愉悦的方式，促使学生的学习兴趣大大提升，并能够使学生的情感与精神生活得到大大丰富，这便是教学艺术的谐悦功能。教学艺术的谐悦功能，从多方面影响着学生的学习，如可以消除由紧张的思维活动带来的心理疲劳，调节由单调重复的学习活动带来的生理疲劳；淡化情绪生活中的焦虑水平，恢复业已倾斜的心理平衡等，使得课堂教学艺术在一张一弛、劳逸结合中获得寓教于乐的功效。

教师要促使教学艺术的谐悦功能得到充分发挥，就必须注重提高教学的情趣性。教学中的例题巧解、妙语连珠、体态情趣、幽默插曲、摹态拟声等，都是提高教学情趣性的重要手段。

5. 转化功能

教学艺术的转化功能，指的是教师通过对教学艺术的运用，能够迅速高效地完成知识的传授、技能的培养、智力的开发和品德的形成等教学任务。转化功能的存在，使得教学艺术相比其他的艺术创造过程来说，有着无可比拟的重大意义。具体来说，借助于教学艺术，教师的渊博知识、高尚品德、宽阔胸怀、卓越个性等会在潜移默化中引导学生成长为各种各样的有用人才。

教学艺术的转化功能会受到一定的主客观条件的制约，而且有一定的内部规律可循，因此教师在日常的教学工作过程中，要注意自觉地对教学理论进行探讨，深入了解和掌握影响教学转化的主客观条件、内部机制及其客观规律,继而及时地感知并准确地把握转化的最佳契机,确保教学艺术发挥最大功能,教学取得最佳效果。

二、教师常用教学艺术的展现

教师教学艺术的展现,对于提高教学活动的吸引力、提升教学活动的效果有着极为重要的作用。因此,教师在教学过程中一定要注意展示教学艺术。在这里,着重阐述一下如何具体展现教学语言艺术、教学提问艺术、教学板书艺术、教学调控艺术和教学应变艺术等教师常用的教学艺术。

(一)教学语言艺术的展现

教学语言是语言的一种特殊形式,是教师使用最广泛、最基本、最有效的信息载体。只有借助于教学语言,教师才能将教学内容传递给学生、与学生进行深入的情感交流、有效培养学生的能力与品德等。因此,教师在教学过程中,必须有效地掌握教学语言艺术。

1. 教学语言艺术的要求

教师教学语言艺术的要求,具体来说有以下几个。

第一,准确明晰,具有科学性。只有借助于语言,科学文化基础知识才能传递给学生。而要确保科学文化基础知识传递的准确性,教学语言必须是周到严密、含义准确、措辞精当、不生歧义的。也就是说,严密、准确、通达、明晰是教师在运用语言时必须要做到的。

第二,通俗易懂,具有大众性。只有通俗易懂,具有大众性的教学语言,才能为更多的学生所理解和接受,继而更好地掌握所要学习的知识。因此,教师在教学过程中要使用普通话,尽量减少口头禅,不用方言和土语。

第三,简洁练达,具有逻辑性。教师所使用的教学语言要想达到启发学生积极思维的效果,必须注意其简洁明快,干净利落,层次分明,具有内在的逻辑力量和高度的概括水平。

第四,抑扬顿挫,具有和谐性。教师在运用教学语言时,应该声音洪亮、吐词清晰、咬字准确、发音规范、语速适中、语调平直自然,并能以教学内容与情感表达的需要为依据,对声调和语速进行有效的调控。

第五,生动活泼,具有形象性。教师在运用教学语言时,应以教学内容为依据,进行生动的叙述、形象的描述和具有启发意义的比喻等。如此一来,教师便能将抽象的概念具体化、深奥的哲理形象化、枯燥的知识趣味化,确保学生更好地掌握知识,教学取得更好的效果。

第九章 增强教学效果的有效教学

2.教学语言艺术的展现

教师在教学过程中,要想更好地展现语言艺术,以下几个方面要特别予以注意。

第一,教师要在对发音器官的结构和功能、自身的声音特点、科学的发音方法等进行充分认知和掌握的基础上,有针对性地进行发音训练,以确保自己的声音质量能够不断得到提高。

第二,教师在平时的工作过程中,要注意常开口、多开口,这是其不断提高教学语言水平的重要途径。

第三,教师在运用教学语言时,要注意结合教学内容,对体态语言(如身体姿势、手势、头部姿势、面部表情等)进行合理运用,以便进一步强化口头语言的感染力。

第四,教师要在对教学内容进行深入研究,理清教学的难点、重点和关键点的基础上,将教学内容化繁为简。与简化后的教学内容相对应,教师要注意使用简洁精练的语言,以确保教学能够有的放矢,恰到好处。

第五,教师在运用教学语言时,要尽可能避免语无伦次、吐字不清、声调过高或过低、滥用词语等不良的语言运用习惯,以确保教学语言的净化。

(二)教学提问艺术的展现

爱因斯坦曾说过:"提出一个问题比解决一个问题更重要。"同时,学生问题意识的培养是新课程改革所倡导的重要理念之一。因此,对于教师来说,有效掌握教学的提问艺术也是十分重要的。

1.教学提问艺术的要求

教师教学提问艺术的要求,具体来说有以下几个。

第一,问题的设计合理。一是问题设计要有明确的目的,即为了有效达成课堂教学目标;二是所设计问题与学生的知识、能力和生活经验等相符合;三是所设计问题充分考虑了教学过程中的难点、重点、关键点和主要矛盾。

第二,设计的问题要具有多样化的形式。教师在对学生进行提问时,要注意依据学生的特点以及具体的教学内容和教学情境,选择更具有针对性的提问方式,以便提问取得更好的效果。

第三,设计的问题具有思维启发性。教师所设计的问题要能够启发学生的思维,引导学生积极主动地去探索、发现和解决问题,并能够在解决问题的过程中产生一些新的思路和方法。

第四,提问时要注重互动。教师在提出了问题,认真听取学生回答、进行客观评价的同时,应允许学生有提问的"话语权",鼓励学生向教师质疑,引导学生之间相互提问。

第五,提问时要注意时机。教师在进行提问时,不是为问而问、一问到底,而是要抓好提问时机。只有这样,提问才能取得最佳效果,教学的效果也能不断得到有效提升。

2.教学提问艺术的展现

教师在教学过程中,要想更好地展现提问艺术,以下几个方面要特别予以注意。

第一,教师在教学过程中,应努力营造一种民主、宽松、和谐的教学氛围,继而促使学生产生"敢问"的积极性和主动性。

第二,教师在教学过程中,要注意所提问的问题必须具有较高的质量。给学生提出高质量的问题,会潜移默化地影响学生发现和提出问题的方式方法,使学生"会问"。

第三,教师在教学过程中,要以自己的教学风格为依据,积极探索适合自身教学风格的提问艺术。

第四,教师在教学过程中,要注意向其他的优秀教师学习提问的经验,并将其有效运用到自己的教学实践之中,促使自己的教学提问艺术不断得到提高。

(三)教学板书艺术的展现

教师在教学特别是课堂教学过程中,板书的运用是十分普遍的。板书是以文字、符号或版画为载体来传授知识的一种有效教学手段,对于帮助学生记忆、启发学生思考等起着重要作用。因此对于教师而言,掌握良好的教学板书艺术也是十分重要的。

1.教学板书艺术的要求

教师教学板书艺术的要求,具体来说有以下几个。

第一,课前对板书进行精心设计。教师在课堂教学中运用板书时,要确保其发挥最大的作用,必须在课前对其进行精心设计。首先,在内容上,要简明扼要,具有高度的概括性,把所讲的主要内容用最精练的文字加以表述。其次,在类型上,根据所讲课程的性质和教学内容的特点,来选择以哪一类板书形式为主。最后,在布局上,要按紧凑、协调、完整、美观的要求,整体安排书写的文字、线条、图标等内容。

第九章　增强教学效果的有效教学

　　第二,课中对板书进行认真书写。教师在课堂教学中进行板书时,要认真书写,确保板书的字迹工整、字间距离均匀、版面内容的重心平衡。同时,确保板书的内容完整统一也是教师在书写板书时必须要注意的一项内容。

　　第三,课后不断进行总结。教师在课后,要注意从板书内容的概括性、板书类型的适合性、板书布局的合理性等方面对板书设计及运用的效果进行总结与反思,以及时发现问题并予以修正,确保教学板书艺术不断得到提高。

2.教学板书艺术的展现

　　教师在教学过程中,要想更好地展现板书艺术,以下几个方面要特别予以注意。

　　第一,教师要掌握多样化的教学板书方式,如对比式板书、提纲式板书、图画式板书、词语式板书、线索式板书等。

　　第二,教师要确保板书的内容语精字妙,并具有一定的启发性。

　　第三,教师要在透彻理解教材的基础上,化繁为简,让学生能够从最精简的板书中把握教学内容的本质联系。

　　第四,教师要尽可能使板书新颖别致,巧妙生动,以便引起学生对学生的浓厚兴趣。

(四)教学调控艺术的展现

　　教学调控属于教师课堂管理行为,因此教学调控艺术就是"教师对课堂教学运行过程及其状态的准确评判和及时调整的教学艺术操作"[①]。教师具有高超的教学艺术,不仅能确保课堂教学的运行直接指向预期的教学目标,全面完成教学任务,提高课堂教学的效果,而且能够更好地促进学生的发展。

1.教学调控艺术的要求

　　教师教学调控艺术的要求,具体来说有以下几个。

　　第一,要确保教授有度,这主要表现在三个方面:一是在对学科内容及其性质、学生的学习实际等进行充分考虑的基础上,对每节课的知识量进行合理确定;二是以学生的"最近发展区"水平为依据,恰当地确定教学的深度和难度;三是要以具体的课堂教学情境和状态为依据,对教学进度进行有效的把握与合理的调整。

---

① 司晓宏.中学教育基础[M].西安:陕西师范大学出版社,2017:188.

第二，要注意小故事、小笑话等在课堂中的适当插入，以便有效调节课堂气氛，调动学生思维的积极性，从而增强课堂教学效果。

第三，要依据教学实际情况综合运用多种教学方法，即在明确一个主要教学方法的同时，对有辅助作用的其他教学方法进行综合运用，以便有效地调节课堂气氛，确保教学取得良好成效。

第四，要加强反馈，教师可以通过问答、练习、讨论，以及学生听讲的表情等获得的反馈信息来检查课堂教学运行的状态，借以调整或者改进课堂教学进程和教学方法，从而保证课堂教学有效运行。同时，教师也可借助于这些反馈，及时对课堂教学计划和进度进行修正和调节。

2. 教学调控艺术的展现

教师在教学过程中，要想更好地展现调控艺术，以下几个方面要特别予以注意。

第一，教师要掌握并有效运用教学控制论的相关知识，以切实懂得如何对整个课堂教学运行状况进行有效的调控。

第二，教师要不断提高对课堂教学整体运行状态进行综合评判的能力。课堂教学运行是一个十分复杂的过程，需要教师、学生、课程、环境等诸多要素的有效配合。而要实现这一点，就需要教师在课堂教学过程中及时做出正确判断，并采取相应的调控策略，确保教学过程的顺利开展。

第三，教师要合理把握课堂兴奋时间。心理学相关研究表明，课堂教学中学生学习效率的高低与学生在学习过程中大脑兴奋所持续的时间长短有着密切的关系。由于在一堂课中，学生的注意力、思维和情感是无法始终保持在同一水平的，很可能会出现"过于兴奋"或"过于消极"的状态，这对于学生的学习来说都是不利的。因此，教师在教学过程中要合理把握学生的学习兴奋时间，确保学生在教学中获得尽可能多的收获。

第四，教师在课堂教学过程中，要巧妙利用学生出现的错误行为，引导学生进行自我发现和自我更正，这对于提高学生的自信心以及参与课堂的积极性也有重要的作用。

第五，教师在课堂教学过程中，要注意引导学生不断提高自主调控的意识，掌握自主调控的方法和策略，使学生在课堂上能够主动接受来自教师、同学以及环境提供的反馈信息，及时进行自主调控，进一步强化课堂学习效果。

第六，教师在课堂教学过程中，要教师消除课堂中出现的分歧行为。所谓课堂分歧，就是"学生在针对教学内容做出不同回答时或是对教师的教学内容提出异议时产生的课堂行为"①。当教学分歧出现时,教师如不能进行恰当的处理,很容易导致教学无法取得预期的效果,还可能会挫伤学生的学习积极性和主动性。因此,教师在面对教学分歧时,必须积极分析这些分歧背后可能存在的原因,并采取有针对性的措施予以有效解决。

(五)教学应变艺术的展现

教学过程是一个变化万千、充满活力的过程,因而在教学过程中出现各种意想不到的偶发事件都是不可避免的。这就需要教师掌握机智巧妙的教学应变艺术,以便及时、果断、妥善地处理偶发事件。所谓教学应变艺术,就是教师运用教学规律和心理规律,有效处理课堂上出现的偶发事件的教学技能技巧。

1.教学应变艺术的要求

教师教学应变艺术的要求,具体来说有以下几个。

第一,临变不慌,及时冷静。课堂偶发事件的发生具有偶然性和突发性,教师往往难以预料它何时发生,也难以预料它会以什么形式发生。因此,教师在面对课堂偶发事件时,往往处于应激的情绪状态,继而出现思维中断、好激动、发脾气、难以做出决策等消极行为。此时,教师如不能及时调控自己的情绪,不仅会影响教学的进行以及问题的解决,还会影响自己在学生中的威信以及与学生的感情等。因此,无论课堂上出现何种偶发事件,教师都不能慌张,要善于控制自己的情绪,变被动为主动,及时做出积极反应,化不利为有利。

第二,实事求是,客观应对。课堂中出现的偶发事件,往往有着多种多样的原因,可能是环境的原因,也可能是学生的原因,还可能是教师的原因。因此,当偶发事件发生后,教师必须要做到具体问题具体分析,切实明确是哪方面的原因导致了这一事件的发生,不能全推到学生身上或是环境方面,这样不利于偶发事件的解决。

第三,相信学生,化解矛盾。教师要相信每一个学生都是可以教育好的,因此当发生了偶发事件后,教师不能采取简单和武断的办法掩盖矛盾,一定要把严肃、善意的批评与信任、积极的鼓励有机地结合起来,妥善处理,化解矛盾,有效处理好偶发事件。

第四,高度负责,撒播爱心。教师在处理偶发事件时,必须渗透对学生高度负责的精神和满腔无私、深沉的爱,以便更为理性地解决偶发事件,确

---

① 李如密等.课堂教学艺术新论[M].福州:福建教育出版社,2014:229.

保将偶发性对学生的不利影响降到最低。

第五,因势利导,化弊为利。教师在处理偶发事件时,若这一事件呈现积极态势,则要顺势而下,深化和拓展学生的认知;若这一事件是由消极动机所驱使的,则不能简单地采取粗暴的强制性手段加以压制,以免加剧学生的逆反心理,激化矛盾,而是要善于发现和挖掘这一事件本身所包含的积极意义,化消极因素为积极因素,顺势把学生引导到积极意义上来,使学生受到正确的教育。

2.教学应变艺术的展现

教师在教学过程中,要想更好地展现应变艺术,以下几个方面要特别予以注意。

第一,教师要注意学习教育学、心理学和教育心理学等方面的相关知识,以便认识和把握教学过程的基本规律和学生的学习心理规律,继而在面对偶发事件时,能够找到更有创造性的解决策略。

第二,教师在平时要注意对课堂上出现的偶发事件进行归类,明确其产生的大致原因以及具体表现,继而掌握应对这些偶发事件的大致方法。

第三,教师在课堂上成功地处理了偶发事件后,课后要及时进行反思,继而为以后课堂偶发事件的有效应变提供经验。

参考文献

[1]李朝辉.教学论[M].2版.北京:清华大学出版社,2016.

[2]李进才.高等教育教学评估词语释义[M].武汉:武汉大学出版社,2016.

[3]萧峰,姜忠喆.怎样设计教学情境[M].长春:吉林出版集团有限责任公司,2012.

[4]雷体南,汪家宝.现代教育技术教程[M].3版.武汉:华中科技大学出版社,2016.

[5]伍新春.高等教育心理学[M].修订本.北京:高等教育出版社,1999.

[6]王嘉毅.课程与教学设计[M].北京:高等教育出版社,2007.

[7]潘洪建等.课程与教学论基础[M].镇江:江苏大学出版社,2011.

[8]陈元芳.高职教育工学结合模式专业及课程研究[M].武汉:华中理工大学出版社,2013.

[9]李森,杜尚荣.课堂教学管理策略研究——基于案例的分析[M].福州:福建教育出版社,2013.

[10]陈月茹.课堂教学组织与管理[M].济南:山东人民出版社,2010.

[11]黄甫全.课程与教学论:上册[M].北京:高等教育出版社,2002.

[12]司晓宏.中学教育基础[M].西安:陕西师范大学出版社,2017.

[13]李如密等.课堂教学艺术新论[M].福州:福建教育出版社,2014.

[14]许红梅,马玉霞,周春玲.教育学[M].黑龙江:哈尔滨工程大学出版社,2010.

[15]徐光兴.学校心理学——教育与辅导的心理[M].2版.上海:华东师范大学出版社,2009.

[16]张大均.教育心理学[M].北京:人民教育出版社,2005.

[17]尚金鹏.教育心理学[M].郑州:郑州大学出版社,2014.

[18]李新旺.教育心理学[M].北京:科学出版社,2011.

[19]蒋晓虹,袁桂平.教育心理学[M].济南:山东人民出版社,2014.

[20]张承芬.教育心理学[M].济南:山东教育出版社,2000.

[21]田宝等.教育心理学[M].北京:首都师范大学出版社,2010.

[22]周详,潘慧.教育心理学[M].天津:南开大学出版社,2014.

[23]燕良轼.高等教育心理学[M].长沙:湖南师范大学出版社,2015.
[24]张淑芳,王琨.教育心理学[M].北京:教育科学出版社,2015.
[25]石岩.高等教育心理学[M].2版.太原:山西人民出版社,2014.
[26]卢盛华等.教育心理学[M].武汉:华中科技大学出版社,2015.
[27]成云.教育心理学[M].成都:西南交通大学出版社,2015.
[28]王大顺,张彦军.发展与教育心理学[M].西安:陕西师范大学出版总社,2015.
[29]岳晓东,刘义林.社区心理咨询[M].北京:清华大学出版社,2017.
[30]田晓苗.教育心理学:中学[M].长春:东北师范大学出版社,2015.
[31]刘冬梅.教育心理学[M].保定:河北大学出版社,2014.
[32]莫雷.教育心理学[M].广州:广东高等教育出版社,2005.
[33]李西营等.教育心理学[M].北京:北京师范大学出版社,2015.
[34]李东斌,刘经兰.教育心理学[M].南昌:江西高校出版社,2011.
[35]谭丹英.中学数学教学技能训练教程[M].昆明:云南大学出版社,2015.
[36]玲珑.教师如何做好课堂教学设计[M].沈阳:万卷出版公司,2014.
[37]王小明.教育心理学[M].北京:北京大学出版社,2016.
[38]李迎春.心理学[M].北京:北京希望电子出版社,2014.
[39]周龙影.教育心理学新论[M].镇江:江苏大学出版社,2013.
[40]魏青.教育学[M].成都:西南交通大学出版社,2014.
[41]杜萍.有效课堂管理:方法与策略[M].北京:教育科学出版社,2008.
[42]林存华.教师行为的50个细节[M].2版.福州:福建教育出版社,2014.
[43]保罗 R.伯顿,戴维 M.伯德.有效的教学方法[M].盛群力等译.杭州:浙江教育出版社,2008.
[44]刘智,亢丽娟.中学政治学科课堂教学策略[M].广州:广东高等教育出版社,2015.
[45]鲁礼容.教师如何管理好课堂[M].乌鲁木齐:新疆青少年出版社,2009.
[46]冯维.现代教育心理学[M].重庆:西南师范大学出版社,2005.
[47]汤仕平,邓廷奎.教育心理学[M].成都:西南交通大学出版社,2011.
[48]易小文.教育心理学[M].北京:北京工业大学出版社,2006.

[49]付建中.教育心理学[M].北京:清华大学出版社,2010.

[50]黄正夫.教育心理学[M].北京:北京师范大学出版社,2011.

[51]朱智贤.儿童心理学[M].北京:人民教育出版社,1981.

[52]霍尔.青年期的心理和教育[M].李浩吾译.上海:世界书局,1929.

[53][美]斯滕伯格,威廉姆斯.教育心理学[M].张厚粲译.北京:中国轻工业出版社,2003.

[54]王大均.教育心理学[M].北京:人民教育出版社,2005.

[55]陈琦,刘儒德.当代教育心理学[M].北京:北京师范大学出版社,2007.

[56]赵秀云,张良朋.小学教学实施[M].济南:山东人民出版社,2014.

[57]褚跃德.教育心理学[M].北京:北京体育大学出版社,2010.

[58]韦洪涛.学习心理学[M].北京:化学工业出版社,2011.

[59]李伯黍,燕国材.教育心理学[M].3版.上海:华东师范大学出版社,2009.

[60]李南.学会学习[M].南京:东南大学出版社,2001.

[61]刘善循.学会学习:提高成绩的窍门[M].北京:商务印书馆,2001.

[62]罗德红,李志厚.课堂教学与管理艺术[M].北京:中国言实出版社,2014.

[63]张冬梅.优秀教师必备的心理素质[M].合肥:安徽师范大学出版社,2013.

[64]杨翠娥.走向生命关怀的教师专业发展[M].北京:知识产权出版社,2015.

[65]徐宪江.青少年避险自救百科知识:第1册[M].长春:吉林出版集团有限责任公司,2013.

[66]李宝山,罗新兰.大学生心理健康教育[M].重庆:重庆大学出版社,2017.

[67]姚军,张文海.大学生心理健康辅导理论与实践[M].苏州:苏州大学出版社,2016.

[68]孟庆新.高校学生工作思考与实践[M].沈阳:东北大学出版社,2015.

[69]郭健华.中小学心理健康教育[M].哈尔滨:黑龙江人民出版社,2009.

[70]肖汉仕.学校心理教育研究[M].北京:科学出版社,2000.

[71]方明,滑云龙.大学生心理健康教育[M].北京:中国农业出版社,2008.

[72]张义明,黄存良,袁书卷.大学生心理健康教育[M].成都:西南交通大学出版社,2014.
[73]鄢烈洲.大学生心理健康教育读本[M].武汉:华中师范大学出版社,2009.
[74]胡志胜,姬天舒.大学生心理健康新论[M].石家庄:河北人民出版社,2007.
[75]孔平,张秋影.大学生心理健康教育[M].北京:首都师范大学出版社,2008.
[76]蔡红梅.当代大学生主题教育简论[M].北京:北京邮电大学出版社,2007.
[77]李永新.综合应用能力[M].北京:人民日报出版社,2015.
[78]姜德君.教育学原理[M].北京:清华大学出版社,2016.
[79]左银舫.教育心理学[M].武汉:华中科技大学出版社,2015.
[80]张思明.教育教学管理行动中的理论及应用[M].长沙:湖南人民出版社,2010.
[81]包兴敏,白冬青,王晓茜.教师教育心理学[M].北京:清华大学出版社,2015.
[82]李远.中小学心理健康教育操作实务[M].太原:希望出版社,2015.
[83]李寿欣.普通心理学[M].济南:山东人民出版社,2013.
[84]姜淑梅.中学生心理辅导[M].北京:清华大学出版社,2015.
[85]吴忠才.学校心理辅导理论与实践[M].成都:西南交通大学出版社,2009.
[86]王有智,欧阳仑.心理学基础原理与应用[M].5版.北京:首都经济贸易大学出版社,2015.
[87]夏凤琴,姜淑梅.教育心理学[M].北京:清华大学出版社,2015.
[88]张婷,刘新民.发展心理学[M].北京:中国科学技术大学出版社,2016.
[89]黄济.当代教师百科[M].杭州:浙江教育出版社,1994.
[90]佘双好.毕生发展心理学[M].2版.武汉:武汉大学出版社,2013.
[91]辛勇.学校心理咨询[M].成都:四川大学出版社,2004.
[92]李国强,罗求实.心理学与教育[M].湘潭:湘潭大学出版社,2014.
[93]赵守盈,潘运.心理学[M].广州:暨南大学出版社,2012.
[94]冀芳.教育心理学[M].北京:教育科学出版社,2012.
[95]卢家楣.学习心理与教学:理论和实践[M].3版.上海:上海教育

出版社,2016.

[96]张有录.媒体教学论[M].北京:国防工业出版社,2008.

[97]辜筠芳.浅谈认知风格在教学中的应用[J].宁波大学学报(教育科学版),2002(5).

[98]王道俊,郭文安.教育学[M].7版.北京:人民教育出版社,2016.

[99]焦锋.教育学基础与案例教程[M].北京:国防工业出版社,2014.

[100]单中惠,杨汉麟.西方教育学名著提要[M].2版.南昌:江西人民出版社,2004.

[101]叶澜.教师角色与教师发展新探[M].北京:教育科学出版社,2008.

[102]孟育群,等.现代教师论[M].哈尔滨:黑龙江教育出版社,1991.

[103]筑波大学教育学研究会.关于教员地位的建议[M].钟启泉译.上海:上海教育出版社,1980.

[104]皮亚杰.教育科学与儿童心理学[M].傅统先译.北京:文化教育出版社,1981.

[105]Martin L. Hoffman. Empathy and Moral Development[M]. Cambridge:Cambridge University Press,2000.

[106]K. Lemlech. Classroom Management:Methods and Techniques for Elementary and Secondary Teachers[M]. New York:Longman,1988.

[107]W. James. Pragmatism:A New Name for Some Old Ways of Thinking[M]. New York:Longman,Green,and Co. ,1907.

[108]C. V. Good. Dictionary of Education[M]. New York:MaGramhill Book Company,1973.